ШПИОНСКИЕ РАССКАЗЫ РОССИИ

俄羅斯諜影

孫越　著

目次

上篇　血腥整肅　舞爪張牙　7

下篇

上篇

血腥整肅　舞爪張牙

奇恰戈夫「東方研究所」創建者

一百年來，伴隨著諸多重大歷史事件的發生，東北亞間諜互鬥風起雲湧，成為國際情報機構的角逐之地，爆發了一場接一場驚心動魄的間諜戰，促成俄蘇情報機構的勃興與發展。俄蘇情報機構如何在遠東崛起，與其他國家的情報機構一決雌雄？總體上說，沙俄在東北亞情報機構的發展歷經以下幾個階段：沙俄於一八九五年至一八九七年間，在遠東成立了針對中、日、朝三國的情報機構，並實施了最初的跨國情報偵察行動；一八九八年至一九〇一年間，沙俄鑒於日本軍力崛起和日俄對抗加劇，加強了對日本的偵察；一九〇二年至一九〇四年間，沙俄將對日情報偵察重點集中在蒐集日軍對俄國遠東和中國滿洲的戰備情報方面。

一八九五年，中日爆發甲午戰爭，東北亞戰略態勢改變。沙俄為確保正確評估中、日、朝政治軍事形勢和預測日本是否準備發動大規模戰爭的可能性，試圖從日本獲取更深層次的戰略情報。但俄國遠東地區地處東北亞，遠離首都聖彼德堡，在相當長的時間內，俄國遠東地區的國家情報機構體系的建立得不到重視，所以當時極不健全。那時，沙俄尚未建立專門的情報機構。沙皇將對外情報偵察列入外交部工作的一部分，即便後來沙皇組建了軍事情報部門，但偵察力量仍然分散，組織機構設置不完善，工作成效不顯著。比如，俄軍總參謀部所屬軍科院是負責培養軍事情報偵察人才的基地，但直到一九〇五年都未建立秘密偵察專業，也沒有日語、漢語和朝鮮語教學。原來，俄軍總參謀部高層早在一八九五年就對東北亞局勢有誤判，認為沙俄軍隊是東北亞實力最強的勁旅，中、日、朝三國的軍力根本無力與俄國抗衡。因此，沙俄對軍事情報偵察的投入微不足道。比如，一九〇四年以前，沙俄軍隊隨軍譯員雖然工作繁多，但在軍中待遇低下，軍營甚至不給他們提供住房，搞得他們居無定所。此外，俄軍在中、日、朝三國所構建的間諜網，活動經費捉襟見肘：一九〇五年，俄軍總參謀部給三國間諜網調撥的經費僅為五萬六千五百九十盧布（當時折合約兩萬九千一百七十美元），分配到沙俄阿莫爾軍區情報部門的經費僅為一萬兩千盧布（當時折合約六千一百八十六美元），而日本當時的戰備經費已超過一千二百萬盧布（當時折合約六百一十九萬美元）。

甲午戰爭敲響了東北亞危機的警鐘，沙俄政府驚恐日本軍力崛起，急命三國間諜網將主要情報偵察方向聚焦日本，致力於蒐集日本先進軍事科技、部隊調動和作戰計畫等方面的情報。也就是說，沙俄情報機構是在東北亞危機爆發後才匆忙上陣的。儘管準備不足，但聊勝於無，更何況沙俄是有諜報傳統的大國，有深厚的軍事偵察基礎。沙俄軍事情報機構果然在後來東北亞多國諜戰中一顯身手，基本完成了俄軍總參謀部佈署的主要偵察任務，例如研判東北亞各國一八九五年至一九〇四年間的政治和軍事戰略變化態勢等，他們提交的情報對沙俄分析和評估日俄戰爭前的國際態勢，特別是對與俄國接壤的中國和朝鮮各省的政治軍事態勢所制定的對日新戰略，起了關鍵作用。此後，沙俄軍事情報機構資料庫有關中、日、朝方面的情報驟增，這些情報日後為俄軍總參謀部制定日俄戰爭戰略戰術文本及繪製相關軍事地圖等提供了準確的資料。沙俄獲取的中、日、朝軍事設施情報，經過情報人員整編加工後編入《外國軍事最新情報彙編》。沙俄情報人員甚至還做出了中、日、朝三國軍人性格異同的比對分析，足見其情報工作的周詳與細膩。就這樣，相對處於劣勢的俄軍情報機構在日俄戰爭即將拉開序幕的前夕（一九〇二年至一九〇三年），登上東北亞國際諜戰大舞臺，向沙俄政府提供了交戰前夕的大量情報，如日軍大規模在中國滿洲囤糧和在朝鮮囤煤；向朝鮮港口運送大量武器、彈藥和軍需；駐華和駐朝日軍高層軍官人數增加，調動頻繁。但俄國總參謀部由於長期不重視情報工作，獲得情報後反應遲緩，不適應東北亞戰局的變化和日軍的戰略調整，致使其在很大程度上遲滯了俄軍的相應佈署。

不過，沙俄畢竟在靈魂深處具有安全意識，國家安全觀已經融入俄羅斯人的血液，所以，即使俄國總參謀部再不重視情報工作，底層間諜人才還是層出不窮，並心甘情願地投入情報偵察事業，其中最典型的就是俄軍中將、濱海州總督奇恰戈夫（Николай Чичагов, 1852-1910）。

奇恰戈夫絕非等閒之輩，他曾參加過一八七七年至一八七八年的俄土戰爭；一九〇〇年七月，他率俄羅斯部隊組成八國聯軍攻入北京城；後來還參加一九〇四年至一九〇五年的日俄戰爭。蘇聯時代出版的史書對奇恰戈夫諱莫如深，數十年隻字不提，直到一九九一年初蘇聯解體，俄羅斯才將奇恰戈夫正式寫進歷史。史書說，奇恰戈夫在二十世紀初東北亞天翻地覆的政治和軍事變遷中，不僅指揮過俄國中東鐵路邊防守衛獨立軍團後阿莫爾特別軍區，而且他還主動出擊，對中、日、朝三國實施大規模秘密偵察，為沙俄軍事情報部門在遠東地區情報偵察工作的起步與發展奠定基礎。在俄羅斯新版相關史書中，奇恰戈夫的地位被提得很高，被稱作遠東濱海邊疆區創建者，在構建沙俄遠東國際軍事前沿、發展太平洋沿岸科技與經濟、創建俄國東北亞軍事情報偵察系統，特別是防止日軍在日俄戰爭中對俄國邊界和中東鐵路進行破壞等方面功勳卓著。奇恰戈夫是俄國獲得世界獎勵最多的軍事情報機構首領。除了俄國勳章外，他還曾獲得過法國、比利時、荷蘭、奧地利、瑞士、義大利、土耳其、羅馬尼亞、日本等國所頒發的勳章，還有一枚中國頒發的二等雙龍寶星勳章。

奇恰戈夫家中幾代人均為沙皇近臣，其祖先蒙女皇凱薩琳一世寵幸，在宮中侍奉女皇左右。其父是皇家軍人，軍銜高至少將。奇恰戈夫年輕時意氣風發，偏愛軍事，經常思考國家安全問題。他一心想入選進宮，為皇家安全效力。那時，俄國有這樣的規定，只有帝俄皇家軍校畢業生才有機會入選皇家衛隊，於是奇恰戈夫便考入帝俄皇家軍校，並以優異成績畢業。奇恰戈夫從皇家軍校畢業時，正值青春年華，不僅學識出眾，而且人品灑脫，舉止高雅，深得瑪利亞・費德羅夫娜皇太后（沙皇亞歷山大三世之妻）賞識，常蒙召入宮與太后暢談，惹得宮中貴婦們妒火中燒和風言風語，說太后和年輕小軍官玩曖昧。

不過也難怪，那時奇恰戈夫英俊瀟灑，風流倜儻。他深諳多門外語，具有驚人的洞察力，三十三歲時即已成為沙俄派駐歐洲多國的武官，但其真實身分卻是俄國間諜。奇恰戈夫在歐洲諸國使館工作七年後，諸國逐漸開始懷疑他的身分，決計「修理」他。不久，歐洲媒體開始炒作他在外派期間熱衷賭博和玩弄女性。消息傳回俄國，沙皇立即召他回到首都聖彼德堡訓話。

一八九三年，奇恰戈夫被派遣到俄國遠東軍中服役，奉命出任沙俄龍騎兵團團長，成為俄國當時最年輕的帝俄高級軍官。此後，奇恰戈夫的軍旅生涯一帆風順，一八九七年被任命為阿莫爾軍區參謀長，一八九九年至一九〇三年間出任阿莫爾州軍事總督、俄國遠東烏蘇里斯克哥薩克軍團司令。奇恰戈夫在任期間與當地政府協調，充分調配當地政治、經濟和人力資源，使阿莫爾州的經濟、文化與教育得以振興，阿莫爾州成為東北亞國際融合區。

筆者曾應邀考察遠東聯邦大學，在其人文科學院獲知，該校早在一百二十多年前就建立了東方研究所，但俄羅斯卻很少有人提及，而創立東方研究所就是由奇恰戈夫倡導的。他提倡研究東方學，首先是要為俄國遠東培養秘密情報偵察幹部；其次，是要將東方研究所建成俄國遠東最大的情報中心，甚至連研究機構的名字「東方研究所」，都是奇恰戈夫親自命名的。奇恰戈夫私下裡說，他的理想是要在俄國建立一座從東西伯利亞的貝加爾湖到太平洋之間的世界最大情報中心。他之所以給中心起了個學術味道很濃的名字，當然是為了掩人耳目。東方研究所開學後，立即招募學員，重點培養漢語、日語和朝鮮語人才，學院對外宣稱，學生們未來都是職業翻譯家，實際上，奇恰戈夫是將他們培養成軍事間諜。奇恰戈夫在研究所揭牌典禮上意味深長地說：「遠東安全的未來，就從東方研究所開始。」

前面講過，奇恰戈夫年輕時是俄國派遣到歐洲的秘密間諜，他作為俄國間諜前輩，不僅注重偵察教育，成立東方研究所培養間諜人才，也重視間諜實踐活動，曾多次組織和指揮俄國間諜在國境內外實地偵察。比如，他就曾以地理考察探險隊為名，勘察過俄中邊界兩側的地質、水文、氣象、動植物分佈等狀況。他的勘察成果獲得俄國國家地理協會高度評價，一八九八年五月，該協會接納奇恰戈夫為正式會員。奇恰戈夫還加盟符拉迪沃斯托克的「阿莫爾邊疆研究會」，意在加強對華軍事偵察。他還聯手各民族政治家、科學家、作家、學者和企業家共同開展研究課題，不斷豐富和拓展他所主導的對外偵察的內容和深化偵察學知識底蘊。

奇恰戈夫與沙俄赫赫有名的工程師家族「塔姆家族」成員過從甚密，該家族的後代伊戈爾·塔姆（Игорь Евгеньевич Тамм, 1895-1971）曾獲得兩次史達林獎金及一九五八年的諾貝爾物理學獎。再有，俄國遠東著名的軍事偵察專家、研究學者、探險家和作家弗拉基米爾·阿爾先涅夫（Владимир Клавдиевич Арсеньев, 1872-1930），原來只是個無名之輩，幸遇奇恰戈夫慧眼識珠，被他提拔為符拉迪沃斯托克城堡軍事偵察連連長。阿爾先涅夫也得到了沙俄國家地理協會的贊助，對中國失地雙城子周邊進行了軍事偵察，寫出了具有深遠影響的名著《一九一〇年至一九一一年：烏蘇里斯克邊疆區簡明軍事地理和軍事統計筆記》。

奇恰戈夫除重視軍事偵察的科技與知識含量，還善於利用國際文化交流開展偵察工作。他親自組織「阿莫爾邊疆研究會」的會員們在莫斯科、聖彼德堡和巴黎舉辦攝影展。他一面利用圖片展示遠東濱海地區秀麗風光，一面利用攝影展的國際影響來蒐集不少珍貴情報。

一九〇〇年，奇恰戈夫以「安邊進剿」為名，親率俄軍分隊出兵中國東北邊疆重鎮寧古塔，一面武力進剿義和團運動，一面對中國邊陲佈防等進行軍事偵察。俄方深恐義和團之火燒過黑龍江，漫延至對岸的華人社區，給俄國境內造成動亂。而那時，清廷恰欲借俄軍之手剿滅義和團，奇恰戈夫把握戰機，號稱挺清滅匪，揮軍寧古塔。清廷寧古塔衙門為褒獎奇恰戈夫率兵進剿義和團有功，還特別為他樹功德碑兩座，一座立於中國境內，一座運回俄國收藏。但是，立於中國境內的那塊碑早已不知去向，而俄國境內之碑現存於符拉迪沃斯托克市內，成為後世研究中俄歷史和兩國關係的重要史學證據之一。

同一時期，中俄邊界所發生的過境走私和紅鬍子匪盜事件也使奇恰戈夫感到不安。一九〇二年十月十五日，奇恰戈夫為打擊華人中俄邊境走私活動，頒佈命令以規範和完善中國人入境俄國的海關登記手續。沙俄政府鑒於奇恰戈夫處理俄中兩國邊境安全事務成績顯著，於一九〇三年年初任命他為俄軍外阿莫爾地區獨立邊防團團長。他上任之後的首要舉措，就是親自前往設在哈爾濱的俄軍外阿莫爾軍區獨立邊防團團部監督工作，並在中國境內中東鐵路沿線靠近中俄邊境附近地區實施偵察。奇恰戈夫在這次跨境偵察中，既鍛煉了麾下的偵察部隊，也獲取不少有價值的情報。

而奇恰戈夫指揮的軍事偵察所取得最大成果，是在一九〇二年年末。他根據所獲情報研判後得出結論，日本將在數年內進犯俄國東部，但沙俄政府內諸大臣不同意他的結論，甚至遠東獨立邊防團司令長官維傑伯爵也反對。維傑伯爵來頭不小，他在俄日戰爭爆發前曾任沙俄政府財政大臣和內閣大臣委員會主席，又是奇恰戈夫的頂頭上司。維傑伯爵看了奇恰戈夫提交的情報後，冷冷地對他說：「我也獲得了日本遠東備戰的情報，還去中東鐵路沿線做了實地考察，綜合來看，我並不認為日軍將武力進犯俄國。」奇恰戈夫心裡清楚，維傑伯爵之所以反對他，是嫉妒他的能力。奇恰戈夫自從在遠東供職後，在拓展對外軍事偵察、跨境聯合軍事行動等方面做得風生水起，使得他在宮中樹敵不少，但奇恰戈夫並未因其偵察成果不受重視而沮喪，而是繼續推進跨境偵察。他命偵察分隊深入中東鐵路沿線的蒙古族部落以獲取情報。偵察分隊仔細探查了日軍在俄軍後方的行動路線，理清日軍與蒙古王公貴族和寺廟喇嘛的關係之後，開始有計劃地宣揚日本威脅論，拉攏鐵路沿線的蒙古人靠攏俄國。奇恰戈夫還下令協助蒙古族組建十幾個武裝民團，由俄軍偵察小分隊隊長兼任蒙古民團團長，給蒙古民團團員發放數千枝「別丹式」步槍[1]以加強他們的火力，來應對日本人進攻。奇恰戈夫向沙俄政府稟報說：「組建蒙古武裝民團是為了保證俄羅斯帝國後方之安全。」

一九〇三年六月十日，奇恰戈夫下令外阿莫爾地區獨立邊防團備戰，加快部隊整編和進行戰術操演。他還實地指揮俄軍加強邊境地區鐵路沿線車站、橋樑和交會站的防禦，命令外阿莫爾地區成立中文和日文學校，撰寫和印製《俄漢會話手冊》。該手冊中文部分採用東北地區常用詞彙和慣用語撰寫，非常實用，濱海邊疆區俄軍每人配發一冊，供未來入境中國作戰時使用。

1 是一八六八年由美國發明家海勒姆・別丹所設計的俄國武器，在十九世紀末之前，一直是俄羅斯陸軍的標準配備。

一九〇三年秋，沙俄國防大臣庫羅派特金（Алексей Николаевич Куропаткин, 1848-1925）前來遠東視察，奇恰戈夫當面力陳「日本將進犯俄國，吾當全力備戰以應不測」的主張。庫羅派特金被說服，下令從俄國歐洲部分調集精壯兵力補充奇恰戈夫的龍騎兵團，這個團裡當時有一名年輕的騎兵戰士，叫布瓊尼（Семён Михайлович Будённый, 1883-1973），他後來成為蘇聯紅軍第一騎兵軍軍長和蘇聯元帥。

要說日俄戰爭的爆發點是中東鐵路，絕不足為奇，因為奇恰戈夫通過軍事偵察發現，一九〇三年下半年，日軍為了與俄國爭搶在中國的利益，對中東鐵路實施的偵察與破壞行動愈加頻繁，武裝襲擊的強度與力度遠超往年。根據奇恰戈夫的情報，截至一九〇三年秋季，日軍小股部隊和活躍在中國東北的紅鬍子土匪武裝，總共對中東鐵路發動襲擊五百餘次，也就是說，在俄日大戰爆發前夕，中東鐵路沿線早已是槍林彈雨了。奇恰戈夫在日俄戰爭慘敗後分析原因時指出，俄軍的敗北除了軍隊體制僵化，還與外阿莫爾地區俄軍情報系統機動不利有關。他說，俄軍雖然戰敗，但獨立邊防團軍事偵察卻十分得力，它預判日軍進攻俄國一事應驗，這充分證實俄軍遠東軍事偵察系統初見成效。

沙俄雖輸掉了日俄戰爭，但不認為奇恰戈夫是敗軍之將。他享受了沙皇尼古拉二世親自授勳的殊榮。聖彼德堡宮中諸大臣對奇恰戈夫的時局判斷也深信不疑，政府甚至還增加了阿莫爾地區獨立邊防團的軍費。一九〇八年，沙皇頒佈了「對邊境國家偵察令」，其依據即是奇恰戈夫所提交的遠東邊境地區偵察報告。當然，奇恰戈夫對軍事偵察理論與實踐的貢獻遠不只這些，他超前的軍事偵察思想還使新人輩出，比如，著名俄國國際間諜塔塔林諾夫（Александр Алексеевич Татаринов），他不僅是出色的對華軍事偵察行動專家，還是外交家，曾出任俄國駐華使館武官。一九〇八年，俄國與中國接壤的後貝加爾和濱海邊疆地區局勢吃緊，奇恰戈夫立即下令加強軍事偵察力量，務求提交客觀、全面、專業和準確的情報，他要求軍中將士「每人都應成為一本對華偵察手冊」——除了對中國整體局勢把握之外，還要特別關注俄中邊境的走私和非法越境等。奇恰戈夫最喜愛的工作方式，就是將偵察結果清晰地標注在他辦公室的中國地圖上，目的是使上級機構對整體局勢一目瞭然。據統計，奇恰戈夫在任期間所標注過的中國地圖多達數十份。奇恰戈夫雖在一九一〇年過世，但他對俄中邊境地區實施的軍事偵察，為一九二八年蘇聯在中國發動「中東鐵路」之戰和一九四五年蘇軍出兵中國東北，提供了準確和詳實的情報依據。

捷爾任斯基　蘇聯情報機構鼻祖

捷爾任斯基（Феликс Эдмундович Дзержинский, 1877-1926）出生在白俄羅斯一個波蘭裔猶太人家庭，後成為蘇俄著名革命領袖。他曾任俄羅斯聯邦內務人民委員、俄共中央執委會委員、全俄肅反委員會（Всероссийская чрезвычайная комиссия по борьбе с контрреволюцией и саботажем，縮寫為ВЧК；通稱契卡：ЧК；Cheka）主席和國家政治保衛局（Государственное Политическое Управление НКВД РСФСР，通稱格別烏：ГПУ；GPU）主席等職。他是蘇維埃政權的鐵腕人物，總是全身心投入戰鬥，以冷峻和犀利的形象示人。

捷爾任斯基也有溫情的一面。他年輕時英俊瀟灑，友善多情，很招女孩喜歡，上中學時便有不少女孩給他偷偷寫情書。一八九七年，捷爾任斯基在深入工廠宣傳革命思想時被捕。次年，他被押解到諾林斯克城流放三年，那年他二十一歲。他在那裡遇見了二十五歲的瑪格麗特，兩人一見鍾情，不久便同居。

瑪格麗特是東正教神父的女兒，曾在聖彼德堡女校學習，因為鼓動學生鬧事被捕，也被流放到諾林斯克城。捷爾任斯基在日記中袒露心聲，時刻都想看到她那雙美麗和善良的眸子。有

列寧、史達林和捷爾任斯基　瓦西里耶夫，1950-1955

一次在流放地，員警對捷爾任斯基的住房進行檢查，他與員警發生口角，結果員警便將捷爾任斯基流放到五百俄里之外酷寒的北方。捷爾任斯基和瑪格麗特被迫分離，但他天天給她寫信，生怕姑娘變心。後來瑪格麗特坐著馬車，頂風冒雪跋涉數星期前去與捷爾任斯基約會，他感動至極。半年後，捷爾任斯基從北方流放地逃回波蘭，在華沙被捕。他在獄中寫信給瑪格麗特提出分手，理由是流浪漢不配娶老婆。

一九〇五年，捷爾任斯基又愛上少女穆什卡特。穆什卡特生於一八八二年，比捷爾任斯基小五歲，出身波蘭富裕的猶太人之家。她在私立幼稚園接受啟蒙，七歲就會彈鋼琴，後來畢業於華沙音樂學院。她在認識捷爾任斯基那年加入俄國社會民主工黨，黨內代號為「恰爾納婭」，在波蘭從事黨務工作。一九〇六年，穆什卡特被波蘭當局逮捕，投入華沙監獄，後被釋放。一九〇九年，她再次被捕並判處流放。

穆什卡特與捷爾任斯基再次相見是一九一〇年。捷爾任斯基請穆什卡特做他的助理，整理俄國社會民主工黨要出版的檔案文件，她欣然允諾。當年，捷爾任斯基和穆什卡特登記結婚，他們一起為完成黨務工作四處奔走。很快，捷爾任斯基夫婦被捕。穆什卡特在獄中生下兒子，之後，她被流放到東西伯利亞一座偏遠小村。一九一二年，穆什卡特將兒子寄養在當地奶媽家，使用假護照從流放地逃到國外。十月革命後她在布爾什維克政權駐瑞士伯恩外交使團工作。

捷爾任斯基被捕後，在華沙監獄關押一年半，後又追加刑期六年。捷爾任斯基在俄國革命爆發後出獄。他領導十月革命起義部隊攻佔了彼得格勒郵局和電報局。一九一七年十二月，他受列寧委託，創立蘇維埃共和國安全機構「全俄肅反委員會」（契卡）。一九一八年，西方帝國主義包圍年輕的蘇維埃共和國，還派人刺殺列寧。捷爾任斯基啟動「紅色恐怖」[2]反擊敵人。十月，捷爾任斯基受列寧委派，化名達曼斯基，剃掉山羊鬍子，換上呢子大衣，前往瑞士盧加諾

2 一九一八年布爾什維克政府開始執行「紅色恐怖」（Красный террор）的命令。這份命令說，為保證蘇維埃政權的安全，必須把階級敵人送入集中營，大規模鎮壓及處決與白軍及叛亂陰謀有關的所有人員。

療養地，並與闊別八年的穆什卡特團聚。

捷爾任斯基與妻兒在盧加諾僅團聚了一個星期，其餘時間都在從事秘密工作。不久，匈牙利便發生革命，奧匈帝國崩潰；德國也發生動亂，威廉二世退位；歐洲也發生了一連串革命運動，西方帝國主義遭到打擊和削弱，這些都與捷爾任斯基的秘密工作有關。一九一九年，穆什卡特帶著兒子前來莫斯科與捷爾任斯基團聚，被安置在克里姆林宮裡居住。一九二六年七月二十日，捷爾任斯基突發心臟病去世，終年四十八歲。他死後葬於克里姆林宮宮牆內。一九六一年之前，穆什卡特一直住在克里姆林宮內。她於一九六八年去世，葬在莫斯科新處女公墓。

謝列勃良斯基　蘇聯情報機構早期魁首

一九三〇年，蘇聯情報機構的海外工作站開始在美國建立。一九三三年美蘇外交關係正常化後，蘇俄合法間諜就出現在紐約、華盛頓和舊金山的使領館裡。這些蘇聯間諜的主要任務是獲取美國科技情報，主要是美國先進軍事技術、最新航太航空成果以及化工、汽車和金屬工業領域的先進技術。這些情報對蘇聯經濟的發展起到了極好的促進作用。

一九三〇年代上半，是蘇聯情報機構海外活動的轉折期，首先它幾乎在主要西方國家都開設了工作站，包括蘇聯最重要的鄰國日本和中國，史達林想時刻掌握這些國家各方面的政策與策略變化，特別是當時對蘇聯構成威脅的日本。但是，希特勒上臺執政以及納粹德國隨在歐洲擴張後，蘇聯情報機構的工作重點不得不經常針對歐洲。最終，他們制定了柏林與東京兼顧的戰略。

一九三四年七月，蘇聯情報部門「國家政治保衛局」（格別烏：ГПУ；GPU）改組易名為「內務人民委員部國家安全總局」（Главное управление государственной безопасности，ГУГВ），原外國部（對外偵察局：СВР）被編入國家安全總局第五局。根據蘇聯領導人史達林的命令，第五局一方面向德國、義大利、法國、奧地利等國派遣秘密特工，一方面在法西斯德國及其追隨國展開暗殺和破壞活動，同時兼顧清除十月革命後逃往國外的反蘇勢力，如移居國外的白軍武裝力量和親托洛茨基機構等。

那時候，國家安全總局第五局的偵察員都稱第五局為「謝列勃良斯基工作站」。誰是謝列勃良斯基（Яков Исаакович Серебрянский, 1892-1956）？原來他就是第五局上校局長，是蘇聯遠近聞名的天才偵察員，同事們暗地裡稱之為「特工魁首」。

謝列勃良斯基「特工魁首」的外號可不是白得的。他一八九二年生於白俄羅斯首府明斯克，是個鐘錶匠的兒子。他一九〇七年加入俄國社會革命黨，後曾因為閱讀危險書籍被沙俄政府逮捕。一九一七年，他加入蘇俄紅軍高加索鐵路運糧隊出任警衛隊隊長。一九一九年，謝列勃良斯基所在的城市巴庫被英國武裝干涉者攻陷，巴庫蘇維埃被迫分散轉移，他與部分紅軍逃離到伊朗裏海沿岸的吉蘭省城市拉什特。一九二一年，蘇聯紅軍派人前來伊朗，一方面尋找失散部隊，一方面打擊白俄勢力和英國武裝干涉軍。六月六日，拉什特就成為波斯社會主義蘇維埃共和國首都。

一九一八年七月六日，素有俄國革命者和紅色殺手之稱，同時也是蘇俄情報機構創始人之一的勃留姆金（Яков Григорьевич Блюмкин, 1900-1929），擔任拉什特蘇俄契卡（ЧК）政委。

他因為刺殺了德國駐俄公使米巴赫—哈弗（Wilhelm von Mirbach-Harff），深得謝列勃良斯基的崇拜，謝列勃良斯基遂投其門下，決定獻身偵察事業。勃留姆金對謝列勃良斯基也很滿意，很快將其調入契卡工作，謝列勃良斯基的特工生涯從此拉開序幕。

波斯社會主義蘇維埃共和國好景不長，一九二一年就垮臺了。謝列勃良斯基奉命調入契卡總部工作，當上了辦公廳組織處秘書，八月，他便轉業到一家電氣技術研究所工作。由於他革命前曾是俄國社會革命黨黨員，還與一些黨員朋友有來往。一九二一年十二月二日，他與社會革命黨朋友聚會時被契卡特工一網打盡。他被人用槍指著頭的時候，環顧四周，心中五味雜陳，他發現抓捕者和被抓捕者都是自己的老友。這次被捕竟導致他被關進盧比揚卡監獄[3]，謝列勃良斯基四個月後獲「監外執行」[4]，並不得在國家強力機構[5]就職。

3 盧比揚卡廣場是莫斯科的一個廣場，盧比揚卡大樓建於一八九八年，原為「全俄保險公司」總部，十月革命後被全俄肅反委員會接收，之後就成為蘇聯情報機構的所在地，先後是契卡、內務人民委員部國家安全總局、克格勃，以至是現今俄羅斯聯邦安全局的總部。

4 指被判處有期徒刑和拘役的罪犯，由於其具有不宜收監執行的特殊原因，而將其交付一定機關，在監外來執行刑罰的一種執行辦法。

5 專指俄羅斯和其周邊其他前蘇聯國家中，負責國家安全、軍事及情報等領域的政府機構。

一九二三年三月二十二日，在石油公司工作的謝列勃良斯基再次被捕，這次的罪名是受賄。但是由於缺乏證據，他交了保釋金之後便被釋放。謝列勃良斯基出獄後在《消息報》（Известие）找到一份工作，此時他頓悟，假如他還不做出明確的政治選擇，他的災難將無窮無盡。於是他在該年加入了蘇聯共產黨。

無巧不成書，契卡創始人之一的勃留姆金此時正在籌建在巴勒斯坦的偵察工作小組，正缺人手，他看重謝列勃良斯基的才幹，特別是他良好的英文、法文和德文功底，便將其收做助理，還為其撤銷了不得在國家強力機構就職的處分。就這樣，謝列勃良斯基又開始在契卡外國部的外國處工作，具體工作地點是在以色列的特拉維夫工作站上班。

一九二四年六月，勃留姆金奉召到莫斯科總部工作，謝列勃良斯基頂替了他的位置，成為駐以色列特拉維夫工作站站長。他根據莫斯科的指示，廣泛編織在以色列的蘇俄紅色間諜網，他招募的人員中竟也有一些十月革命之後流亡到巴勒斯坦的白俄，他們都聽命於謝列勃良斯基，出色地完成了任務。謝列勃良斯基的妻子波林娜也是外國處偵察員，也在此時奉調前來以色列，以妻子和偵察員的雙重身分幫助工作。

謝列勃良斯基和妻子波林娜不僅在以色列，後來又在德國、美國、比利時等國家工作多年。一九二九年，謝列勃良斯基夫妻被蘇聯格別烏派往布魯塞爾和巴黎工作站工作，相關檔案

時刻警惕著　謝列波良內，1941

至今也沒解密。有目擊者說，他們當年看見謝列勃良斯基胸前佩戴著「榮譽契卡工作者」獎章，是因為在這些國家工作有成而獲得。此外，他還獲得過契卡領導人獎勵的佩劍和手槍。

謝列勃良斯基返回莫斯科之後得到重用，升任格別烏外國部第一處（外派偵察處）處長，同時擔任格別烏局長特別組組長。關於這個特別組，有必要多說兩句。這個小組不受外國部管轄，其主要目標是對美國、歐洲和日本等敵對國家的戰略目標進行深度偵察，甚至可在戰時深入敵後進行破壞活動，對蘇聯確認的境外危險之敵人、叛徒、賣國者，進行特殊打擊和定點清除。小組成員從不使用外交和商務身分掩護，而是直接設法潛入目標國家後速戰速回。

一九二七年至一九二八年間境外的反蘇勢力活動很積極，庫捷波夫中將（Александр Павлович Кутепов, 1882-1930）所領導的「俄羅斯諸兵種聯盟」（Русский общевоинский союз）向蘇聯境內派遣武裝人員，從事恐怖和破壞活動：一九二七年五月，武裝人員在莫斯科爆破格別烏宿舍未遂；六月，炸毀列寧格勒政治學校；一九二八年七月，向莫斯科格別烏證件處投擲炸彈，造成嚴重傷亡。

一九二九年夏季，格別烏向蘇共中央報告了庫捷波夫的恐怖活動。史達林指示，格別烏組織力量打擊「俄羅斯諸兵種聯盟」和刺殺庫捷波夫。謝列勃良斯基和格別烏另一名領導人普濟茨基（Сергей Васильевич Пузицкий, 1895-1937）一馬當先，奉命前去法國執行刺殺任務。

謝列勃良斯基和普濟茨基將刺殺庫捷波夫的時間，定在一九三〇年一月二十六日上午十一時，地點為巴黎第七街區烏金諾與魯謝爾大街的匯合處。他們獲悉庫捷波夫當天上午十一點三十分將獨自一人步行前往加里波利教堂，參加俄國將軍卡烏爾巴爾斯（Александр Васильевич Каульбарс, 1844-1929）的告別彌撒。謝列勃良斯基精確地計算出庫捷波夫從住家步行至教堂的時間需二十分鐘，他決定在兩條大街的匯合路口動手。就在庫捷波夫獨自一人走近一個有軌電車站時，裝扮成法國員警的蘇俄格別烏特工攔住庫捷波夫，要求檢查證件。庫捷波夫出示證件後，「員警」又說證件有問題，需庫捷波夫到警察局說明情況。庫捷波夫坐進警車，忽聞車內「員警」講俄語，才知上當，試圖掏槍反抗，但為時已晚，「員警」用浸有「氯仿」的毛巾捂住了庫捷波夫的臉，致其昏迷，不料庫捷波夫心臟病突發，當場死亡。

蘇聯境外最危險的敵人之一、「俄羅斯諸兵種聯盟」主席庫捷波夫中將就這樣被消滅了。三月三十日，謝列勃良斯基因境外鋤奸有功，榮膺蘇聯政府頒發的紅旗勳章一枚。

謝列勃良斯基刺殺庫捷波夫之後，身為格別烏局長特別組組長，他被授權在全球組建蘇俄自治情報網，由他全權負責。他的特別小組僅在一九三〇年就在全世界建立了十六個特別工作站，其中主要有德國、法國、美國和日本佔領下的中國東北工作站，成績極為出色。謝列勃良斯基還為史達林收繳了一批托洛茨基的檔案資料，因此獲得紅旗勳章。他派出的另一個行動小組，破獲了西班牙獨裁者佛朗哥從納粹德國預定的七艘船艦的軍火物資。謝列勃良斯基還成功獲取了德軍珍貴的飛機與艦船資料，為蘇聯戰前瞭解德國的技術發展奠定了基礎。

一九三〇年代，謝列勃良斯基在蘇聯對外偵察領域建功立業，名聲鵲起，在蘇俄偵察史上寫下了不尋常的篇章，為國家獲取了彌足珍貴的情報，堪稱蘇聯早期國際偵察高手。

柯洛特科夫　海外清剿叛逆

一九三〇年代，蘇聯對外偵察局有一位優秀偵察員，名叫柯洛特科夫（Александр Михайлович Коротков, 1909-1961）。一九〇九年，他出生於莫斯科「歐亞銀行」一名職員家庭，其學歷只有初中畢業，曾做過電機工助理。

柯洛特科夫業餘時間喜歡踢足球，他在莫斯科「迪納摩」足球場踢球的時候，認識了格別烏副局長格爾松（Вениамин Леонардович Герсон, 1891-1940），此人曾是契卡創建者捷爾任斯基和緬任斯基（Вячеслав Рудольфович Менжинский, 1874-1934）的副手。有一天，柯洛特科夫在足球比賽休息時，向格爾松表達了他希望效力蘇維埃情報機構的願望。

一九二八年十月，在格爾松推薦下，柯洛特科夫在蘇聯格別烏行政事務管理局當上了電梯安裝工和司機。兩個月之後，柯洛特科夫便成為格別烏外國處的幹事，後來又晉升為高級幹事。

一九三〇年一月，柯洛特科夫晉升為格別烏行動組全權代表助理，之後又升為外國處第二科和第七科科長。一九三二年春天，柯洛特科夫通過了格別烏的語言培訓。一九三三年，他做為外國處「快車」行動小組成員，被秘密派遣至巴黎，任務是策反法軍司令部第二局（偵察局）

成員，使其為蘇聯服務。

柯洛特科夫扮裝成大學生，先在索邦神學院學習人類學，後又在法國通信工程學校深造。柯洛特科夫根據「快車」行動小組組長的指示，接近法軍司令部第二局攝影師，伺機招募，卻不慎被法國反間機構發現，情況危急，格別烏為了不影響整個行動，只得將他撤出法國。

一九三四年，柯洛特科夫取道德國返回蘇聯，次年晉升為蘇聯內務人民委員部國家安全總局外國局第七處處長。一九三六年，柯洛特科夫以蘇聯重工業人民委員代表的身分，奉命前往柏林工作，他很快與潛伏在那裡的蘇聯偵察員取得聯繫，獲取了最先進的德國軍事技術樣本，並迅速送交國內。

一九三七年十二月，柯洛特科夫率隊奉命再次秘密潛入法國，這次他們的使命是清除蘇聯叛逆。一九三七年八月（又說一九三八年三月），他們先清除了蘇聯國家安全機構的叛逃者阿卡別科夫（Георгий Агабеков, 1895-1937），隨後又秘密刺殺了國際托派聯合會[6]秘書克列門特（Рудольф Клемент, 1908-1938）。

阿卡別科夫生於一八九五年，一九一八年三月加入蘇聯紅軍，曾在烏拉爾參與對白軍作戰，一九二〇年入黨，任凱薩琳堡紅軍內務部隊營政委，成為契卡成員。一九二四年，阿卡別科夫調入格別烏外國處工作，他以蘇聯駐喀布爾出版局副局長身分為掩護，在阿富汗從事秘密偵察工作。

一九二六年至一九二八年，阿卡別科夫分別在外國處伊朗工作站和外國處中近東工作站工作，後又成為君士坦丁堡偵察員。他於一九三〇年從君士坦丁堡調入法國工作站工作，不久便叛變蘇聯，逃往西方。史學家分析說，阿卡別科夫叛逃的原因，或是對克里姆林宮政策不滿，或是因為在君士坦丁堡愛上西方女孩。

阿卡別科夫不僅叛逃國外，而且還著書出版，在書裡大肆出賣同事。他的回憶錄《國際政治保衛局：蘇聯秘密恐怖》在西方出版後，數百名蘇聯偵察員在伊朗（波斯）以及阿拉伯國家被捕，此舉甚至導致蘇聯與伊朗兩國國家關係一度緊張。

阿卡別科夫的死亡時間，檔案中有不同的記載，有人說他是一九三七年八月被殺，有人說他是一九三八年三月被處死，但是其中說法一致之處，乃是被蘇聯格別烏外國處特工柯洛特科夫暗殺。行動是在土耳其武裝人員配合下實施的。那天，外國處特工慫恿阿卡別科夫在法國和

6 托洛茨基於一九二九年被蘇聯驅逐出境後，建立國際托派組織，又稱為「第四國際」，號召各國的支持者留在共產黨內作為一個左派中的反對派，以「糾正」史達林主義第三國際的路線。

西班牙邊境搶劫珠寶，他在實施犯罪的時候，被武裝人員從背後開槍打死。員警沒有在現場發現他的屍體。幾個月後，有人在法國和西班牙邊境的山澗裡發現一具腐爛的屍首，經過勘驗，死者正是阿卡別科夫。

德國裔的國際托派聯合會秘書克列門特之死，也是柯洛特科夫所為。克列門特在一九三三年至一九三五年曾任托洛茨基秘書，後在第四國際政治局和國際托派聯合會出任秘書。一九三八年七月十三日，克列門特突然在法國家中失蹤。

此前，克列門特正在積極蒐集莫斯科大審判的有關資料，並籌備召開第四國際創立大會。史學家說，克列門特的失蹤並非沒有先兆，失蹤前五天，克列門特曾在巴黎地鐵被人用裝滿紙張的書包猛擊，克列門特立即將此事件用書信的形式通告第四國際各部門，並且建議他們停止向舊地址發信。

法國的托派份子收到信後，於七月十五日匆忙趕赴克列門特住家，但克列門特已不知去向，一頓做好的早餐還放在桌上，未動刀叉。大家發現所有的東西都在原地，紋絲未動，家中沒有任何跡象表明克列門特要出遠門。

克列門特失蹤沒幾天，歐洲托派和托洛茨基本人就接到了署名「弗列傑里科」的來信，大家一看便知，這是克列門特曾用過的筆名。

揭發和消滅挑釁者和傳謠者　米拉舍夫斯基，1941

不錯，克列門特確實用過這個筆名。但是，這個筆名在一九三六年已經被蘇聯內務人民委員會和德國蓋世太保識破，克列門特早已停止使用。所以，大家收到這個署名的信件都很詫異。他們再看信的內容就更加疑惑，克列門特在信上說，他從即日起脫離第四國際，還列出了出於類似理由脫離第四國際的其他人員名單，其中包括在西班牙遇刺的人員和被蘇聯內務部策反的人員。克列門特還在信中透露，在托洛茨基發動「無產階級革命時期」，第四國際擬向德國作出讓步。

蘇俄作家、共產國際運動參與者謝爾什曾與克列門特過從甚密，他說，這封信是克列門特被用手槍指著腦袋時的被迫之舉。

克列門特死後幾個月，他的屍體在法國塞納河裡被發現，經法醫檢驗，他是被人亂刀砍死的。克列門特是第六位被殺的托洛茨基秘書，其中四位死在蘇聯，一位死於境外。

柯洛特科夫海外鋤奸有功，一九三九年五月，他被蘇聯內務人民委員部國家安全總局任命為第五處德國部主任，他在那年加入了蘇共。在蘇德戰爭爆發之前，他曾以不同身分在德國從事秘密偵察工作，為蘇聯獲取了不少珍貴情報。

庫茲涅佐夫　對外偵察局的敵後獵手

自一九四一年一月，蘇聯外派偵察員共提交了百餘份情報，均表明希特勒德國將在一九四一年上半年攻擊蘇聯。六月二十二日戰爭爆發以後，聯共（布）[7]中央決定根據戰時需要，調整蘇聯對外偵察的戰略與策略。七月做出決定，將對外偵察工作重心轉移至「到德軍後方組織開展鬥爭」，具體任務就是要查明德國及其軸心國（柏林—羅馬—東京）的政治和軍事計畫；英美國家參戰的可能性以及戰後重建計畫；加強對西方的科技偵察，旨在強化蘇聯戰時軍事與經濟能力；組建特別小組，在敵後開展偵察和破壞任務。

說起蘇聯衛國戰爭[8]時期的對外偵察員，很多史料都會不約而同地提及庫茲涅佐夫

7 亦即蘇聯共產黨。蘇共的前身是一八九八年創建於俄羅斯帝國的俄國社會民主工黨。一九一八年，改稱俄國共產黨（布爾什維克），簡稱俄共（布）。一九二五年，改稱全聯盟共產黨（布爾什維克），簡稱聯共（布）。一九五二年，該黨「十九大」決定改稱蘇聯共產黨。

8 偉大的衛國戰爭，是蘇聯及其加盟共和國對一九四一到一九四五年蘇德戰爭的稱法，有別於更廣泛的第二次世界大戰。

（Николай Кузнецов, 1911-1944）。他在蘇聯被稱作「神奇的對外偵察員」。早在一九三二年他在斯維爾德洛夫斯克上學時，就被內務人民委員部招募了，後來化名到烏拉爾機械廠設計局工作，在工作期間曾奉命招募外國工程師為蘇聯情報機構工作。一九三六年，庫茲涅佐夫因為諳熟數門外語，被破格調入蘇聯科米共和國內務人民委員部機關工作。

一九四一年七月五日，蘇聯內務人民委員部成立特別部，負責組織敵後破壞活動，一九四二年庫茲涅佐夫奉調莫斯科，正式成為內務部中央機關幹部。庫茲涅佐夫不久根據內務部命令潛入敵後，先以德軍空軍中尉季別爾格為名混入德軍部隊，後又以德國陸軍情報官身分，結識德軍統帥部、蓋世太保和佔領區偽政府的代表，獲得很多極有價值的情報。

一九四二年，上級又將庫茲涅佐夫派往德軍戰俘營體驗生活，以便熟悉和掌握德軍軍事條例。庫茲涅佐夫在完成了數月集中營體驗後，被蘇聯內務部派往德軍佔領的烏克蘭羅夫諾地區，加盟蘇軍特別小分隊「勝利者」，在敵後開展情報和破壞活動。

一九四三年二月，庫茲涅佐夫與特別小分隊的戰士設伏，擒獲第三帝國烏克蘭分部的少校通信員，繳獲希特勒秘密圖紙，上面標有德軍在烏克蘭溫尼察地區修建秘密地下軍事設施的方位。庫茲涅佐夫後來的敵後軍事行動，主要圍繞刺殺第三帝國派駐烏克蘭高級軍官展開。第三帝國駐羅夫諾總督科赫（Erich Koch, 1928-1945），是庫茲涅佐夫的首選目標。第一次刺殺是在一九四三年四月二十日希特勒生日。當天，德軍在市內舉行閱兵式，庫茲涅佐夫親率刺殺小組趕赴現場，準備行刺，但狡猾的科赫似乎察覺風聲不對，竟然故意缺席閱兵，躲過一劫。

第二次刺殺是一九四三年夏季，科赫在烏克蘭舉行婚禮，庫茲涅佐夫再率紅色殺手趕到婚禮現場伺機動手，但由於現場保安措施十分嚴密，婚禮場地周邊佈滿荷槍實彈的警衛，庫茲涅佐夫根本沒有機會動手。順便說一句，科赫戰後被俘受審，一九八六年死於波蘭。

羅森貝格（Alfred Rosenberg, 1892-1946）也曾在烏克蘭佔領區任職，是納粹德國政府核心幕僚之一，曾被任命為教育部長、東方佔領區事務部部長。一九四三年六月五日，庫茲涅佐夫率領小組試圖對羅森貝格實施刺殺，但因故未遂。幾個月後，庫茲涅佐夫又率隊刺殺達戈爾（Paul Dargel），後者也是第三帝國派駐烏克蘭佔領區統轄機構領導人之一。結果達戈爾身負重傷，被截去了雙腿，作為殘疾軍人送回了德國。一九四三年十一月，庫茲涅佐夫又在羅夫諾城下暗殺了德軍討伐營營長伊爾根（Max Ilgen, 1894-1943）少將，攪得烏克蘭的德國佔領軍惶惶不可終日。

庫茲涅佐夫最成功的刺殺活動，莫過於一九四三年十一月十六日在羅夫諾法院門前槍殺了馮克（Alfred Funk, 1897-1943），他是德國黨衛軍烏克蘭司令部司法部部長。庫茲涅佐夫還獲得重要情報，即法西斯德國企圖在伊朗德黑蘭會議期間刺殺蘇、美、英三國首腦。庫茲涅佐夫這一歷史性的成功，使其姓名載入世界情報史史冊。

一九四四年年初，庫茲涅佐夫又在烏克蘭西部實施了數次對德軍高級軍官刺殺後，德軍和烏克蘭偽軍以及德國情報部門便加強了對駐軍軍官的警衛以及對庫茲涅佐夫小分隊的鎖定、追蹤和圍剿，這使得庫茲涅佐夫小分隊的暗殺行動受到遏制，他們開始按計劃向前線轉移。

一九四四年春季的一天，庫茲涅佐夫小分隊在轉移途中，快接近戰事正酣的前線時，突然遭遇兵力數倍於己的烏克蘭起義軍（УПА），儘管庫茲涅佐夫小分隊身穿德國軍服，但是狡猾的起義軍還是認出了庫茲涅佐夫。起義軍高聲要求「庫茲涅佐夫投降」，從四面圍將上來，庫茲涅佐夫和小分隊戰士則用槍彈回敬他們，最終小分隊寡不敵眾，全部殉難。

但庫茲涅佐夫之死卻是個謎團，因為烏克蘭起義軍最終未找到他的屍體。戰後蘇軍方面也未找到他的遺骸。根據烏克蘭戰時檔案記載，庫茲涅佐夫是在遭到起義軍包圍的時候，拉響手榴彈自盡的。但由於該檔案不詳實，其真實程度受到質疑。

一九四四年十一月五日，庫茲涅佐夫被追認為蘇聯英雄。他的墳塚直到一九五九年才在蘇聯俄羅斯聯邦境內基洛夫州的庫特河河畔被發現。庫茲涅佐夫的遺骸後被運往故鄉—烏克蘭利沃夫

佐爾格　直通史達林的對外偵查員

理查・佐爾格（Рихард Зорге, 1895–1944）是蘇聯第二次世界大戰期間最知名的間諜之一。他最大的功績，就是一九四一年五月獲知法西斯德國將於六月二十二日前後進攻蘇聯；其次是當年八月二十三日，獲知日本不擬當年向蘇聯宣戰，使得史達林放心地從東線抽調十一個步兵師到西線作戰，遏制德軍於莫斯科城下，保證了蘇軍後來在史達林格勒取得保衛戰的勝利。

眾多文獻檔案記載，一九四四年十一月，佐爾格被捕後在東京死於絞刑，但蘇俄研究機構和歷史學家說，佐爾格之死缺乏證據。不過，七十年過去了，卻沒有一個佐爾格仍活在世上的見證。但根據佐爾格生前個性與素質可斷定，假如他活到戰後，定是蘇聯對外偵察的中堅力量。

佐爾格在蘇聯外派間諜中具有特殊地位，他不僅是蘇共高層黨員，更是唯一與蘇共中央政治局保持私人聯繫的紅色間諜。檔案顯示，佐爾格與史達林相識，且他還直接向史達林遞交過重要情報。蘇共著名活動家和馬克思主義理論家奧托・庫西寧（Отто Куусинен, 1881-1964），不僅是佐爾格的密友，也是二十世紀五〇年代蘇共意識形態和國際共運的推動者。

佐爾格於一八九五年十月四日生於亞塞拜然的首府巴庫，其父是德國工程師，其母是俄羅斯人。佐爾格的祖父阿道夫・佐爾格是卡爾・馬克思的秘書，也是德國左翼勢力有影響力的人物。就在佐爾格準備上小學的時候，父親帶著全家從巴庫返回德國，住在柏林郊外的別墅裡，那時佐爾格家境殷實，過著舒舒服服的上流社會日子，直到父親去世，家中經濟條件都很穩定。

但是，佐爾格卻不適應普魯士學校宣導的軍事化管理制度，他是有個性的孩子，喜歡寬鬆和自由的環境，加之性格倔強，經常頂撞老師，成了問題學生。不過，他上中學之後，性格和喜好都有變化，開始瘋狂地愛上了德國古典文學和哲學，成天捧著歌德、席勒和康德的著作，沉醉其中。或許，佐爾格在其中洞悉了他的理想。

青年時代的佐爾格，思想一貫左傾。一九一四年，他參加了第一次世界大戰，並在戰場上屢次負傷，戰爭的結局也令他失望。一九一七年俄國十月革命卻使他雙眼為之一亮，他覺得列寧所領導的俄國革命，與他的思想極為合拍。一九一八年，佐爾格考入德國基爾大學，左翼思想逐漸成熟，不久，他加入德國獨立社會民主黨，出任青年教育部部長。

十月底，德國基爾港發生起義。四萬名海員及艦船抗拒出兵命令。十一月八日，工人與士兵佔領了德國西部大部，為「議會共和」做準備。十一月九日，威廉二世退位，德意志帝國滅亡。佐爾格在此期間，作為革命青年領袖，四處演講，鼓動水兵和港口工人武裝鬥爭。一九一九年，佐爾格以學術答辯為由前往漢堡參加德國共產黨創建工作，並成為德國共產黨創始人和領袖。後來，奧地利共產黨中央委員會也邀請他出任地區黨代表。不久，德國共產黨遭禁，佐爾格受到德國政府追查，他被迫辭去公職，前往煤礦區開展地下黨務工作。此後，德國共產黨中央委員會委派佐爾格出任宣傳部部長，負責德國共產黨新聞出版工作，於是，他便在法蘭克福大學謀到職位，掩護身分。

一九二四年五月，德共秘密召開代表大會，史達林派出四人組成的共產國際代表團參加，他們均是具有相當國際影響力的蘇共中央領袖級人物（黨務活動家、外交家）：除了上面所說的庫西寧之外，還有彼特尼茨基（Осип Пятницкий, 1882-1938）、曼努伊爾斯基（Дмитрий Мануильский, 1883-1959）和洛佐夫斯基（Соломон Лозовский, 1878-1952）。

當時，蘇共中央得到情報，德國員警制定了針對共產國際代表團的暗殺計畫，德共得知此事，即派出佐爾格於大會期間專職負責蘇聯代表的安保工作。共產國際領袖對佐爾格早有耳聞，會議期間，佐爾格率警衛人員一刻不離蘇聯代表左右，安保工作佈置得極為周詳，給代表們留下深刻印象，他們在德國期間便與佐爾格交上了朋友。

會後，共產國際領袖在報請史達林批准後，決定邀請佐爾格前往莫斯科，商討在蘇聯成立共產國際偵察委員會，邀請佐爾格當主任。

佐爾格欣然同意，並很快前往莫斯科。不久，共產國際領導人彼特尼茨基告訴他，為了秘密工作的需要，佐爾格必須放棄德共黨籍，加入俄國共產黨，佐爾格亦照辦無誤。他先在庫西寧領導下，構建了國際共產主義運動間諜網絡，並研究制定了一整套秘密行動的綱領和實施計畫。一九二七年，佐爾格秘密前往英國，聯繫英國共產黨，與當地共產國際的諜報人員見面，商談在英國組建共產國際情報網計畫，雖數次險遇英國員警，但均化險為夷。返回莫斯科之後，他便正式成為共產國際特工代表和蘇聯秘密偵察員，佐爾格與世界各國的共產黨組織有了更多的交往。

佐爾格主持共產國際諜報工作後，力主諜報工作與國際政治活動脫鉤，禁止外派偵察員與外國共產黨組織建立聯絡和互通有無。他的對外偵察獨立化傾向，使他與共產國際的關係日趨緊張。

當時，持傳統觀點的共產國際領導人都反對佐爾格，蘇聯紅軍秘密情報機構「俄羅斯聯邦軍隊總參謀部情報總局」（通稱格魯烏：**ГРУ**）和蘇聯秘密員警（**ГБ**）外事部也支持共產國際的意見。佐爾格表面上處境孤立，實際上他心裡有數，他在蘇共高層和秘密情報部門裡有靠山，其中一個是共產國際主管高官彼特尼茨基，另一個是格魯烏創始人，紅軍第四偵察局局長別爾津（**Ян Берзин**, 1889-1938）。

此外，佐爾格與另外兩位共產國際的主管高官，即庫西寧和曼努伊爾斯基的關係也相當不錯，他們後來成為蘇共領導人之後，仍與佐爾格過從甚密。最終，一九二九年，佐爾格在他們的支持下與共產國際決裂，投奔蘇聯懷抱，加入了格魯烏，正式當上了蘇聯對外偵查員，直到一九四四年為蘇聯盡忠。

佐爾格在蘇聯衛國戰爭爆發前夕，還通過他們接近蘇共中央政治局成員，意在為自己爭取更多的機會，最終，他結識了史達林，成為蘇聯政治地位最高的蘇維埃間諜。這件事的背後也是話裡有話，據說，佐爾格成為蘇聯間諜後，因其原籍為德國，而蘇聯又對其他的民族存在心理上的排斥，因此他心中一直忐忑不安，所以他從投奔蘇聯之初，便為自己在蘇聯尋找政治保護傘，最終如願以償地投到史達林的門下。

佐爾格之所以被史達林和蘇共高官賞識，有一個重要原因，即佐爾格精通情報業務，且經驗豐富，而蘇聯當時這樣的人才極為匱乏。佐爾格和別爾津曾多次長談，他以自身的經驗深刻分析了早期蘇聯秘密情報系統的缺陷不足及改良措施，特別是他對蘇聯遠東地區情報工作的獨特看法、對情報學入木三分的專業解讀，深得別爾津賞識。

佐爾格說，遠東是世界間諜的冒險樂園，各國情報機構活動異常活躍，對蘇維埃的安全構成嚴重威脅，應在那裡儘快建立蘇維埃自己的諜報網。佐爾格與別爾津一拍即合，別爾津當即決定將佐爾格派往遠東，首先在中國和日本構建蘇聯紅軍秘密情報網，旨在為格魯烏提供日本在華軍事情報，以及摸清中國國共兩黨的政治動向，與中共建立密切聯繫並參與其政治活動。

時隔多年，佐爾格自我評價說，他在中國和日本所從事的秘密諜報活動極富有成效，可謂前無古人。

佐爾格敢於受命出征遠東，也出於自信。他不僅知識淵博，精通多門外語，還具有共產國際工作經驗，早在法蘭克福工作時期，就具備了領導世界共產主義國家新聞出版工作的才能，其本人對新聞記者行業情有獨鍾，還出版過多部國際共運研究學術專著，一九二〇年代在德國和俄羅斯享有盛名。所以，佐爾格奉命前來中國，亦選擇了新聞記者做掩護身分。一九二九年底，佐爾格返回德國老家，辦理了《德意志糧食報》（Soziologische magazin）的記者註冊手續，一九三〇年一月化名亞歷山大・詹森前往中國上海開展工作。

據蘇智良教授撰文指出，佐爾格受命需要在上海完成的任務包括：第一，對南京政府的社會、政治進行分析；第二，研究南京政府的軍事力量；第三，研究中國各派系的社會政治結構、軍事力量；第四，分析南京政府的內政與社會政策；第五，研究中國等各國，尤其是日本對蘇聯的外交政策；第六，研究南京政府及各派系對美、英、日的政策；第七，分析列強在華軍事力量；第八，研究治外法權及租界問題；第九，研究中國工業概況及工人、農民狀況等。

佐爾格僅用三個月的時間，就在從廣東到滿洲里的日軍佔領區域關鍵城市，建立了蘇聯秘密諜報網，該情報網包括了中國組和外國組，中國組招募的主要成員有吳仙青、蔡叔厚、張放、陳翰笙（社會科學家）及夫人、王學文（經濟學家，中共江蘇省委委員）及夫人劉靜淑等人。

他的國際組成員主要有德國《法蘭克福日報》（Frankfurt daily）記者史沫特萊（Agnes Smedley，後加入蘇聯紅軍秘密情報機構）等國際知名記者加盟，史沫特萊又將日本《朝日新聞》記者尾崎秀實介紹給佐爾格，尾崎秀實後來成為佐爾格在上海的左膀右臂。據蘇智良所著《上海左爾格小組情報網》介紹，參與國際組工作的還有德籍蘇聯紅軍第四偵察局報務員克勞森（Max Gottfried Friedrich Clausen, 1899–1979）、波蘭共產黨人約翰（格里沙）、中共上海聯絡處日籍中國共產主義青年團團員中西功、日籍中共特科成員暨中共黨員西里龍夫以及日本新聞社駐上海辦事處成員川合貞吉、船越壽雄、德國共產黨員暨市政工程師魯特・維爾納，以及德國人格哈特・艾斯勒、電報解碼員兼小組聯絡員愛沙尼亞人保爾・里姆、德國女人伊薩、德國人弗雷德・施特恩、德國商人瓦爾特及情報人員諾倫斯—呂格夫婦等。

佐爾格的中國間諜網編織完成後，便借助在共產國際工作中獲得的豐富經驗，遊刃有餘地開展工作。那時上海雖然還有格魯烏和蘇聯秘密員警派出的其他間諜，但是，佐爾格知道，同行之間是冤家，相互幫助是根本不可能的，他依靠自己的諜報網，通過收買國民政府裡的德國通信軍官施特爾茨的中國太太，獲取了國民政府南京總司令部及其所屬部隊的無線電通信密碼，以及德國軍事顧問相互之間的無線電通信密碼和德國軍事顧問與國民黨政府進行聯絡的電話號碼。佐爾格的成績令莫斯科興奮不已，格魯烏斥鉅資支援佐爾格在華的間諜工作，因為一九三〇年史達林斷定蘇聯的主要軍事威脅來自德國和日本。

前面提及的克勞森非等閒之輩，他是佐爾格上海間諜網的骨幹成員，與佐爾格不僅是德國同鄉，也是德共同黨，更同屬蘇聯紅軍總參謀部第四偵察局偵察員，然而，他們的關係實際上很糟糕。

克勞森一九二八年加入第四偵察局，當年即被派往上海工作，擔任佐爾格的前任古列維奇的報務員。一九三九年，佐爾格抵達上海之後，還曾派克勞森擔任蘇俄間諜網廣州主管，後又去瀋陽工作。一九三五年夏天，蘇俄紅色間諜克勞森和安娜夫婦被派往日本東京與佐爾格匯合，他們夫婦的工作重點是儘量阻止蘇日之間爆發衝突。一九四一年十月克勞森和安娜夫婦在東京與佐爾格的間諜網成員一同被捕，克勞森被判終生監禁，夫人獲刑七年。一九四六年，他們被美軍從日本監獄救出後，取道蘇聯返回德國。

二十世紀三〇年代初，克勞森作為在中國工作的蘇俄間諜，按照格魯烏的部署和佐爾格的要求，以車庫機械師為掩護身分，用短波電臺與蘇聯電臺保持聯繫，聯絡暗語是「威斯巴登」。

就在佐爾格大張旗鼓地在中國鋪設蘇俄間諜網的時候，克勞森受命在中國多地架設電臺網，先後在上海、廣州和瀋陽等地建立了密碼電臺，與佐爾格配合向蘇聯傳輸情報。看似他倆關係不錯，實則不然，克勞森有次酒後吐真言，說他很討厭佐爾格，因為他對部下極為傲慢和狂妄，常把克勞森當小弟一樣呼來喚去，這使克勞森自尊心受到傷害。日久生怨，久怨成恨，克勞森被捕後，面對日本秘密員警的審訊，沒少出賣佐爾格，也許這就是他身陷囹圄卻大難不死的秘密吧。

佐爾格一九三二年秋季完成了中國間諜網佈設，年底，他按照格魯烏的命令返回蘇聯述職，受到了蘇共中央政治局委員和格魯烏主管高度讚揚，他們說，佐爾格上海的間諜活動在蘇俄間諜史上寫下了輝煌一頁。

這期間，遠東局勢已愈演愈烈，日軍染指中國滿洲，蘇聯在中國東北的影響力開始被日本取而代之。接著，日軍陳兵中蘇邊界，蘇聯感到二十世紀初期日俄戰爭那未熄滅的暗火再燃，大戰一觸即發，在這一關頭，格魯烏決定派遣佐爾格前往日本開展諜報工作。

希特勒在一九三三年掌權之後，蘇德關係發生重大變化，格魯烏要求佐爾格不僅需獲取日本情報，也要重視德國情報，所以，佐爾格的日本之行更加意義重大。

格魯烏要求他成為一根直插日本核心部門的探針，隨時把握日本高層的對蘇方針與戰略的變化，並通過相關部門報告史達林。

格魯烏為安全起見，為佐爾格規定了三不准：不准聯繫日共組織、不准配備俄裔或日裔助理（實際上佐爾格那時已安排任用了尾崎秀實）、不准聯繫蘇聯駐東京使館。格魯烏還命令佐爾格，在日本使用真實姓名和繼續使用德國記者身分作掩護。

一九三三年九月，佐爾格先在美國和加拿大小住，他在加利福尼亞會見了美國共產黨間諜機構的負責人，還順路勾搭了一位美國女人，然後雙雙乘加拿大遊輪前往日本橫濱。

那時佐爾格的公開身分是《法蘭克福彙報》（Frankfurter Allgemeine Zeitung）和《科技報》（Technische Rundschau）駐東京記者。佐爾格還想方設法加入了德國納粹黨，這個身分對他在日本從事間諜活動起到了極好的掩護作用。儘管如此，日本憲兵隊和特高課的人還是連續數星期對佐爾格進行跟蹤，但他們並未驚擾他。

佐爾格初來乍到日本，一方面，他極力在報刊上發稿，鞏固自己的記者身分；另一方面，他利用納粹黨員的身分，與德國駐日本使館人員建立了良好關係，並在他們的幫助下，很快成為東京著名政論記者。

格魯烏還在用人方面為佐爾格創造條件，將南斯拉夫籍蘇共黨員伏開利克（Branko Vukeli，1904-1945）先行以記者身分派遣到東京接應佐爾格，除此之外，還在佐爾格身邊安排了多位骨幹分子，如日裔美共黨員宮木佑德、《朝日新聞》記者尾崎秀實以及克勞森等人。

隨著時間推移，佐爾格身邊人數逐漸增多，形成東京國際間諜組織雛形，至一九四一年竟發展至三十九人之多。

佐爾格見時機已到，便利用家庭酒會將小組骨幹成員招到身邊，傳達了莫斯科的具體任務，希望組員們按計劃從速收集情報：第一、日本是否欲從中國滿洲進攻蘇聯遠東地區；第二，日本陸軍兵力與飛機數量，日軍是否會對蘇聯實施陸空協同作戰；第三，希特勒掌權之後，德日關係進展程度如何；第四，日本對華政策走向；第五，日本對英、美政策走向；第六，日本軍方高層對國家決定對外政策起何作用；第七，日本重工業向軍工生產轉向的程度如何。這些情報要點一直是佐爾格及其小組在日活動期間的主要工作目標。

佐爾格在東京編織了蘇聯間諜網，其骨幹成員各有分工，如伏開利克負責與英法籍人士接觸，因為他這方面經驗豐富。尾崎秀實專攻日本對外軍事政策，與日本高層往來，因為他的同學已經身居政界高位。宮木佑德按計劃與日本軍界人士交朋友，主要弄清日軍實力。

佐爾格命令間諜網成員之間不得相互聯繫，一切均通過他親自部署。他本人的任務，即要儘快結識東京的德日名流和政要，並躋身其中。

佐爾格決定先從納粹德國駐日本使館下手。他與大使德克森（Eduard Willy Kurt Herbert

von Dirksen, 1882-1955）同為希特勒納粹黨員，一經接觸便產生互信，關係很快升溫，德克森大使還將德國駐日上校武官奧特（Eugen Ott, 1889-1977）介紹給佐爾格。他們交往中自然產生情報，佐爾格在這期間多次用微縮膠捲向莫斯科遞送情報，他告知史達林，日軍不會向蘇聯遠東發動進攻。佐爾格偶爾還在日本秘密員警布控鬆懈時親飛上海，與格魯烏人員接頭。

佐爾格自身最大的弱點就是好色。德國歷史學者說，女人與他的關係，猶如飛蛾與火。佐爾格有次出差去上海，在酒店的陽臺上結識了一位美國少女，他全然不顧身分與工作，將其作為情婦帶到東京，包養了三個月。最不可思議的是，佐爾格在東京期間，甚至冒著蘇聯間諜網崩潰的危險，勾搭同事伏開利克的老婆，玩起了地下戀，這段不倫之戀整整持續了三個月。

佐爾格在海外工作期間與他有染的女性多達四十餘人，連跟蹤他的日本秘密員警都瞠目結舌。佐爾格說，泡妞與間諜職業不矛盾，男人的花花公子行為是身分極好的掩護。但當最後一位女人石井花子（いしい はなこ, 1911-2000）出賣他的時候，佐爾格才明白，蘇聯間諜在東京折戟也許都是人性弱點作祟。

一九三五年春，佐爾格奉命返回莫斯科述職，為避免德國納粹秘密員警懷疑，他取道美國和西歐回到莫斯科。那時，烏里茨基（Семен Урицкий, 1895-1938）取代了別爾津，成為蘇聯紅軍第四偵察局主管，即他的頂頭上司。烏里茨基對佐爾格的情報工作非常瞭解，他告訴佐爾格，蘇共中央高度評價佐爾格領導的東京間諜小組，鑒於蘇日和蘇德關係極其微妙，並有最終惡化和走向戰爭的可能性，格魯烏需要佐爾格小組在日繼續工作。佐爾格還應邀參加蘇共中央會議，他作為格魯烏遠東偵查員，受邀在會上講述遠東時局，深得同行讚賞，史達林親自與會並接見了他。

一九三六年二月二十六日，日本發生「二・二六」事件，一千四百多名官兵發動政變，佔領政府機關，襲擊高官住宅，殺死內閣大臣多人，兵諫陸軍大臣，要求成立「軍人政府」，實行法西斯獨裁。日本在事件之後組成了以法西斯軍閥為核心的廣田弘毅內閣，加快了日本發動戰爭的步伐。

日本首相近衛文麿（1891-1945）從一九三七年開始，在日本積極推行法西斯主義統治，與德、義簽訂《三國軸心協定》，策劃發動全面侵略中國和亞洲的戰爭。

佐爾格手下尾崎秀實成功地打入日本政府高層，他組織的東京早餐會，出席者不僅包括日本首相辦公室秘書，甚至連近衛文麿本人有時也到場。尾崎秀實是日本的中國問題專家，他以自己對中國局勢的縝密分析作交換，獲得近衛文麿特許，可在政府辦公大樓內閱覽相關秘密檔案，條件是不得帶走和複製。尾崎秀實口頭答應，實則他將一些文件偷偷拿到伏開利克家，翻拍和翻譯後交給了佐爾格。

尾崎秀實就這樣獲得石破天驚的情報：第一、日本近期不擬進攻蘇聯；第二、日本在十個月之內完成對中國的軍事佔領。

莫斯科收到情報後極為震驚，史達林認為，日本發動侵華戰爭非同小可，遂親命佐爾格確認該情報是否屬實。不久，佐爾格間諜小組成員宮木佑德獲得情報，日軍總參謀部負責製作司令部軍事模型的大佐說，日本空軍已開始製作大比例尺的中國地形模型，為日本制定空襲中國計畫做準備。德國駐日武官奧特上校也告訴佐爾格，德國已經獲悉日本擬對華開戰，已下令召回南京軍事顧問團。佐爾格及時將這些重要情報發往了蘇聯。

那段時間是佐爾格給蘇聯發報數量最多的時候。佐爾格所提供的日本政治及軍事情報，成為影響當時蘇共對遠東決策的重要依據。不久，佐爾格再次電告莫斯科，確認日本侵華戰爭即將爆發。一九三六年底，史達林根據他的情報命令蘇聯紅軍遠東集群人員補充至三百萬人，並配備重型軍事裝備，謹防日本借侵華突襲蘇聯遠東。

一九三七年，日軍全面侵華戰爭開始後，佐爾格奉命搜集日軍在華情報，其手下伏開利克作為日軍特許記者團團員，隨行參與戰爭報導，還特許前往中國前線採訪。佐爾格本人也在東京特務機構交上了朋友，不少被日軍封鎖的重要情報源源不斷地發往莫斯科。此外，由於佐爾格以往對德國駐東京大使館提供了海量資訊支援，所以，他不僅獲得德克森大使和武官奧特上校的信任，而且連納粹蓋世太保駐日本總代表海德里希（Reinhard Tristan Eugen Heydrich, 1904-1942）也將佐爾格誤判為德國間諜。

德克森患病離職，奧特上校繼任德國駐日大使，他立即邀請佐爾格做了大使助理，佐爾格有了掌握更多一手情報的條件，他所提供的情報也更加精準，成為史達林制定重大外交戰略的依據。

特別值得一提的是，根據佐爾格的情報，一九三九年八月二十三日，蘇聯外交部長莫洛托夫與德國外交部長里賓特洛普簽訂了《蘇德互不侵犯條約》。至此，佐爾格的威望和成就也達到了巔峰，他不僅是格魯烏駐東京間諜網負責人，還是德國駐日本大使最信任的情報顧問。一九三九年九月，佐爾格應邀出任德國駐日本使館新聞參贊，其同事尾崎秀實也成為日本首相近衛文麿辦公廳的密友和顧問。

自從佐爾格在東京組建間諜小組以來，報務員克勞森已經向蘇聯發報千餘份。隨著國際關係日趨複雜，日本憲兵隊和秘密員警對國內電臺管控也越來越嚴。

日本人在一九三九年發現，有一部電臺與西伯利亞方向互動頻繁，其所發出的報文每組五位元數位，最後經過日本技術偵察部門偵破得出結論，這是一部蘇聯間諜電臺，並決定予以破獲。

不久，東京軍事情報機構的大阪大佐前來德國駐日使館求見，希望德國為日本提供先進的無線電技術偵察設備，佐爾格馬上便得到了這個情報。

佐爾格立即命令克勞森連夜轉移電臺，他們先將電臺轉移至距東京幾十公里外的海濱，又花了一千美元租下了一條大漁船。佐爾格讓船夫開船，船夫恐懼，拒絕駕船，佐爾格只得邊摸索邊駕駛，親自駕船駛向大海。克勞森下到底艙，繼續通過電臺向蘇聯發送情報。後來，佐爾格乾脆將這艘船改造成私家遊艇，時常在甲板上宴請日本政要，而克勞森就在艙內緊張地發報。不久，德國無線電技術偵察設備運抵日本，東京軍事情報機構利用它探測出佐爾格電臺的位置，儘管克勞森曾更改過電臺座標，卻為時已晚。

一九四一年五月十二日晚，佐爾格邀請德日高層乘船出海漫遊，他們在甲板上狂喝豪飲之際，密艙內的克勞森向莫斯科發出了一份具有歷史意義的情報：六月二十日，德國將以一百二十個師的兵力進攻蘇聯，日本不擬參與德國進攻蘇聯的行動。

與此同時，東京軍事情報機構的大阪大佐也準確地定位了佐爾格的海上電臺。日本高層下令限時摧毀蘇聯間諜電臺，大阪大佐以命相賭，發誓完成任務。他根據特高課的情報，判定佐爾格、克勞森和伏開利克是蘇聯情報員，而對尾崎秀實和宮木佑德雖有懷疑，卻無確鑿證據。

不久，大阪大佐與德國蓋世太保駐東京代表梅辛格（Josef Albert Meisinger, 1899-1947）商討與佐爾格見面。一天傍晚，正當佐爾格在富士酒館喝酒時，梅辛格和大阪大佐不期而至，他們在一起交杯換盞，大談女人，佐爾格酒後真言，講得眉飛色舞，大阪卻聽得用心，酒席未散，大阪針對佐爾格的美人計已悄然部署完成。

大阪大佐告訴佐爾格，日本最漂亮的女人就是歌舞伎，不一會，一位姑娘登臺表演，儘管戴著面具，但身材娉婷婀娜，令佐爾格怦然心動。大阪大佐當即告訴佐爾格，姑娘叫石井花子，是個富豪之女，由於特殊原因才出來做歌舞伎。

佐爾格當即表示願意認識，他哪知道石井花子是特高課反間人員，大阪給她派的任務就是勾引佐爾格。

佐爾格對石井花子滿腔激情，三個月裡每晚必去酒吧看她表演，而石井花子卻故作矜持，並不主動接觸佐爾格，實為欲擒故縱。有天晚上，石井花子發現佐爾格突然不見蹤影，立即四處搜尋，最後，石井花子發現瀟灑英俊的佐爾格正在化妝間等她卸妝，石井花子一時間真情難抑，第一次在佐爾格面前摘掉面具，露出了美麗容顏並與佐爾格擁吻在一起……

一九四一年九月，佐爾格間諜小組有了麻煩，宮木佑德被一個女人出賣，東京軍事情報機構順藤摸瓜，找到了佐爾格間諜小組的脈絡，導致克勞森、伏開利克和尾崎秀實全部暴露。儘管佐爾格對特高課的監視有所察覺，但是他並未停止工作。一九四一年十月，他再次向蘇聯發報，告知日本關東軍不會進攻蘇聯遠東，使得史達林放心地抽調兵力去守衛岌岌可危的莫斯科。佐爾格還報告了日軍在東南亞以及太平洋地區對美國的軍事企圖。這是佐爾格的得力幹將尾崎秀實最後的貢獻，他的情報顯示，日本將在當年十一月七日進攻美國太平洋艦隊司令部所在地——夏威夷珍珠港。歷史證明，他的情報極為準確，僅在時間上誤差了一個月。

這是佐爾格給史達林的最後情報。不久，克勞森心臟病發作無法工作，宮木佑德也失蹤了。十月十四日，尾崎秀實在提醒佐爾格身邊出現大量密探和便衣之後就失蹤了。十五日，佐爾格鑒於間諜小組任務已經完成，東京工作環境惡化，便與克勞森商量兩週後向莫斯科申請解散工作小組，撤離東京。

十七日晚，佐爾格前往富士酒吧，接石井花子去他海邊的住所。此前，石井花子已經接到特高課指示，嚴密監視佐爾格，隨時報告動向。石井花子讓酒吧侍者給佐爾格暗中遞紙條，通知尾崎秀實已遭逮捕。佐爾格開車載著石井花子前往海濱寓所的路上，犯了兩個致命的錯誤：其一，他沒有將酒吧侍者給他的紙條銷毀，而是隨意扔在路邊；其二，他在半路上放鬆了警惕，讓石井花子給家人打電話。實際上，石井花子是給特高課打了電話。日本特高課特工立即尾隨而至，撿走了佐爾格扔掉的紙條，這成為他被捕的重要證據之一。

翌日清晨，佐爾格與石井花子還在熟睡，大阪大佐率領一群武裝特工破門而入，大阪給睡眼惺忪的佐爾格出示了他昨天丟棄的紙條，這位叱吒風雲的蘇聯遠東一號間諜終於明白，蘇聯格魯烏間諜小組已經走到盡頭。佐爾格沒做任何反抗，相反他與大阪握了握手，看都沒看一眼床上的石井花子，一言不發，頭也不回地走出屋去。

當日清晨，克勞森和伏開利克也相繼被捕。

佐爾格被捕後，日本和德國均很震驚。在日本，眾所周知首相近衛文麿與尾崎秀實關係甚篤，出事翌日，近衛文麿即遭貶斥，東條英機於十月十八日取而代之，出任日本首相。德國使館的奧特和梅辛格都試圖掩蓋與佐爾格的關係，以推卸自己的責任。結果，奧特被革職，梅辛格勉強保住了職位，卻沒有逃脫一九四五年的戰犯審判，被判處絞刑。

佐爾格及其間諜小組成員於一九四一年十月中旬陸續被捕，日本官方出於反間需要命令媒體噤聲，直到一九四二年五月，一些涉嫌佐爾格案件的周邊人員無罪開釋後，東京媒體才對事件有所報導。宮木佑德因患嚴重結核病而免於起訴；伏開利克始終沒有招供，被判終身監禁；克勞森雖徹底招供，也獲無期徒刑。佐爾格在審訊時，首先承認他是蘇聯間諜，並詳細講述了他的間諜史，最後，他自言自語地說：「也許，好色對間諜來說是個大忌啊！」

尾崎秀實也沒有回避他的所作所為，他坦陳自己的作為目的就是抗拒日本國家意識形態。最終，佐爾格和尾崎秀實被東京法院判處死刑。他們不服，遂向日本最高法院提出上訴。一九四三年春季，他們的上訴被駁回。

最終，日本人挑選蘇聯十月革命節這天處死他們。佐爾格和尾崎秀實在同一絞架被絞死，尾崎秀實在先，佐爾格過了三十分鐘緊隨其後，臨刑前，他用俄語高呼：「紅軍萬歲！」

麥卡德爾　刺殺托洛茨基

托洛茨基（Лев Троцкий, 1879-1940）一八七九年十月二十六日生於沙俄帝國的赫爾松縣揚努夫卡村（位於今烏克蘭）。他是二十世紀俄國最著名的革命者之一，馬克思主義流派之一的托洛茨基主義思想家。一九〇五年至一九〇六年間，他曾兩次遭到沙俄流放，是俄國十月革命的組織者之一，也是蘇維埃工農紅軍和第四國際的主要締造者之一。托洛茨基曾當選蘇維埃中央執委會委員，在蘇維埃第一屆政府中出任外交人民委員；一九一八至一九二五年任俄羅斯聯邦以及革命委員會主席陸海軍人民委員；於一九一九至一九二六年當選聯共（布）政治局委員；一九二七至一九二八年被開除所有職務，遣送流放；一九二九年被驅逐出境；一九三二年被史達林剝奪蘇聯國籍。托洛茨基出境後一直致力於第四國際的建設。

托洛茨基寫下大量研究俄國革命運動理論、革命史學和文學批評的著作，特別是個人回憶錄《我的生平》（Моя жизнь）均很有價值。托洛茨基在二十世紀最重大的社會革命——十月革命中贏得了不朽的歷史地位，卻也為自己樹立了終生的政治死敵—史達林。一九二五年一月，史達林派操縱聯共（布）中央通過《關於托洛茨基言論的決議》，指責他「企圖用托洛茨基主義偷換列寧主義」，蘇維埃中央執行委員會主席團解除了托洛茨基革命軍事委員會主席和陸海軍人民委員的職務。

一九二五年一月，托洛茨基被迫辭去蘇維埃軍事人民委員之職。一九二八年托洛茨基被史達林流放到阿拉木圖，他在此期間依然撰寫著作，起草了數十萬字的《共產國際綱領草案》。此刻，托洛茨基及其追隨者已被定性為「反蘇維埃組織」和「敵視無產階級專政的組織」。一九二九年二月十二日，托洛茨基被驅逐出國；一九三二年二月，他被取消蘇聯國籍。不久史達林後悔將他僅是驅逐，而未在蘇聯國內消滅，斬草除根，以絕後患。從那時起，史達林為消除托洛茨基的威脅，多次派遣蘇聯特工追尋托洛茨基的足跡，在世界多地圖謀刺殺。最終，一九四〇年八月二十日，托洛茨基被蘇聯內務人民委員部（НКВД）殺手麥卡德爾（Ramon Mercader, 1913-1978）用冰鎬鑿入顱骨而亡。

托洛茨基移居墨西哥之後，蘇聯內務人民委員部為了實施對托洛茨基的刺殺，物色了大量人選，主要是一九三八年年底從西班牙移民到墨西哥的共和黨人[9]，他們的西班牙語講得流利自如，當地員警很少懷疑。移民中包括加入第四國際的西班牙托派，他們與共和軍在敵後城市巴塞隆納發動武裝起義，但起義最終因不敵三萬敵軍的攻勢而失敗，共和軍付出了五千人生命的代價。

托洛茨基身在墨西哥，心繫蘇聯和世界，他一方面繼續指揮革命，著書立說，另一方面還得提防史達林派遣的殺手行刺。他將墨西哥城的私家宅院改建成了一座防衛森嚴的小城堡，宅院的每個入口都做得隱蔽而繁瑣，目的就是提防襲擊者輕而易舉地突入宅院，實施刺殺。院中所住人員後來逐漸明白，托洛茨基這樣做絕非多此一舉，而是極具戰略眼光。

就托洛茨基自身而言，他對史達林剷除他的決心及其麾下特工的素質極為清楚，他覺得宅院的防衛與安保措施怎麼做都不過分。他曾說「有時候恨不能藏在汽車底下」，以躲避宅院四面八方對他的監視。

托洛茨基說的是實話。首先，他家宅院附近的街道上那時經常有一些莫名其妙的人在遊蕩，眼睛直勾勾地盯著他家的大門；其次，他家對面的院子裡搭建了高臺瞭望塔，一刻不停地監視著他家宅院裡的動靜。托洛茨基心裡清楚，這些監視者就是蘇聯內務人民委員部的特工。托洛茨基家的警衛和秘書也多次提醒他，常有人或步行或乘車從宅院門前經過時，故意放慢速度，仔細觀察一番後再離去。

9　西班牙內戰是在西班牙第二共和國的一場內戰，由西班牙共和軍和人民陣線等左翼隊伍對抗以法蘭西斯科・佛朗哥為核心的西班牙國民軍和西班牙長槍黨；人民陣線得到蘇聯與墨西哥的援助，而佛朗哥的國民軍則有納粹德國、義大利及葡萄牙的支持。一九三九年，國民軍獲得勝利，西班牙第二共和國滅亡，由法蘭西斯科・佛朗哥施行獨裁統治，進入佛朗哥統治時期，直至他一九七五年去世。

托洛茨基一邊安慰眾人，一邊給墨西哥政府寫信，要求在他家門口增派員警人數，加大執勤和巡查力度，確保宅院中居民生命安全。不久，托洛茨基接到好友的消息，說有人近期將組織一場衝擊托洛茨基宅院的團夥暴力行動，意在殺死他和他的家人，預謀與參與者均是托洛茨基過去的擁戴者和追隨者。托洛茨基雖然有些將信將疑，但是根據經驗和局勢變化，還是採取了「寧信其有」的態度。

果然不出朋友所言。一九四〇年五月二十四日，大約二十多名身穿迷彩軍服和員警制服的武裝人員在一位自稱「少校」的軍官帶領下，手持輕重武器（其中包括班用機槍），突然駕車駛近托洛茨基家大門口。「少校」跳下車，揮舞著手槍，衝著托洛茨基宅院大門口的警衛哈特（Robert Sheldon Harte）大喊開門。哈特竟然順從地打開了大門，武裝人員一湧而進，輕重武器對著宅院裡房屋的窗戶和門扇一陣狂射，機槍重點狠掃托洛茨基辦公室和臥室，一時間槍聲震耳，煙霧彌漫，玻璃粉碎，窗框和門板被打掉的木條飛迸四濺……

掃射發生時，托洛茨基和夫人謝多娃（Наталья Седова, 1882-1962）正在臥室休息，殺手的子彈射進臥室的一瞬間，他們雙雙滾到屋中窗戶下面的一個死角，避開了子彈直射。所有射進來的槍彈都打到牆上反射回來，形成跳彈打在了床榻上，托洛茨基夫婦竟然沒有傷到一根毫毛。聞訊趕來的員警僅在托洛茨基臥室的牆壁、窗戶上和床上就發現了二百多個彈孔，這還不算遭受襲擊的其他房間中彈數量。

事後經過警局調查，襲擊事件策劃者為史達林的忠實信徒西蓋羅（David Alfaro Siqueiros, 1896-1974）所為。一九九二年前蘇聯國家安全委員會（Комитет государственной безопасности，通稱克格勃：КГБ；KGB）秘密檔案解密，西蓋羅串通警衛哈特意欲謀殺托洛茨基，而哈特則是蘇聯內務人民委員部招募的特工。西蓋羅因為刺殺托洛茨基失敗，史達林擔心事情暴露，令蘇聯特工將西蓋羅滅口。

托洛茨基在暗殺發生後不到一個月，六月八日便寫下文章〈史達林的錯誤〉（Ошибка Сталина）。他在文章中說：「史達林先將我驅逐出境，後來又想在境外殺掉我，難道說直接在莫斯科將我像我很多朋友一樣斃了不更簡單？」

托洛茨基後來自問自答說，他一九二八年被開除出黨和遣送中亞流放的時候，史達林就曾想槍斃他，但是那個時候參加十月革命和國內戰爭的老人還都健在，史達林對托洛茨基的處理決定受到來自各方面的壓力。何況托洛茨基與中亞反史達林團體保持著緊密的聯繫，鑒於這一切，史達林在猶豫了一年以後決定對托洛茨基採取驅逐出境，而非肉體消滅的懲處方式，以免觸犯眾怒。史達林的如意算盤是托洛茨基一旦被驅逐出境，便失去了體制資源和經濟支撐，政治上自然成不了大氣候。

可是托洛茨基出國後很多事實證明，他雖缺乏資源和資金，照樣組織和廣泛參與政治，給史達林造成大麻煩。據說史達林數次在政治局會議上說，驅逐托洛茨基已鑄成大錯，只能靠暗殺解決問題！

蘇聯內務人民委員部經過審慎考察，決定派遣墨西哥雕塑家西蓋羅前去刺殺托洛茨基。西蓋羅一九四〇年五月二十四日組織參加了襲擊托洛茨基宅院的行動，他被墨西哥警方拘捕之後，聽說托洛茨基夫婦躲在窗下逃過一劫，在獄中後悔莫及：「費這麼大力氣，白幹啦！」

西蓋羅是刺殺老手。在襲擊托洛茨基宅院之前，他們約定，為了確保襲擊成功，刺殺小組分成兩部分，各司其職，有的負責射擊建築物，有的負責殺死警衛和保安。西蓋羅小組的任務是在刺殺行動開始之後，搶奪托洛茨基的重要檔案。刺殺小組為安全和保密起見，組與組之間互不相識，也不聯繫。這兩個刺殺小組的最高指揮官，是蘇聯內務人民委員部埃津貢（Наум Эйтингон, 1899-1981）上校，他在西班牙內戰時曾任蘇聯內務人民委員部西班牙處處長。

埃津貢在內戰期間結識了年輕的西班牙軍官麥卡德爾。麥卡德爾出生在巴賽隆納，母親卡瑞達是著名的古巴共產黨員。麥卡德爾跟著母親在法國長大。後來，麥卡德爾也接受了共產主義思想並參與了西班牙內戰。埃津貢在內戰期間招募麥卡德爾成為一名蘇聯特工。麥卡德爾絕非等閒之輩，他曾就讀貴族中學，後在西班牙共和軍中服役，官至少校。

一九三五年，麥卡德爾因為在西班牙參加青年黨被捕，釋放後移居法國。一九三八年，他在巴黎結識了俄裔美籍女子馬斯洛娃，她是一個狂熱的托派分子，麥卡德爾被她吸引。馬斯洛娃將她的親妹妹介紹給麥卡德爾，她是托洛茨基的女秘書，她幾乎每月都在巴黎和墨西哥之間飛來飛去，為托洛茨基做外聯工作。麥卡德爾瀟灑的外表和幹練的作風也給女秘書留下了良好的印象。

馬斯洛娃一九三九年從法國返回美國，三四個月之後麥卡德爾尋芳而去，但他們見面的時候，麥卡德爾是因為做生意才來美國，不過那時他已經更名改姓，變成了加拿大公民傑克遜。馬斯洛娃問他換身分的緣由，他說這樣做是為了逃避服兵役。後來麥卡德爾前往墨西哥做生意，便請馬斯洛娃也到墨西哥城去找他。一九四〇年年初，馬斯洛娃的妹妹幫助姐姐在托洛茨基那裡找了份工作——給他做行政秘書。那時，麥卡德爾和馬斯洛娃住在「蒙黛霍」酒店，麥卡德爾每天開著輛別克轎車，送馬斯洛娃到托洛茨基宅院上班。

時間一長，由於馬斯洛娃的關係，麥卡德爾自然就成了托洛茨基的座上賓。從一九四〇年四月，麥卡德爾開始拜訪托洛茨基，五月二十八日，托洛茨基正式邀請他和馬斯洛娃出席家庭晚宴。那天，將麥卡德爾領進餐廳的，是托洛茨基的衛士長羅賓內，當時托洛茨基的宅院戒備森嚴，因為距離上次的掃射突襲，僅僅過去四天，所以對初來乍到的客人，衛士長羅賓內總是親自護送到托洛茨基跟前。根據托洛茨基門衛的訪客簿上的記錄，麥卡德爾共計應邀來訪達十二次之多，總逗留時間為四小時十二分鐘。

麥卡德爾在實施謀殺前十二天，最後一次訪問托洛茨基，而且一待就是一個小時，還是與托洛茨基獨處，這充分說明賓主之間不僅熟悉，而且彼此已經建立了一定的信任。麥卡德爾此次來訪，是請托洛茨基審讀美國托派份子沙赫特曼和貝爾漢姆的文章，他們在文中批評了悖離黨派信仰等問題。

墨西哥城正值八月暑熱，可是麥卡德爾的手上卻搭著一件風衣，還拿著一頂禮帽，也許他沒有穿衣戴帽的緣故，所以手裡的東西也未太引人注目。托洛茨基將麥卡德爾讓進書房，就埋頭看起那篇文章，而麥卡德爾竟在他身後落座，這讓托洛茨基覺得不舒服，他便讓麥卡德爾坐到他的側面來，但麥卡德爾卻以「免得打擾」為由，沒移動位置。那晚，托洛茨基還跟妻子謝多娃說起此事，倆人都覺得很蹊蹺，哪有訪客坐在主人身後說話的？那天之後，托洛茨基和妻子謝多娃便對麥卡德爾留了個心眼，可他們並沒採取什麼防範措施，甚至都沒跟衛士長提起這件事。

八月二十日，麥卡德爾又一次來到托洛茨基家，他的手上依舊搭著一件風衣，拿著一頂禮帽。警衛對他的到訪已經習以為常，托洛茨基像往常一樣將他引入書房。誰也不知道麥卡德爾這次是來刺殺托洛茨基的，他的風衣裡面塞滿了兇器：冰鎬、鐵錘和一把自動手槍。

他進屋後，先將風衣和禮帽放在托洛茨基的書桌上，騰出右手握住了藏在風衣裡的冰鎬的手柄。麥卡德爾事先將手柄鋸短，以便藏匿。那時托洛茨基正背對著他，俯身認真地讀著稿子。說時遲那時快，他緊握冰鎬，瞄準了托洛茨基的後腦，狠命地鑿了下去。托洛茨基在冰鎬落下的瞬間晃動了一下腦袋，所以冰鎬並未擊中後腦中央，而是插進了頭顱側後部。托洛茨基遭到突然襲擊，發出長聲哀嚎：「啊——啊——！」

托洛茨基頭上的鮮血迸濺到書桌和地板上，他神經質地跳起來，頭上還插著那把鑿進頭顱的冰鎬，他轉身向麥卡德爾撲過去。麥卡德爾嚇得連退數步，想掏出手槍，可是已經來不及了。麥卡德爾被捕後說，托洛茨基的慘叫聲和痛苦的模樣，在他腦海中盤桓不去，甚至還在睡夢中出現。

且說托洛茨基猛撲過去，咬住了麥卡德爾的一隻手，麥卡德爾使勁一推，托洛茨基摔倒在地，頭上插著的冰鎬也掉落在地上，更多的鮮血從他的傷口冒了出來。接著，托洛茨基又搖搖晃晃地站起身，磕磕絆絆地衝出屋去。

宅院亂作一團，有人驚呼，有人哭叫，衛士長羅賓內帶著警衛最先趕到，他們衝上去猛擊麥卡德爾的雙腿，使其跌倒在地，又繳獲了他的武器，警衛人員將他按倒在地拳打腳踢。麥卡

ИСКОРЕНИМ
ШПИОНОВ и ДИВЕРСАНТОВ,
ТРОЦКИСТСКО-БУХАРИНСКИХ АГЕНТОВ ФАШИЗМА!

徹底剷除間諜和破壞分子——法西斯主義的代理人托洛茨基—布哈林　依古木諾夫，1937

德爾被打得滿臉是血，一邊掙扎一邊叫喊：「我是被逼殺人，有人綁架了我媽媽，我也沒辦法！你們殺了我吧，要不就住手！」

托洛茨基的妻子謝多娃當時正在另一個房間，她聽到丈夫絕望的長嚎，顧不得多想便跑出屋外，看見托洛茨基滿臉是血地站在院子裡，他的眼鏡已經掉落，淡藍色的眼睛裡充滿恐懼和絕望……

托洛茨基的助理和秘書很快叫來救護車，托洛茨基被送往醫院急救。就在這個當口，員警們將麥卡德爾帶到一個房間裡審訊。麥卡德爾滿臉淌著鮮血，肋骨也被打斷，身上都是警衛用煙頭燙的傷痕，他未對警方說一個字。

八月二十一日，顱腦重傷的托洛茨基在醫院搶救了二十六個小時後宣佈不治，結束了六十一歲的生命。後來，托洛茨基的葬禮變成了一場聲勢浩大的反史達林遊行，第四國際美國分會還在托洛茨基墓座上修建了方尖碑以誌紀念。

托洛茨基遇害三個半月之後，他的夫人謝多娃致函墨西哥總統卡德納斯（Lázaro Cárdenas del Río, 1895-1970），信中寫道：「您延續了托洛茨基四十三個月的生命，我心中對此充滿感激。」

托洛茨基遇刺後，此案的所有同謀，除了麥卡德爾被捕，其他人全部事後蒸發。麥卡德爾在托洛茨基書房行兇時，宅院大門外停著一輛未熄火的汽車，密切地注視著宅院內事態的發展。就在衛士長羅賓內帶著警衛吵吵嚷嚷地抓兇手時，大門外的汽車開動了，不久它消失在大街的拐角處。

那輛汽車上坐的不是別人，正是蘇聯內務人民委員部埃津貢上校，負責刺殺托洛茨基的最高指揮官。麥卡德爾得手後，所有與他相關的人迅速在蘇聯內務人民委員部安排下離開墨西哥。而麥卡德爾因為謀殺被墨西哥法院判處二十年有期徒刑。儘管他在獄中遭受折磨，但他自始至終也未承認刺殺托洛茨基是蘇聯內務部（НКВД）的指使。一九六〇年五月麥卡德爾獲釋，蘇聯政府邀請他前往莫斯科接受勳章──他獲得了蘇聯英雄稱號。

一九九二年蘇聯解體以後，蘇聯克格勃（КГБ）檔案館所保存的麥卡德爾檔案也獲准解密，這些檔案展示了麥卡德爾從監獄獲釋後非同尋常的人生。

話說一九六〇年初夏，莫斯科蘇共中央馬列研究所（ИМЛ ЦК КПСС）人事處根據上級指示接納了一位新同事，名叫羅曼，他長了一副南歐或者南美人的面孔，一頭灰髮，寬肩厚背，年齡大約五十歲上下，他的檔案材料中記載，他是研究西班牙內戰史的專家。特別是，羅曼胸前佩戴著一枚金光閃閃的蘇聯英雄勳章，讀者諸君有所不知，這樣的人物在當時堪稱「蘇聯最受尊敬的人」。羅曼還沒與大家接觸，就已經給馬列研究所同事留下了美好的印象。羅曼在馬列研究所享有一間獨立辦公室，房號為三四四，此辦公室至今仍保留著。

馬列研究所同事在與羅曼的接觸中逐漸知道，羅曼俄語說得不好，他主要講西班牙語，人們對他的蘇聯英雄稱號好奇，有人請他講故事，他只是淡淡地說：「沒啥好說的，這是因為完成軍事任務而獲得的獎勵。」不久，蘇聯政府在莫斯科最豪華的地段之一，高爾基文化公園對面的伏龍芝濱河大街上，分配給他一套寬敞豪華的住房。馬列研究所同事聞訊後當然羨慕至極，但是羅曼既然是蘇聯英雄，住這樣的豪宅，當之無愧。

很多年過去了，沒有人知道羅曼獲得蘇聯英雄稱號的真實原因。蘇聯克格勃檔案批露，羅曼所獲得蘇聯英雄稱號，是一九六〇年五月三十一日由蘇聯部長會議下屬的克格勃主席舍列賓（Александр Шелепин, 1918-1994）在非正式場合秘密頒發的，勳章號碼為一一〇八九。

這位馬列研究所的新同事羅曼不是別人，正是刺殺托洛茨基的殺手麥卡德爾。

麥卡德爾的獄中故事同樣傳奇。他說，剛開始他被關押在單人牢房，屢遭虐待，後來情況有所改善，活動空間也大了，他甚至可以走出監獄，購買日用品和他素來喜愛的無線電零配件（他在獄中負責修理無線電收音機和電管風琴），還可以見律師。他入獄後體重逐漸增加到一百零三公斤。麥卡德爾服刑期間還結婚生了孩子，太太名叫洛克利婭，女兒叫拉烏拉。

麥卡德爾一九六〇年五月六日從墨西哥監獄獲釋，應蘇聯政府邀請，取道古巴和捷克斯洛伐克前往莫斯科。出於保密的需要，麥卡德爾榮膺蘇聯英雄稱號之事，僅僅在小範圍傳達，事前，克格勃甚至連麥卡德爾都沒有告知。

就這樣，麥卡德爾化名羅曼在蘇共中央馬列研究所檔案研究部上班，在莫斯科生活了整整十四年。女兒拉烏拉在回憶錄中寫道，爸爸在莫斯科生活期間，除了上班，業餘時間喜歡去大劇院看芭蕾，到音樂劇院聽歌劇，他還喜歡買些古典音樂唱片。麥卡德爾適逢假日，就帶著全家在莫斯科的餐廳享受美味佳餚。

麥卡德爾一九七三年年底應卡斯楚（Fidel Castro, 1926-2016）邀請訪問哈瓦那。他喜歡上了古巴，便申請留了下來。但是，直到一九七四年一月，蘇聯克格勃才同意麥卡德爾的妻子和女兒前往古巴與丈夫團聚。五月，克格勃邀請麥卡德爾返回莫斯科參加五月九日蘇聯勝利日紀念活動，並授予他金錶一塊，上面鐫刻著：「謹贈蘇聯英雄羅曼，五月九日勝利日紀念。」

八月，麥卡德爾奉命出任蘇聯內務部駐古巴特別顧問，前往哈瓦那就職。他在古巴的使命，是協助古巴內務部管理和改善監獄狀況。卡斯楚知道麥卡德爾有來頭，也不敢怠慢，他在郊外專門撥給麥卡德爾一座二百多平米的花園別墅，克格勃給他配了一輛當時很先進的「拉達」公務轎車。

一九七八年夏季的一天，麥卡德爾的左臂忽然莫名其妙地骨折了，經醫生診斷，麥卡德爾的左臂骨折是手臂腫瘤所致。麥卡德爾的病情持續發展，他沒挺多久，十月十八日就病死了。蘇聯克格勃立即指示將其屍體焚化，不得做屍體解剖。俄羅斯有學者說，麥卡德爾自從申請移居古巴那一刻，克格勃便對其不滿，授予他的那塊金錶或許就是殺死他的兇器——專家說，金錶或許被預裝了逐漸生效的毒劑。難道說，麥卡德爾最終死於克格勃毒殺？克格勃史學家認為，這只是一種假說，但類似的案例在蘇聯屢見不鮮。

麥卡德爾的骨灰隨後被運往莫斯科，安葬在庫茲涅佐夫墓地，與一批蘇聯享有盛譽的克格勃精英之墓為伍。

勃洛欣　格別烏行刑隊的第一劊子手

蘇聯時期，遍及全國的秘密員警機構都建立了行刑隊，任務就是處決死囚。最近公開的檔案顯示，行刑隊最大的劊子手叫勃洛欣（Василий Блохин, 1895-1955），因為他親手處決的死囚多達二萬人。蘇聯時代，提起勃洛欣的名字，足以令人毛骨悚然，甚至靈魂出竅。並列第二名的劊子手是馬戈（Пётр Магго, 1879-1941）和那達拉亞（Сардион Надарая, 1903-?），他倆分別殺了一萬人，可謂渾身上下沾滿鮮血。

勃洛欣生於沙俄時代伊凡諾夫州的貧農之家，他自幼放牧，還做過石匠，一九一五年從軍，一九二一年加入俄國共產黨，當年即被任命為蘇維埃紅軍六十二營契卡（ЧК）成員。一九二四年，他被任命為契卡第六十一師副師長。一九二四年，勃洛欣被任命為蘇聯內務人民委員部（НКВД）下屬國家政治保衛局（格別烏；ГПУ）特別分隊政委，他從那時起便參加了紅軍行刑隊，親手處決犯人。勃洛欣從一九二五年起成為蘇聯格別烏行刑隊隊長，一九二六年，他由於政治忠誠可靠，還被任命為蘇聯格別烏警備隊隊長。

馬戈是早期參加革命的蘇俄紅軍裡的拉脫維亞裔軍官，軍銜是上尉，文化程度很低，僅受過兩年小學教育，一九一七年加入俄國共產黨。他早年在芬蘭城堡（Sveaborg）起義中便殺人如麻，從此走上革命之路。一九一九年在契卡的監獄中當典獄，一九二〇年晉升為契卡內部監獄的典獄長、契卡盧比揚卡大廈十一號樓管理主任。一九三一年，他主動要求調入蘇聯內務人民委員部（НКВД）下屬國家政治保衛總局（格別烏）行刑隊。那達拉亞也是窮苦出身，一九二六年參加蘇聯國家安全部門的工作，一九三七年曾出任蘇聯喬治亞內務部監獄做典獄長，是史達林大清洗運動的積極參與者。他也是喬治亞人，由於表現出色，蘇聯內務人民委員貝利亞（Лаврентий Берия, 1899-1953）在一九五三年將其提拔為警衛隊副隊長，並晉升他為上校，同時出任蘇聯國家安全部第四十一警衛局私人警衛分局副局長。

一九四〇年四月至五月間，蘇聯內務人民委員部（НКВД）在蘇共授意下，對被俘的波蘭人（包括戰俘、知識份子、員警及其他公務員）進行有組織的大屠殺。至一九四〇年春，計約二萬多名波蘭人被殺害，此即為卡廷森林大屠殺，這也是史達林所發動的大清洗運動的延續，旨在鎮壓全國的反布爾什維克叛亂。那時，蘇聯內務人民委員部行刑隊直接參與了卡廷森林的殺戮。原蘇聯俄羅斯聯邦加里寧州內務人員委員部主席托卡廖夫（Дмитрий Токарев, 1902-1993）曾與勃洛欣在行刑隊共事。他說，一九四〇年春季，勃洛欣親率內務人員委員部行刑隊高官前來加里寧州，處決奧斯塔什科夫集中營（Осташковский лагерь）裡關押的波蘭人。那時，勃洛欣擔任蘇聯內務部行政管理局警備隊隊長。當時也參加了大屠殺的托卡廖夫回憶說，勃洛欣每次殺人之前都要穿上深咖啡色的皮風衣，皮衣外面再繫一條皮圍裙，戴上皮帽子，長筒皮手套高及臂肘。勃洛欣殺人前後必飲茶，他殺人的刑場上永遠都有備好茶具。

行刑隊隊員說，勃洛欣的打扮和做派是個實實在在的屠夫。勃洛欣的同事魯班諾夫回憶行刑隊在卡廷森林的暴行時說，他們將準備槍斃的波蘭人從關押的牢房中逐個帶出，沿著走廊前行左拐，走進有一間長寬各為五米的正方形房間，屋裡牆上懸掛著紅布白字標語，檯子上還立著列寧的石膏像。勃洛欣和同事將「死刑犯」領進屋子後，對他們的身分做最後確認，並核實姓名和出生年月。之後，他們給「死刑犯」帶上手銬，帶進旁邊的執行室。勃洛欣叮囑行刑隊員從死囚背後射擊，使其一槍斃命。魯班諾夫說，勃洛欣常常親手處決囚犯，他是個有經驗的劊子手，不會對死囚頭部射擊，而是斜著射擊其頸部，這樣子彈便可貫通囚犯顱腦，從眼睛或者口腔穿出，出血較少。行刑隊有些新隊員手法生疏，直接對「死刑犯」後腦開槍，導致鮮血和腦漿迸濺，勃洛欣看到後便訓斥他們。他對行刑隊員說，對人的後腦射擊，至少會造成人失血一升，弄得地板很髒，收拾起來也麻煩。行刑隊的殺戮結束後，勃洛欣便命令手下打開後門，讓等候在外的卡車將屍體運走。在卡廷森林的屠殺中，每輛卡車裝載二十五至三十具屍體，裝好屍體後再用防水布蓋上，之後，勃洛欣讓士兵將執行室地板上的血跡和人腦組織用水沖洗乾淨。屍體一般都是運到不遠處的荒野，倒入內務部事先挖好的大坑，直接掩埋，部分則加以焚燒，這些後期處理屍體的工作，是由內務部行刑隊一位叫安東諾夫的人負責。托卡廖夫還回憶說，勃洛欣第一天在卡廷森林就親手槍決波蘭軍官三百四十三人，在隨後的幾日裡，又親手槍斃了二百五十人。在勃洛欣親自指揮下，蘇聯內務部行刑隊在卡廷森林共計槍決六千三百一十一個波蘭人。事成之後，行刑隊論功行賞，勃洛欣漲了工資，其他人則被獎勵了手槍、自行車和留聲機等。一九九一年，蘇聯最高軍事法庭開庭審判勃洛欣行刑隊在卡廷森林的暴行，參與屠殺的托卡廖夫出庭作證說，勃洛欣命令內務部行刑隊用德國瓦爾特手槍殺人。托卡廖夫在大屠殺之前，按照勃洛欣的指示，將數箱德製瓦爾特手槍運到現場備用。屠殺結束後，勃洛欣將手槍全部收回，拉走銷毀。

大清洗時期的行刑隊

蘇聯興起的大清洗運動，始於古拉格集中營[10]之前。那時，不少黨政幹部和知識份子成為犧牲者，在大清洗早期就死在內務部行刑隊的槍口下。據俄羅斯最新公佈的數字統計，僅一九三七年就有三十五萬人遭到槍決，平均每天槍斃一千人。一九三八年槍決三十三萬人，往後才逐年減少。勃洛欣的行刑隊工作即開始於大清洗早期。有人分析，他參與行刑隊以及後來成為殺戮的指揮者，跟他早年投身革命，追隨蘇俄領袖推行紅色恐怖運動有關。那時，勃洛欣的主要工作是擔任蘇維埃領袖的警衛，他從一九三〇年起便是史達林的警衛員，同時兼職格別烏行刑隊劊子手，幫史達林親手處決「人民的敵人」。由於勃洛欣的劊子手工作成績突出，不久便正式歸建行刑隊，成為專職劊子手。

但是，勃洛欣在行刑隊的日子並不好過，他遵照格別烏的規定，從未告訴過家人他具體從事的工作。此外，工作性質決定了他與家人總是聚少離多，且經常晝伏夜出，偶爾正常下班回家，也都醉得不省人事。其他行刑隊隊員大多也嗜酒，按照他們自己的說法，殺完人，不喝點酒壓壓驚，晚上都沒法入睡。行刑隊隊員葉梅爾揚諾夫在回憶錄中寫道：「我經常喝到酩酊大醉，殺人的工作實在太恐怖，我們身上經常噴很濃的香水，以去掉濃重的血腥味和火藥味。連街上的狗都躲著我們，只遠遠地衝著我們叫。」由於長期酗酒和精神高度緊張，行刑隊隊員英年早逝者居多，還有不少人淪為殘疾人或精神病患，被強制退伍。還有一些行刑隊隊員，如戈洛夫、索特尼科夫和巴卡倫等人在大清洗時代犯了政治錯誤，從劊子手淪落為死囚犯，他們被押

10 勞動改造營管理總局（лавное управление исправительно-трудовых лагерей и колоний），簡稱古拉格（ГУЛАГ; GULAG），指的是蘇聯的監獄和勞改營網絡。

這就是資本主義的烙印——徹底剷除他們！　維列切娃 · 庫佐夫金，1959

送至昔日耀武揚威的刑場，成了勃洛欣行刑隊的槍下鬼。

最令勃洛欣的行刑隊隊員受刺激的，莫過於死囚臨死高呼史達林萬歲。劊子手馬戈處決死囚的時候，也遇到類似的麻煩。他的頂頭上司別爾格（Исай Берг, 1905-1939）是格別烏莫斯科州辦公廳主任，也是一位著名的劊子手。他聽說此事後，立即做出批示，命令馬戈對死囚進行教育，讓他們死前不得玷污蘇俄領袖的英名。馬戈只得硬著頭皮在刑場給死囚上課，讓他們死前閉嘴。馬戈同時指示行刑隊，讓劊子手們在死囚毫無準備時突然開槍，使他們來不及喊口號。

最讓大劊子手勃洛欣備感沉重的處決，莫過於槍斃自己的上司別爾格。那時，別爾格主任每天帶著他的行刑隊在莫斯科州最大的刑場—布托夫刑場上忙著處決大清洗運動的死囚。可是一九三八年四月，別爾格犯了政治錯誤，遭到史達林拘捕，起初給他定的罪名是生活糜爛，後來上面覺得該罪名太輕，便重新定罪為組織反黨集團。一九三九年三月八日，別爾格被蘇聯最高法庭軍事委員會（ВКВС）判處槍決，執行人正是他的老友，大劊子手勃洛欣。那日，殺人從未猶豫的勃洛欣對著別爾格的後腦舉起手槍的時候，心裡犯了嘀咕，劊子手本應惺惺相惜，而今他們卻要彼此殘殺，勃洛欣手起槍響之際，打碎的難道不是他自己的未來嗎？

風暴漩渦裡的殺手

格別烏莫斯科州辦公廳主任別爾格死前曾對勃洛欣說，儘管上級讓他殺的都是人民的敵人，可是他們自己清楚，常常濫殺無辜。對勃洛欣他們來說，劊子手的工作除了濫殺無辜，實在枯燥無聊，他們每天用汽車將活人從莫斯科往郊外拉去槍斃，再開車將死屍拉到事先挖好的亂葬坑去埋葬，但他們一想到這是以革命的名義在工作，便心甘情願了，否則或許早就精神崩潰了。一九三七年至一九三八年，勃洛欣的行刑隊參加了最大規模的處決行動，死囚中包括了蘇聯元帥圖哈切夫斯基（Михаил Тухачевский, 1893-1937）、蘇聯總檢察長維申斯基（Андрей

Вышинский, 1883-1954）、蘇聯最高法院軍事委員會主席烏里利赫（Василий Ульрих, 1889-1951）、蘇聯內務人員委員部人民委員葉若夫（Николай Ежов, 1895-1940）等一批蘇聯黨政軍高官。

蘇聯內務人民委員葉若夫親手槍斃了他的前任雅各達（Генрих Ягода, 1891-1938），而雅各達在位期間經史達林授意，親手槍決了蘇共老布爾什維克季諾維耶夫（Григорий Зиновьев, 1883-1936）和加米涅夫（Лев Каменев, 1883-1936），最後雅各達本人也被指控捲入反蘇同盟大案，被定罪為納粹德國間諜、托洛茨基份子和陰謀篡權者而掉了腦袋。葉若夫對雅各達恨之入骨，於是，他在槍斃雅各達之前，便殘酷地折磨他：讓他看著其他死囚逐個被槍斃，先是老布爾什維克布哈林（Николай Бухарин, 1888-1938），後有蘇共政治局委員、農業部部長李可夫（Алексей Рыков）等等。最後輪到雅各達的時候，葉若夫先命克里姆林宮警衛隊隊長達金（Израиль Дагин）把雅各達痛揍一頓。葉若夫邊看邊說：「這是為我們受你的罪出得氣！」說完，他便對著雅各達的腦袋開了一槍。葉若夫也不總是一副兇神惡煞之相，內務人民委員部秘書布蘭諾夫（Павел Буланов, 1895-1938）是他老友，大清洗時代被判處死刑，他是葉若夫推杯換盞的酒友，葉若夫執行酒友的死刑，心中不爽，執行前，他竟命人拿白蘭地酒給布蘭諾夫痛飲。他事後才知道，槍斃布蘭諾夫，是貝利亞搞的借刀殺人計，但為時已晚。貝利亞一九三八年上臺出任蘇聯內務人民委員部委員後，開始清除葉若夫的勢力，他先借葉若夫之手殺掉布蘭諾夫，再伺機幹掉葉若夫。果然，一九四〇年二月六日，葉若夫被貝利亞定罪陰謀殺害史達林。他被捕不久即遭槍決，行刑隊隊長就是勃洛欣。勃洛欣槍斃葉若夫之後，無限欣喜地說，他能為黨為民除害，深感光榮和自豪。

蘇聯秘密員警具有多面性，勃洛欣既習慣於對著死囚後腦開槍，也習慣於跟隨史達林身邊當保鏢，時刻準備為他擋子彈。所以，勃洛欣深得史達林信任。貝利亞在內務部的勢力不斷擴大，他悄悄將整肅之手伸向勃洛欣，慫恿史達林衛隊長瓦西克（Николай Власик, 1896-1967）揭發勃洛欣參加反黨集團。貝利亞知道史達林賞識勃洛欣，便在動手前試探史達林口風，他剛一張口，便遭到史達林的駁斥和反對。史達林對貝利亞說：「這個人不能抓，他做的都是你做不來的粗活！」史達林的一番話使得貝利亞對勃洛欣動手有了顧忌，儘管如此，貝利亞也沒死心。克格勃檔案記載，貝利亞在一九三九年二月二十日將勃洛欣招到辦公室，與他進行了「嚴肅的談話」。勃洛欣此前已經聽說史達林對他的評價，所以他心中有數，應對自如，順利過關，貝利亞此後再沒對他提反黨集團的事。

勃洛欣正如史達林所說，幹的都是粗活。他有時候得帶著行刑隊去刑場幹活，死囚是由專車拉到刑場的。另外一些時候，勃洛欣需要親自駕車拉著死刑犯去執行。一九四〇年的一天，他接到貝利亞的電話，命令他親自押送一個死囚去執行槍決。勃洛欣按要求開車趕到莫斯科蘇漢諾夫監獄，推開囚室的門一看，囚犯不是別人，乃是大名鼎鼎的蘇共中央委員、立陶宛裔革命家、史達林大清洗的組織者之一艾赫（Роберт Эйхе, 1890-1940）。這位中央委員被指控參加反黨集團，遭到內務部員警的嚴刑拷打，一隻眼睛的眼珠都被打掉了。貝利亞見其頑固不化，便下令勃洛欣親自將其押送刑場槍斃。於是。勃洛欣便開車，將渾身是血，一隻眼珠子吊在眼眶外面的艾赫，拉到刑場去了。

劊子手馬戈的工作狀態跟勃洛欣差不多。有一天，他一口氣連殺二十個人，情緒逐漸進入癲狂狀態，竟然揮舞著手槍，衝著身邊內務部負責監斬的特別處處長波波夫狂叫：「你還愣著幹什麼，還不快脫衣服準備受死，要不老子把你當場槍斃！」

活幹好了，自然就有獎賞。劊子手勃洛欣升遷很快，他一九三五年升為上尉，一九四〇年升為少校，一九四三年為中校，一九四四年當政委，一九四五年就被授予少將軍銜，一九四六年出任國家安全人民委員會（МГБ СССР）辦公廳警衛隊隊長。勃洛欣還於一九三六年榮獲紅星勳章，一九四〇年、一九四四年和一九四五年獲得三枚紅旗勳章，一九四三年榮獲勞動紅旗勳章，一九四五年獲得列寧勳章和一級衛國戰爭勳章等，他還獲得過史達林饋贈一把德國的毛瑟槍，但他在殺人的時候從未用過。行刑隊隊員回憶說，他殺人時只使用德產瓦爾特手槍。勃洛欣還獲得過內務部獎勵的「勝利－二〇」（M-20, Победа）轎車一部，這在當時是很高貴的獎賞。

劊子手的結局

一九五三年史達林病逝，勃洛欣沒了靠山。貝利亞在當年四月二日便給勃洛欣開了個聲勢浩大的歡送會，又發了個獎狀，表彰他在國家安全部門辛辛苦苦服役三十四年，便打發勃洛欣退休回家了。

就在勃洛欣離職的當年，貝利亞也被捕了，內務部開始了新一輪整肅，新任內務部警衛隊隊長布羅夫金（Дмитрий Бровкин）上校曾多次傳喚勃洛欣前去交代貝利亞的問題，但是隻字未提史達林大清洗時期勃洛欣行刑隊處決的那些黨政高官和知識界名流，更未追究勃洛欣本人的責任，因為布羅夫金認為，處決死囚是蘇共中央的決定，勃洛欣只是執行上級的命令而已。

勃洛欣剛退休的時候，退休金相當高，每月三千一百五十盧布，但是，一九五四年十一月二十三日，勃洛欣被剝奪了將軍軍銜，退休金也降低了不少。勃洛欣晚年備受高血壓病的折磨，一九五五年二月三日，死於突發心肌梗塞。勃洛欣死後葬在莫斯科頓河墓地（一說莫斯科新處女公墓），與他親手槍斃的很多軍政要人和文化名流為伴，所不同的是，勃洛欣有精修的墓碑，而那些死囚什麼都沒有，因為他們當年被勃洛欣槍斃後，均是草草裹屍，匆匆丟進墓地大坑胡亂埋掉了事。

劊子手馬戈於一九三六年獲得全國肅反委員會和政治保衛局（格別烏；ГПУ）頒發的「榮譽工作者勳章」、紅星勳章，一九三七年榮獲紅旗勳章和列寧勳章。但他的命運遠不如勃洛欣，一九四〇年即被開除出內務人民委員部，此後終日借酒澆愁，一九四一年死於肝硬化，葬在莫斯科新處女公墓。

那達拉亞的命運甚至還不如馬戈，據蘇聯解體後解密的克格勃檔案記載，他在出任蘇聯喬治亞內務部典獄長期間，殘酷虐待犯人，大搞逼供，致使犯人大量死傷，他還對上隱瞞實情，暗中銷毀證據，與他人建立攻守同盟，阻礙中央調查，後被莫斯科調查組以虐待犯人和致人死亡等罪名立案調查。那達拉亞在貝利亞被捕後，一九五五年六月二十五日，曾被指控為其做皮條客，助長了貝利亞腐敗的生活方式，還被訴草菅人命，濫殺無辜，觸犯蘇聯俄羅斯聯邦刑法。那達拉亞在關押期間，遭到重刑虐待，但他和同時被捕的其他貝利亞同黨相比，還算幸運，僅被判有期徒刑十年並沒收財產和剝奪政治權利五年。一九六五年，那達拉亞獲釋出獄，回歸故里喬治亞生活，蘇聯政府直到最後都沒有為他平反，至今在官方資訊庫裡，連他死亡的準確時期也難以找到。

內務部行刑隊其他隊員多是命運多舛，葉梅爾揚諾夫患上了嚴重的精神疾病，生活不能自理。內務部的報告中寫道：「葉梅爾揚諾夫同志因長期從事特殊工作而患神經分裂症。」馬特維耶夫因為參與屠殺，被判十年監禁，後又減為三年，如期釋放，之後繼續在內務部出任典獄長，還被追獎了一枚列寧勳章，直到布里茲涅夫（Леонид Брежнев, 1906-1982）[11]時代方壽終正寢。殺過四百人的劊子手卡林，是一九三八年大清洗時期卡累利阿共和國集中營的頭子，一九四〇年死於心臟病，葬於莫斯科新處女公墓。劊子手拉耶夫斯基殺過三百人，貝利亞倒臺後，他也跟著倒楣，不僅被捕入獄，還被剝奪了中校軍銜。赫魯雪夫上臺後，一九五九年他被恢復名譽和軍銜。史達林時代劊子手的結局大多如此，在歷史的漩渦中沉浮不定，蘇聯解體後，他們也被認定為大清洗的受害者，不追究任何責任。一些倖存者，逢年過節還會被邀請到俄羅斯國家安全局（ФСБ）禮堂與新一代的同事見個面，但他們大都很少回憶個人的往事。

11　一九六四參與發動政變，罷黜了赫魯雪夫，並在十月當選蘇共中央第一書記，成為蘇聯最高領導人，就此掌權長達十八年。

二十世紀二〇至三〇年代，蘇聯開始在遠東建立和鞏固其情報機構，並在內務人民委員部下設立了國家政治保衛局（格別烏：ГПУ），其主要職能之一就是國內及國際的偵察任務。另外，一九二三年，蘇聯軍隊推行改革，蘇聯紅軍在遠東成立了「共產國際學校」（其舊址在今符拉迪沃斯托克醫學院），學制三年至四年。該學校除了招收本國學生，還招收中國、朝鮮和日本等外國學員，目標就是培養國際偵察員。

蘇聯本國學員畢業後主要去遠東軍區的陸軍和太平洋艦隊服役，外國學員學成返國之後，除了要完成蘇聯交付的偵察任務之外，還要在其本國軍隊和民眾中宣傳革命主張。一些蘇聯畢業學員後來成為共產國際執行委員會「世界革命總部」偵察總局的指揮員，中國和朝鮮的畢業學員中也有人進入本國軍事偵察局當了幹部。

蘇聯最後一任（一九八七年至一九九一年）對外軍事偵察總局局長米哈伊洛夫也是遠東「共產國際學校」的畢業學員。他是蘇聯遠東久負盛名的老偵察員，在蘇聯衛國戰爭時期就出道了。我們耳熟能詳的蘇聯紅色間諜佐爾格即是共產國際在遠東的著名人物，他自一九二九年便獻身於蘇聯紅軍的軍事偵察事業，在蘇聯老牌間諜、共產國際第六偵察局局長別爾津手下工作。

一九三一年九月，中國東北局勢趨於複雜，日本建立了偽滿洲國傀儡政權，關東軍佔領中國遼東半島南端和南滿鐵路一段，並向蘇聯邊界推進。蘇聯情報機構根據情報判斷，日本正在滿洲和朝鮮調集物資和準備軍火，打造反蘇軍事戰略平臺，著手策劃一場大規模進攻蘇聯的軍事行動。至一九四一年夏，日軍在蘇日邊境地區共集結兵力七十餘萬人，其中關東軍三十萬人。

蘇聯從二十世紀三〇年代後期在遠東調集軍隊，強化軍事力量，以應對突發事件。一九四一年衛國戰爭爆發初期，遠東便成為蘇聯軍工基地，成為飛機、軍艦、坦克和裝甲車以及火炮和迫擊炮的生產大後方。蘇聯還建起了兩家規模宏大的石油加工廠，保證了戰時蘇聯陸海空三軍的燃料供給。

除此之外，蘇聯還強化遠東軍事偵察力量配置，比如，蘇聯遠東方面軍司令部偵察分部組建了八個處，各自分管不同的業務：部隊偵察處、間諜偵察處、破壞行動處、情報處、無線電偵察處、間諜技術處和密碼處。各集團軍指揮部均增加了部隊偵察處和情報處兩個建制。各軍、師、旅和團指揮部雖不增設偵察業務處，但卻配置了偵察軍官、翻譯等專門幹部，師裡有偵察連，團裡有偵察排。

蘇聯情報機構在深入日軍敵後實施偵察時，遇到的最大困難就是斯拉夫人外表的偵察員很快就被敵人識別出來。因此，蘇聯偵察員初期傷亡較大，後來蘇聯軍隊將越境偵察員換成亞裔人員之後就好多了。

一九四〇年，蘇聯與日本在邊境的火藥味愈加濃厚，遠東第二方面軍司令部在伯力城以北七十二公里處、黑龍江左岸的維亞特斯克村建立了「篩查營」——收容、甄別、考察和訓練從滿洲越境到蘇聯遠東地區的中國人和朝鮮人。他們基本上都是被日軍擊潰和打散的抗日遊擊隊隊員，還有一些從符拉迪沃斯托克越境到達此地的滿洲抗日將士。

蘇聯遠東第二方面軍司令部從中甄別和篩選出數千人，組建了一支由中國、朝鮮抗日遊擊戰士以及蘇俄遠東北方少數民族、原住民組成的蘇俄紅軍偵察部隊，其部隊番號為蘇聯第八十八步兵旅。它與蘇聯西部方面軍裡由武術和散打運動員組成的特種部隊有相似之處。第八十八步兵旅在日軍後方日夜穿梭偵察，出生入死，為蘇聯紅軍提供了不少寶貴的情報。

第八十八步兵旅名義上隸屬蘇聯遠東第二方面軍。為何說僅僅名義上隸屬呢？因為在蘇軍歷史檔案中根本查不到第八十八步兵旅。筆者查閱資料顯示，第八十八步兵旅當時編入蘇軍第一百四十二摩步師，可再查遠東第二方面軍各集團軍檔案，發現還是沒有第八十八步兵旅。所以筆者只能推斷，蘇聯第八十八步兵旅要嘛直屬蘇聯國防人民委員會，要嘛就是編入了蘇聯內務人民委員會（НКВД）直屬部隊。

蘇俄軍事史上對於這支傳奇部隊鮮少著墨，相關介紹僅寥寥數語。第八十八步兵旅下屬二個團，每個團四個營，總共八個營。

第一團是由三個中國營和一個朝鮮營組成。有資料顯示，蘇俄遠東軍隊使用亞裔偵察員有優勢，他們認為亞裔偵察員具備精明、機警、組織紀律性強的優勢，適合蘇俄跨境滿洲軍事偵察。但不幸的是，一九三七年蘇俄掀起大清洗運動，遠東地區清洗亞裔人種，第八十八步兵旅的部分亞裔偵察員被遣往中亞服役，不啻於變相流放。

第二團的四個營是由蘇俄遠東北方少數民族、原住民或者黑龍江流域和濱海邊疆地區的亞裔，如那乃人、艾溫克人和烏德蓋人等組成。蘇俄招募遠東北方少數民族、原住民做偵察兵，首先是因為他們熟悉地形，不會在遠東的原始森林迷路；其次，他們是好獵手，槍法精妙，適於作戰；再有，蘇俄軍隊政治委員認為他們政治覺悟高，因為他們對日本人的仇恨很深，政治委員認為同仇敵愾是軍隊致勝的法寶。但少數民族和原住民偵察員出境滿洲執行任務結果並不理想，因為他們早先的生活環境相對封閉，不善於與滿洲人打交道，對境外地理環境也不熟悉，所以，第二團派到滿洲執行任務的偵察員傷亡較多，蘇軍在一九四五年八月粉碎日本關東軍後才披露這些內幕。

第八十八步兵旅向境外派遣偵察員，一般配置是五人一組，其中兩三個中國人或朝鮮人以及兩三位遠東北方少數民族和原住民。這些人各司其職，其中有槍手、爆破手、司機、船工和專職偵察員。

第一團團長是中國軍人周保中，他在中國和朝鮮戰士中享有很高威信。他一九〇二年出生於雲南。一九二六年，周保中曾在國民革命軍第六軍中任團長、副師長。一九二七年他參加中國共產黨，是滿洲抗日聯軍的主要創始人和滿洲抗日遊擊戰爭主要領導人之一。一九三二年七月，周保中受命前往哈爾濱，任中共滿洲省委軍委書記。一九四〇年，周保中所屬東北人民革命軍在日軍掃蕩中受挫，他率部逃往蘇俄境內，加入蘇俄紅軍，出任第八十八步兵旅第一團團長。一九四五年九月，周保中奉命將東北抗日聯軍教導旅擴建為東北人民自衛軍，他任司令兼政委。

第一團團參謀長是朝鮮革命領袖崔庸健，他也跟周保中一樣受到尊敬。蘇俄檔案記載，崔庸健早在一九三〇年代便參加了東北人民革命軍，一九三五年出任東北抗日聯軍第七軍軍長，後又到東北抗日聯軍第二路軍任總參謀長，還出任中共東北委員會書記。一九四五年朝鮮解放後崔庸健回國，當選朝鮮共產黨中央組織委員會常務執行委員會委員，一九四六年又出任朝鮮臨時人民委員會保安局長和朝鮮民主黨委員長。一九四八年，朝鮮民主主義人民共和國成立，崔庸健擔任民族保衛相。一九五三年，朝鮮最高人民會議常任委員會授予他朝鮮民主主義人民共和國次帥稱號。

另外，蘇俄第八十八步兵旅朝鮮營營長金日成上尉，可是個歷史性人物。金日成一九三一年加入中共，一九三二年春季他在中國吉林省安圖縣明月溝創建安圖朝鮮抗日遊擊隊。年底，安圖朝鮮抗日遊擊隊與中共領導的諸多遊擊隊合併，統稱汪清抗日遊擊隊。一九三三年一月，汪清抗日遊擊隊又和吉林諸多中共遊擊隊合併，再與楊靖宇指揮的中國工農紅軍第三十二軍南滿遊擊隊大合併。同年九月，紅軍三十二軍東滿遊擊隊整編為東北人民革命軍第二軍獨立師，南滿遊擊隊改編為東北人民革命軍第一軍第一獨立師，楊靖宇任師長兼政委，東北人民革命軍第二軍獨立師下轄四個團，金日成擔任第三團政委。

一九三四年三月，金日成將第三團改為朝鮮人民革命軍，他與周保中並肩作戰，沉重打擊了日軍，贏得聲譽。一九三九年十月，關東軍集結優勢兵力圍剿楊靖宇和金日成部隊，東北人民革命軍遭受重大挫折，一九四〇年二月楊靖宇遇難，十一月東北人民革命軍全部被逐出滿洲。蘇俄檔案顯示，一九四〇年冬季，金日成所部被日軍掃蕩部隊擊潰，他遂率東北人民革命軍官兵五百人逃往蘇俄遠東境內，後在伯力城（哈巴羅夫斯克）以北七十二公里維亞特斯克村的「篩查營」接受蘇俄安全機構調查和整編。

蘇俄第八十八步兵旅組建後，金日成經常奉命率偵察小組潛回滿洲完成偵察任務，很快他就被授予上尉軍銜，並任命為朝鮮營（第一營）營長。

不久，蘇俄遠東第二方面軍司令部交給金日成一項特殊任務。由於最初逃往蘇俄境內的東北人民革命軍人數太少，不足以組建中國和朝鮮營。於是，金日成便在滿洲收編了被打散的東北人民革命軍戰士三千五百多人（基本是漢族和朝鮮族人），將他們領到遠東編入第八十八步兵旅，有些具有特殊潛質的人直接作為特派偵察員派遣到滿洲執行任務。有些在遠東見過金日成的老戰士回憶說，那時金日成身穿蘇俄邊防軍軍服，佩戴著上尉軍銜，一臉春風得意。一九四五年，金日成榮膺蘇俄紅旗勳章，他在蘇俄、朝鮮人和華人中均享有威望。

第二次世界大戰爆發後，諸多國家共產黨組織參與了抵抗德國和日本法西斯的戰爭，世界形勢發生了根本變化，世界共產黨組織之間也開始探索新的合作模式。一九四三年五月十五日，共產國際執委會主席團做出了「解散共產國際」的決定。此後，共產國際雖已解散，可共產國際的情報機構卻沒有停止行動，比如共產國際間諜佐爾格仍在中國和日本開展偵察業務，其情報網的中國間諜和朝鮮間諜都曾在蘇俄遠東受訓。

德黑蘭風雲錄

話說第二次世界大戰期間，蘇聯對外偵察局（CBP）獲取了大量珍貴情報，掌握了美國對蘇關係的戰略構想、在歐洲開闢第二戰場的計畫以及美國中央情報局（CIA）局長杜勒斯（Allen Welsh Dulles, 1893-1969）欲與納粹德國單獨媾和的打算。這些資訊都是蘇聯對外偵察局解密的英國間諜菲爾比（Kim Philby, 1912-1988）秘密檔案中所提到的。菲爾比是蘇聯著名大間諜組「劍橋五傑」成員之一，他曾為蘇聯對外偵察事業立下汗馬之功。

第二次世界大戰期間，蘇聯對外偵察局還有一個重要的情報偵察方向，那就是伊朗。隨著戰事的延宕，伊朗正在逐漸演變成納粹德國進攻中東的橋頭堡。蘇聯對外偵察局在伊朗的德黑蘭、大布里士和馬什哈德等城市建立了情報工作站，獲取了不少寶貴情報，特別是德國特工在德黑蘭會議期間企圖刺殺「三巨頭」的情報。史料記載，首先獲得這個情報的是伊朗的蘇聯情報人員，蘇聯內務人民委員部（НКВД）成立特別部偵察員庫茲涅佐夫。

第二次世界大戰進入一九四三年後，國際反法西斯戰爭各主要戰場形勢發生了根本轉折，同盟國取得了對打擊和粉碎軸心國戰略的主動權。美、英、蘇三國首腦羅斯福、邱吉爾和史達林，為商討加速戰爭進程和戰後世界安排等問題，於一九四三年十一月二十八日至十二月一日在伊朗首都德黑蘭舉行會晤，即史上所說的德黑蘭會議（Tehran Conference）。

世上最為傳奇的間諜故事——圍繞刺殺與保衛「三巨頭」的世界間諜大戰，即發生在德黑蘭會議期間，震撼世界的特工較量與博弈在蘇、英、德三國的偵察機關之間展開。時至今日，德黑蘭風雲仍是文藝家們念念不忘的話題，寫書的寫書，拍片的拍片，文藝界依舊熱鬧，但諜海真相依舊煙鎖霧籠，史學之爭依舊不休。

德黑蘭會議期間，蘇聯為保證史達林的安全，內務人民委員部對外偵察局實施了有效的國際政治和安全機動措施，甚至將美國總統羅斯福也安排在德黑蘭蘇聯大使官邸下榻。為何美國總統要下榻蘇聯使館，羅斯福如何成為史達林私人賓客，也是史學家想破解的謎。

羅斯福在德黑蘭會議之後，在華盛頓召開記者會。他在會上說，德黑蘭會議期間獲得重要情報，納粹德國派遣殺手欲對史達林、邱吉爾和他本人行刺，幸有史達林預先得知情報並且迅速和果斷出手，三國領袖方躲過一劫。

羅斯福說，他剛到德黑蘭時先被安頓在美國大使館內，他住的官邸距德黑蘭市中心一點五英里，且房間狹窄，臨近道路，安保系統薄弱，他住得提心吊膽。不久，羅斯福接到了史達林的來信。史達林告訴他，蘇聯特工獲悉德國欲在會議期間刺殺三國領袖，並邀請他到蘇聯大使館暫避一時，因為蘇聯使館的安保措施非常嚴密。羅斯福第二天就搬到了蘇聯駐德黑蘭大使館。有美國記者當場質疑說：「總統先生，這事聽上去就像史達林和蘇聯國家安全部門劫持了您。」

羅斯福總統在德黑蘭會議期間借住蘇聯大使館的事情起了風波。但事實如何呢？據查，美國二戰期間檔案確有美國駐德黑蘭大使哈里曼（William Averell Harriman, 1891-1986）與蘇聯外交人民委員莫洛托夫（Вячеслав Молотов, 1890-1986）會晤的記載：「莫洛托夫說最近蘇聯得到一個壞消息，德國殺手欲在德黑蘭對我們這幾個國家的領導人行刺。假如行刺成功，勢必引發我們不欲看到的結果。會議組織方的意見是，儘量減少外出，而羅斯福總統最安全的下榻地點就是蘇聯大使館。」

檔案顯示，哈里曼當時已經感到事情的嚴重性，事關三國領袖的性命，他便想從莫洛托夫口中得到更多資訊。莫洛托夫告訴哈里曼，根據蘇聯對外偵察局的情報，德國殺手組已經前來德黑蘭，志在必得，為首的名叫邁耶（Meier）。蘇聯對外偵察局已經敦促伊朗特工部門採取行動阻止德國殺手組。但就在莫洛托夫與哈里曼會晤時，德國殺手組已在德黑蘭部署就緒伺機行動了。哈里曼鑒於當時情況相當危急，他便很快將消息報告給羅斯福總統。

前來與會的英國首相邱吉爾也得知了德國殺手組的情報，以及史達林建議羅斯福下榻在蘇聯使館的消息。他時隔多年寫了回憶錄，其中有如下的文字：「我完全支持莫洛托夫請美國總統搬進蘇聯使館入住的建議，蘇聯使館較之其他兩國使館面積大二至三倍，更有蘇聯兵士和員警共同守衛，安保措施萬無一失。最終我們說服了羅斯福總統，他採納了蘇聯的意見，搬進了蘇聯使館。」

邱吉爾認為，說服羅斯福總統下榻蘇聯使館，說明蘇、美、英「三巨頭」在德黑蘭會議中對共同面對的問題達成一致並不困難，還說明他們三人都認同德黑蘭確實存在恐怖襲擊的危險。

那麼德國的殺手又是什麼背景呢？解禁秘密檔案顯示，德國殺手來自斯科爾茲內（Otto skorzeny, 1908-1975）所指揮的德國第一支特殊部隊——「弗雷登塔爾部隊」（Friedenthal Jagdverbande）的指揮官。

斯科爾茲內何許人也？他一九〇八年六月十二日出生於奧地利維也納，一九三一年加入納粹黨，後晉升黨衛隊軍官。他所指揮的最著名的行動，就是救出被義大利人推翻並囚禁的墨索里尼，他親率手下扮成美軍，破壞道路橋樑，讓美軍束手無策，連盟軍指揮官艾森豪都被迫躲在司令部中避免被斯科爾茲內的特種部隊刺殺，在二戰期間素有「歐洲最危險的男人」之稱。

戰後，斯科爾茲內藏身於西班牙馬德里，一九六〇年代中期他在西班牙接受《巴黎快報》（Paris-Express）記者採訪的時候透露，希特勒確實命令他在一九四三年德黑蘭會議期間刺殺

「三巨頭」，但由於種種原因未及實現。

斯科爾茲內刺殺「三巨頭」失敗的種種原因到底是什麼？根據現已解密的檔案資料，其原因主要是蘇聯和英國特工直接出擊，粉碎了斯科爾茲內的刺殺計畫。蘇方出擊者是內務部對外偵察局，它有力的出擊行動最終使號稱「歐洲最危險的男人」的刺殺計畫徹底破產。

納粹德國黨衛隊旅隊長兼員警少將舒倫堡（Walter Friedrich Schellenberg, 1910-1952），是納粹德國保安局第六處國外政治情報處處長、軍事安全部部長、二戰時納粹德國最後的國外情報頭目，根據他的回憶錄中所寫，希特勒確實下令，在德黑蘭會議期間刺殺史達林、羅斯福和邱吉爾。希特勒不僅下令執行刺殺計畫，還親自為這個計畫起名為「急行跳遠」。根據納粹高層指示，參加這次行動的不僅有斯科爾茲內為首的「弗雷登塔爾部隊」，還有德軍空降兵部隊。

納粹德國覬覦德黑蘭，絕非始於「弗雷登塔爾部隊」和空降兵。早在一九四一年春季，就曾有一位宗教問題專家舒爾茨（Bruno Schulz）向蘇聯政府申請過境簽證，他先乘火車抵達巴庫，然後又坐船去了伊朗港口城市安札利（bandar-e anzali Map）。

蘇聯對外偵察局情報顯示，這位舒爾茨旅行的終點站是德黑蘭，他最終落腳於德國駐伊朗大使館，與德國大使及商務參贊舒別克過從甚密。蘇聯早就知道舒別克是納粹德國秘密特工，宗教專家舒爾茨的身分後來也得到證實，他是在納粹德國軍事情報局阿勃維爾（Abwehr）服役的舒爾茨—霍爾杜斯少校。他此行前往伊朗，是準備在伊朗北部的大布里士城開設德國領事館，實際上是德國軍事偵察局阿勃維爾工作站，站長名叫麥耶爾（Fritz Meyer, 1884-1953）。

舒爾茨—霍爾杜斯少校返回德國後，德國稱他開創了打通中東走廊的宏偉事業，他得到了號稱納粹諜王的德國軍事情報局局長卡納里斯（William Franz Canaris, 1887-1945）上將接見。可見，德國在與蘇聯開戰前三十五天，便在伊朗嵌入情報機構的釘子，意在從中東腹地監控蘇聯，獲取更多有價值的政治、軍事和經濟情報。

再說德國軍事情報局駐伊朗大布里士站長麥耶爾。蘇聯對外偵察局從英國外交使團獲取的情報，稱麥耶爾是個典型的黨衛軍軍官，年輕氣盛，做事果敢，遇到不滿的事情經常對下屬大發雷霆。麥耶爾操著一口流利的波斯語，在伊朗政界和軍界有不少關係，他在其中游刃有餘，還試圖在伊朗組建德國民族黨，旨在奪取伊朗政權，最終使伊朗成為德國盟友。根據蘇聯對外偵察局的情報，那時伊朗親德黨派林立，較為著名的竟有二十多個，最大的就是「藍黨」。

「藍黨」的主要成員，就是伊朗議會中反對簽署一九四二年一月伊朗、蘇聯和英國訂立結盟條約的那些議員。他們雖為少數派，但卻暗中組織軍事團體，迎合希特勒的擴張。「藍黨」的黨魁就是伊朗議會議員諾夫巴哈德，此人年輕時曾在德國求學，說一口純正的德語，一九三〇年代中期還將希特勒的《我的奮鬥》譯成波斯語。

諾夫巴哈德的「藍黨」在伊朗剛露頭角，便被蘇聯對外偵察局伊朗工作站給盯上了，先是德黑蘭工作站的阿卡揚茨（Иван Агаянц, 1911-1968），後來是駐馬什哈德工作站的維爾基波洛赫（Владимир Вертипорох, 1914-1960），後來茹拉夫廖夫（Павел Журавлев, 1898-1956）出任對外偵察局（СВР）駐伊朗所有工作站總負責人，也加強了對「藍黨」的監控。他們於一九四二年獲得了極有價值的情報：「藍黨」將調動民族力量打擊「英國和蘇聯的佔領者」，他們還想奪取政權和配合德軍打擊盟軍的後方。

站長麥耶爾給舒爾茨—霍爾杜斯少校的密信後被蘇軍繳獲，他在信中提及，伊朗一名親德將軍說，伊朗當時確實組織了一支人數可觀的武裝，可供德軍指揮部調遣前去與英軍和蘇軍作戰。伊朗還派出三名軍官與舒爾茨—霍爾杜斯少校商討伊德兩軍協同作戰事宜。

所有這些當然逃不出蘇聯和英國情報機構的監控。其時蘇聯間諜已經打入「藍黨」，主席諾夫巴哈德辦公室裡就有一位代號「季格蘭」的間諜，他悄悄在諾夫巴哈德的電話上安裝了竊聽裝備，所以蘇聯情報部門幾乎掌握他所有的通話記錄。後來，「藍黨」內又安插了更多的蘇聯間諜，比如代號「奧馬爾」和「詹姆斯」的兩兄弟等人，所以「藍黨」的情報便源源不斷地被送往莫斯科。

蘇聯對外偵察局那時並未干預「藍黨」，而是通過監控，意欲放長線捉大魚。大魚果然不久便出現了：一九四三年一月，「藍黨」與反俄反英勢力聯手制定了「密約」計畫。此計畫的核心，就是在全國發動武裝起義，驅逐俄國人和英國人，最終使伊朗與德國結盟。參加這個計畫的還有一個新組織，名為「伊朗民族主義者」，他們的總後台就是德國軍事偵察局駐大布里士城工作站站長麥耶爾以及在德國和伊朗之間來回跑動的舒爾茨—霍爾杜斯少校。

蘇聯對外偵察局立即將「伊朗民族主義者」列為重點關注對象。不久，對外偵察局便查獲了「伊朗民族主義者」印刷完成並準備散發的傳單，上面寫道：「穆斯林人民，偉大的時刻到來了，驅逐俄國人和英國人，還我國家的本來面目！」這時，英國情報機構的特工也向蘇聯同行轉達了他們的情報分析結果：目前伊朗第五縱隊的力量已遠大於政府。果然，沒過多久伊朗南部的卡什加人便掀起了反政府暴動，搶奪武器，殺死官員，呼籲國家與德國結盟。就在同一時刻，德國傘兵也在伊朗一些城市悄然登陸，全國戰亂一觸即發。

面對伊朗所發生的政治危機，蘇聯對外偵察局決定與英國情報機構聯手，迅速出擊，平息暴亂，打擊德國在伊朗的軍事情報機構和伊朗的民族主義勢力。一九四三年八月十七日，蘇聯國家安全委員會（克格勃）人民委員梅爾古洛夫（Всеволод Меркулов, 1895-1953）正式通過了蘇聯對外偵察局將和英國情報機構秘密聯手，逮捕伊朗親德組織和黨派領導人的決定。八月二十九日，蘇聯和英國駐伊朗大使館照會伊朗總理索赫伊利（Ali Soheili, 1895-1958），要求伊朗取締親德和反同盟國組織，並向他提交了一份一百六十二人的「藍黨」和「伊朗民族主義者」骨幹成員名單。

蘇聯和英國在敦促伊朗政府的同時，也派出特工分隊協助執行取締行動，蘇聯分隊旗幟鮮明，劍指麥耶爾和舒爾茨—霍爾杜斯。麥耶爾後來被英國特工逮捕。蘇聯特工在德黑蘭富人區成功截獲了伊朗親德組織的無線電信號，順藤摸瓜地逮捕了他們一批骨幹分子、電報員，並繳獲了密碼簿和武器彈藥等。這些行動在當時具有極為重要的意義，宣告德軍在伊朗的諜報基地以及伊朗親德組織等均被盟軍摧毀。

上述故事就發生在當年十一月德黑蘭會議之前，德軍情報機構頭目和親德伊朗武裝骨幹分子被英國和蘇聯特工消滅，使得希特勒的德國軍事情報局在伊朗失去經驗豐富的指揮官、當地親德組織的協助和足夠的財務支持，是希特勒刺殺「三巨頭」如意算盤最終落空的原因。再有，因為召開德黑蘭會議的原因，蘇聯對外偵察局即使在消滅了德國和伊朗的特工之後，也未放棄追擊殘敵。德黑蘭會議前夕，為了確保三國首腦的安全和會議內容保密，伊朗採取全國無線電管制措施，使德黑蘭變成了一座「沉默島」。

蘇俄作家庫茲涅茨（Юрий Кузнец, 1931-2006）在他的著作《疾步跳虛無》（Прыжок в никуда）中說，史達林、羅斯福和邱吉爾到來的消息以及談判的內容都在嚴格保密之列，德黑蘭為此取消了所有的通訊手段——國際國內電話、電報均在禁止之列。四天之後德黑蘭會議結束，三國領袖的座機升空後，伊朗才恢復正常通訊。

在德黑蘭變成「沉默島」的那四天裡，史達林對蘇聯國內的局勢和前線戰事知之甚少，時任蘇軍作戰指揮中心和統帥多國武裝力量司令部總司令的施傑緬科（Семен Штеменко）將軍也在其回憶錄中說：「我連續三天向身在德黑蘭的史達林彙報戰況，史達林也向莫斯科傳達最高統帥部的指示。史達林有時也要求聯絡總參謀部和前線指揮部。」當時德黑蘭實施無線電管制，史達林則使用對外偵察局德黑蘭工作站的密碼電臺與莫斯科聯絡。

在德黑蘭會議空前緊張的四天裡，蘇聯大使館幾乎每分鐘都處於緊急狀態，蘇共中央調派了蘇聯最有經驗的報務員謝苗諾夫和圖曼諾夫輪番值班，通訊設備二十四小時待機。在不收發電報的間隙，每十五分鐘測試一次電臺狀況，莫斯科與德黑蘭就這樣整整彼此呼叫了四天四夜。每一份從德黑蘭發往莫斯科的電報，都一式三份，分別發往總參謀部、外交人民委員會和國家安全委員會（克格勃）。

一九四三年十二月一日，蘇聯最高統帥史達林在會議結束後返回莫斯科，他的車隊高速駛過德黑蘭市中心大街奔向機場，史達林的專機正在那裡等候，一場驚心動魄的曠世間諜大較量，也隨著德黑蘭會議閉幕而暫時收場。

〇〇七詹姆斯・龐德之死

不少人讀過英國作家伊恩・佛萊明（Ian Lancaster Fleming, 1908–1964）的偵探小說，對他筆下的神探〇〇七詹姆斯・龐德津津樂道，更多的人只看過全球知名的〇〇七系列電影，對主人公無所不能的表現驚歎不已，但卻鮮有讀者知道〇〇七的原型是俄裔英國秘密情報員賴爾（Sidney George Reilly, 1873-1925）。換句話說，電影主人公詹姆斯・龐德的個性，部分即是賴爾的個性。賴爾是俄裔英國人，他所從事的間諜活動主要是針對紅色蘇維埃，最終，他死在莫斯科，所以他在蘇俄也是名人。

作為專業情報人員，英國情報界對賴爾推崇備至。《英國間諜史》一書稱，在英國歷史上沒有任何一人可與賴爾相提並論。賴爾不僅足智多謀，善於制定戰略，而且他還是專業殺手，正如電影中的龐德，無論是槍殺、毒殺還是扼殺，他樣樣精通；他對女性具有與生俱來的誘惑力，多少冷酷和高傲的女性最終成為賴爾的囊中獵物。他的俄國搭檔蘇瓦林（Борис Суварин）說，賴爾貌似內向，實則開放；貌似冷峻，實則熾烈。在一般人眼中，他傲慢無比，但他對朋友卻很謙和。他受過良好的教育，知識淵博，能力超凡。不過，跟賴爾打過交道的人，絕大多數都不喜歡他，原因只有一個，那就是賴爾極不安分，太愛冒險。

世人都以為賴爾是英國人，他走遍世界，精通七種語言，可他講得最好的竟然是俄語。為啥呢？秘密檔案顯示，原來他的祖籍是俄國，他出生在南俄港口城市，今天烏克蘭的奧德薩（Одесса）。賴爾一八七四年出生，是個私生子，俄國名字是羅森勃柳姆（Георгий Розенблюм）。但賴爾經常對外宣稱他是愛爾蘭人，後來又說自己是俄國貴族後裔。一八九二年，他因為參加學運被沙皇麾下的員警逮捕，出獄後他才知道自己的身世。一八九五年，賴爾開始遠走他鄉，尋找自己的生活。他先乘英國客輪去了巴西，在碼頭打工，後又去築路隊和種植園幹活，還為英國駐南美的情報探險機構當過廚師。他在當廚師期間救過一位英國探險隊間諜的命，那位間諜為了報答他，就給他辦了一本英國護照，並送他去英國生活。後來，賴爾在奧地利讀了大學，專業是化學和醫學。

賴爾學成之後，先在英國賣藥，後來他毒殺了和他一起做藥品買賣的牧師，娶其年輕的遺孀瑪格麗特為妻。因為他看上了牧師的豐厚家產，於是他為圖財先害命，佔有財富後，又迎娶死者遺孀為妻，可謂手段殘忍而狡詐。不久，他又去法國作案，搶劫了運鈔車，殺害了運鈔員，發了一筆不義之財。一八九七年，賴爾被英國情報機構正式錄用為情報員。一九一七年，俄國十月革命爆發後，賴爾將其老家奧德薩的私宅表面上讓英國領事館租用，實際上，是在俄國南部建立了一個英國秘密情報中心。賴爾一八九七年至一八九八年還曾在英國駐聖彼德堡大使館就職，明為外交官，實為英國中尉情報員。他暗中加盟俄國的反對派「自由俄羅斯朋友聯盟」，從事顛覆沙俄政權的活動。一九〇三年，他以木材商為掩護身分，前來中國旅順港蒐集情報。他先騙取了俄軍司令部的信任，竊得俄軍整體防禦計畫，轉手賣給日本人，大撈了一筆。日俄戰爭結束後，賴爾返回聖彼德堡定居，娶了一位俄國女人娜傑日達為妻，過起了小日子，可憐遠在倫敦的妻子瑪格麗特還蒙在鼓裡。

賴爾在第一次世界大戰爆發前，升為英國駐俄羅斯副武官。他在業餘時間酷愛古董和收藏，還是歐洲有名的收藏家。他還喜歡飛機，駕機飛行是他最大的愛好之一，他還是聖彼德堡飛行俱樂部成員。一九一七年，他完成了從英國到俄羅斯的獨立飛行，使他成為英國第一位具有獨立跨國飛行資歷的情報員。

一九一八年蘇維埃政權在俄國執政之後，帝國主義的武裝干涉隨即展開，賴爾是外國軍事干涉委員會成員，他先後在蘇俄北方的莫爾曼（Мурман）及阿爾漢格爾斯克（Архангельск）做情報工作，後來又調到蘇維埃紅軍控制的奧德薩，組織反蘇俄間諜網。賴爾成功地打入蘇聯契卡高層，把蘇維埃著名間諜、布爾什維克情報機構的創始人勃留姆金也拉下了水。

一九一八年三月，賴爾在聖彼德堡與英國駐俄大使館官員共同策劃買通克里姆林宮的列寧衛隊長、拉脫維亞槍手別爾津（Эдуард Берзин, 1894-1938），伺機發動軍事政變。賴爾花了七十萬盧布買通別爾津（當時列寧的月薪為五百盧布），讓他配合叛軍攻打克里姆林宮。讓賴爾始料未及的是，別爾津對布爾什維克很忠誠，他不僅上交了鉅款，還向中央執行委員會主席斯維爾德洛夫（Яков Свердлов, 1885-1919）以及「契卡」（ЧК）主席捷爾任斯基彙報了賴爾的政變計畫。布爾什維克及時採取行動，消滅了叛軍，賴爾的計畫最終破產。

五月，賴爾又扮成塞爾維亞軍官，到俄國頓河流域從事偵察活動，還將紅色政權通緝的俄國臨時政府首腦科倫斯基（Александр Керенский, 1881-1970）偷送到莫爾曼斯克軍港，讓他登上英國驅逐艦流亡海外。此後，賴爾又在莫斯科和聖彼德堡兩地組織反布爾什維克活動。一九一八年六月，他代表英國政府出資五百萬盧布，策動俄國左翼社會革命黨在莫斯科發動叛亂，但最後仍以失敗告終。賴爾不甘心，又花高價買通了蘇維埃中央執委會女秘書斯特利熱夫斯卡婭（Ольга Стрижевская），辦理了契卡工作人員的克里姆林宮出入證，擬直接混進克里姆林宮進行破壞與暗殺活動。十一月，布爾什維克的紅色恐怖席捲俄羅斯，白軍武裝逐漸被擊潰，賴爾的英國諜報網也遭到很大損失，敗績連連，最後他見風聲不對，匆匆逃回英國，後被蘇維埃法庭缺席判處死刑。十二月，賴爾重返俄國，他先與佔據凱薩琳達爾的俄羅斯南部武裝力量（ВСЮР）總司令鄧尼金（Антон Деникин, 1872-1947）建立了聯繫，那時，鄧尼金正與紅軍在烏拉爾作戰。一九一九年初，賴爾又轉到克里米亞和高加索從事間諜活動。一九一九年，他重返家鄉奧德薩，被任命為英國駐俄特使。

賴爾在家鄉奧德薩如魚得水，先在白軍主辦的《召喚報》（Призыв）上匿名發表反布爾什維克文章，之後，他又以報紙為依託，成功地策反了莫爾曼斯克、阿爾漢格爾斯克和莫斯科三地的蘇維埃特工人員，為英國在俄諜報機構效力，他的業績得到英國政府的嘉許。

一九二一年，賴爾在經濟上出現狀況，一方面，英國政府對情報機構的撥款大幅度縮水，另一方面，他個人的生活開銷較大，財政方面開始入不敷出，被迫在紐約出售自己收藏的古董，其中包括價值連城的拿破崙私人藏品。儘管出售古董使他收入數十萬美元，但仍難以維持他高昂的生活費用。於是，賴爾開始跟海外俄羅斯僑民組織及商業機構做生意，同時他還參加了白俄羅斯境內反布爾什維克的軍事行動，擔任軍事情報顧問。但是，白俄羅斯境內的白軍很快就被蘇維埃工農紅軍（PKKA）擊潰，賴爾無功而返，此後他業績平平，敗績居多。

賴爾本該在一九二〇年代退休，離開間諜行業，但是，他無法擺脫幹這行所帶來的財富與冒險的滿足。那時，他除了做藥品生意之外，還介入捷克鑽的經營，身家逐漸顯赫，躋身英國上流社會圈子，還與當時的陸軍大臣兼空軍大臣邱吉爾（Sir Winston Leonard Spencer-Churchill, 1874-1965）過從甚密。賴爾有政治野心，想要從政，將個人的想法影響英國首相和外交部長。

也有研究者認為，賴爾並不想從政，只是一九二〇年代他患上嚴重的妄想症，逢人便說自己是世界文明的救星和先知，甚至自我介紹是耶穌基督。

賴爾於一九二四年冬季至一九二五年夏季，前往美國的俄羅斯僑民社區發表反蘇演說，鼓動俄國僑民對抗蘇維埃。他還從福特基金會得到了捐助，款項用於從事顛覆蘇聯政權。早在一九二四年八月，蘇聯即認定賴爾為國際反蘇同盟的重要人物，格別烏（ГПУ）主席捷爾任斯基遂下令，不惜一切代價逮捕賴爾。此後，格別烏副局長雅戈達（Генрих Ягода, 1891–1938）親自制定計劃，或在蘇聯邊境或在境內秘密誘捕賴爾，誘捕行動的代號為「特列斯特」。蘇聯格別烏對此計畫信心十足，因為他們此前已經用這種方式誘捕了賴爾的同事、英國間諜薩文科夫（Борис Савинков, 1879-1925）。

薩文科夫被捕一事沒有引起賴爾足夠的重視，他更沒想到他本人竟也很快落入「特列斯特」行動的天羅地網。故事是這樣的，他於一九二五年八月應邀去俄國，行前，他給俄國妻子寫信道：「我要去彼得堡和莫斯科辦點事，僅僅逗留三天。」賴爾去蘇聯辦什麼事？誰邀請他去蘇聯？原來請賴爾前往蘇聯的，是他英國情報機構的同事赫爾，他與賴爾多年來在俄國境內執行任務，赫爾隨後定居愛沙尼亞，開始為蘇俄情報機構效力，這點賴爾並不知情。赫爾是個詭計多端的雙面間諜，不僅為英國情報機構效力，也為蘇維埃格別烏工作，為蘇聯建立一整套對德國間諜的反偵察系統，深得格別烏的賞識。正是他出賣了賴爾，在「特列斯特」行動中充當了關鍵角色——通知賴爾前來蘇聯與所謂的地下反蘇組織領導人見面，以便格別烏將其抓捕。

賴爾八月如約前來蘇聯，卻突然如泥牛入海，沒了消息。九月的某一天，莫斯科出版的《消息報》突然刊出消息，說蘇芬邊界有人偷渡走私，蘇聯巡邏隊奉命開槍，擊斃兩名偷渡者，其中一人正是英國間諜賴爾。多年之後，直到蘇聯解體，這段秘密檔案方才解禁。原來，賴爾一九二五年八月抵達莫斯科之前，確實去過蘇芬邊境與情報人員會面，不過，他很快便入境蘇聯，前往莫斯科，由赫爾安排會見蘇聯秘密員警假扮的「反蘇地下秘密組織」成員。蒙在鼓裡的賴爾，還傻乎乎地給他們撥款一百二十萬盧布作為活動經費。就這樣，蘇聯秘密員警的「特列斯特」行動持續了大約兩週，最後，一天深夜，賴爾終於被捕，他被押解至格別烏總部—盧比揚卡監獄。也就是在這一天，《消息報》發文說，賴爾在蘇芬邊境被擊斃。當然，這是蘇聯格別烏的反宣傳，是他們施放的煙幕彈，為的是迷惑英國秘密情報機構，因為那時，莫斯科對賴爾的秘密審訊剛剛開始。

賴爾入境蘇聯，到底真相何在，最近幾年此問題還在俄羅斯學界爭論不休。蘇聯作家明納耶夫在《外國偵察員在蘇聯的破壞活動》一書中指出，一九二五年八月，賴爾化名賴爾林斯基，成功入境蘇聯，在列寧格勒等地從事間諜活動。一九二七年，他因從事間諜活動在蘇聯境內被捕，後遭槍決。但英國的調查結果卻大相徑庭，邱吉爾秘書的回憶錄指出，英國情報機構得到準確情報，賴爾於一九二五年十一月五日，在莫斯科盧比揚卡監獄被執行槍決。

蘇聯解體後公開的秘密檔案顯示，賴爾被捕入獄後，遭受了長時間的審訊，而且主審人均是大人物，如格別烏副局長雅戈達、格別烏政委斯德爾內（Владимир Стырне, 1897-1937）等。還有研究者舉證，指出格別烏對賴爾實施酷刑逼供。總之，賴爾最後交代了英國、美國和海外僑民對蘇聯的間諜活動。賴爾在被關押和審訊期間，堅持用煙盒紙寫日記，詳細描述和分析了他被誘捕和審訊的細節，並且小心翼翼地將日記藏在囚牢的牆縫裡。研究者認為，也許賴爾當時還試圖將所寫日記帶給英國情報機構。賴爾死後，該日記被蘇聯情報機構發現，這是一份罕見的詳實而精確的獄中審訊分析報告。

十一月五日，蘇聯秘密員警將賴爾押上汽車，駛入莫斯科郊外索科爾尼基森林，在一片林間空地上，數位行刑者同時舉槍，朝賴爾的頭部齊射，瞬間結束了他的生命。接著，員警們又把賴爾的屍體拉回盧比揚卡監獄，埋在大樓後的院子裡，那裡曾是賴爾放風的地方。不過，也有學者指出，槍斃賴爾的刑場不在莫斯科郊外，就在格別烏盧比揚卡監獄的地下室裡。然而，逝者如斯，賴爾的實際刑場在哪已經不重要，重要的是，賴爾死後葬在莫斯科市中心，那是他生前夢寐以求的地方。

下篇

冷戰對決　諜影幢幢

愛因斯坦　大師與瑪格麗特

根據蘇聯克格勃（КГБ）檔案記載，愛因斯坦（Albert Einstein, 1879-1955）一向好色，克格勃覺得有機可乘，決定利用愛因斯坦的人性弱點，招募他為蘇聯服務。此前，克格勃研究機構對愛因斯坦婚戀史的細節、他與各類女性的接觸過程以及他的婚姻戀愛觀做了大量發掘、考證和分析。

克格勃人員研究愛因斯坦家譜時發現，愛因斯坦家族的婚配史很奇異。首先，愛因斯坦家族流行近親結婚，愛因斯坦的父母就是沒出五服的表兄妹。愛因斯坦的叔叔娶了親侄女，愛因斯坦本人的第二任妻子愛爾薩（Elsa Lowenthall）就是他堂妹。更過分的是，愛因斯坦原本並沒有打算娶愛爾薩，而是打算與愛爾薩的大女兒伊麗薩結婚。他說，一見到伊麗薩，就會產生「無法克制的衝動」。愛因斯坦這種原始「衝動」使克格勃專家很感興趣。他們分析認為，他這種異常的性衝動背後，潛藏著靈魂深處難以遏制的欲望。再有，愛因斯坦是個惰性較強的人，他不會捨近求遠地挑選對象。對他而言，家族成員與旁人無異，都是他宣洩情欲的對象。

愛因斯坦的父母不僅深諳兒子的個性，而且深知斯拉夫人天性放浪不羈，便明令愛因斯坦不得娶斯拉夫女人為妻。但愛因斯坦個性執拗，根本不聽父母那一套，他戀上了塞爾維亞裔的斯拉夫女人馬麗奇（Милева Марич），並最終與她結婚生子。

愛因斯坦娶馬麗奇為妻，讓其他愛慕他的女人大為不解。在她們眼中，馬麗奇不僅長得其貌不揚，身材平平，而且還有點跛腳。女人們覺得，像愛因斯坦這樣的男人，隨便在她們中間挑一個，都比馬麗奇強百倍。但是，她們忘了愛因斯坦不喜歡捨近求遠，那時候，馬麗奇就在愛因斯坦身邊，他挑選近在咫尺的馬麗奇做老婆合乎邏輯。他的第二任妻子愛爾薩也一樣，她根本就不是外人，而是愛因斯坦的堂妹。

一九〇二年，愛因斯坦的戀人馬麗奇懷孕，在她距預產期只有一個月時，愛因斯坦突然聲稱要陪媽媽和妹妹遠行蘇黎世度假，便撇下馬麗奇逕自而去。他在度假村給馬麗奇寫信說：「真遺憾你不能與我同行度假，但我們很快將在我們共同的天堂──家裡相見。」但事實證明愛因斯坦說了謊，他根本就沒有陪媽媽和妹妹度假，而是去找美少女麥爾─施密特（Meyer-Schmid）幽會。他們在瑞士度假村極盡浪漫，愛因斯坦不僅為她用小提琴獻上美妙的樂曲，還奉上了醉人的詩篇，早把愛侶馬麗奇產前的煎熬和恐懼拋到了腦後。

一九〇九年，愛因斯坦榮獲教授頭銜。麥爾─施密特不僅第一個表示祝賀，而且還在情書中重溫他們在瑞士的美妙時光。愛因斯坦也給她寫下情意綿綿的回信：「感謝妳的陪伴。妳是個婀娜迷人的姑娘，時間可以隨意改變，妳美好的倩影卻萬古常新。」

熟料，麥爾—施密特給愛因斯坦悱惻纏綿的回信，落在了他妻子馬麗奇手裡。馬麗奇怒不可遏，大罵麥爾—施密特勾引自己的丈夫，還在盛怒之下給麥爾—施密特的丈夫寫信，說愛因斯坦本是顧家好男人，現在卻成了「麥爾—施密特誘惑的犧牲品」。馬麗奇讓他勸說麥爾—施密特放棄愛因斯坦。誰知沒過多久，愛因斯坦也給麥爾—施密特的丈夫寫信，勸他不要聽信馬麗奇的胡言亂語，因為馬麗奇寫信純屬出於對麥爾—施密特嫉妒。愛因斯坦還表白，說他與麥爾—施密特是正常交往，無可指責。但背地裡，他卻繼續和麥爾—施密特保持戀情。

愛因斯坦一九五一年給女兒寫信說，他之所以與她媽媽結婚，是因為他覺得「虧欠馬麗奇」。所謂虧欠，也許愛因斯坦指的不僅僅是與麥爾—施密特有私情這件事。愛因斯坦與馬麗奇結婚之前，腳踩多隻船，同時與數位女友約會，後來他在與麥爾—施密特約會後，覺得情感上對不住懷孕產子的馬麗奇，才懷著補償之心與她結了婚。

據蘇聯克格勃檔案記載，愛因斯坦在馬麗奇之前，還曾經有一位十九歲的女友名叫溫特勒（Marie Winteler, 1881-1951）。那年，愛因斯坦只有十七歲，但他卻表現得如情場老手。他在一次約會後給溫特勒寫信說：「妳寫的情書使我感到無限快樂。多麼美好啊，我將妳的信箚貼在胸前，它字字句句都曾被我珍愛的那雙眼睛掃視，被我憐惜的那雙纖纖素手愛撫。我有生第一次感到了思家之痛和孤寂之苦。然而，愛情的快樂遠勝於分別的傷感。親愛的，你就是我的快樂之源！」溫特勒回信給愛因斯坦道：「我的親愛，我的快樂惟在收到你珍貴情書的時刻。」檔案記載，愛因斯坦在第一次婚姻之前，曾經收到過上百位女人的情書。

克格勃專家撰文指出，溫特勒一九一二年嫁給一位她並不愛的男人，婚後不久還育有一子，孩子長得極像愛因斯坦。經查史料，溫特勒確實是與愛因斯坦約會後不久懷得孕，所以，歐美研究學者仍在追尋那個男孩的身世。一九一一年，愛因斯坦與馬麗奇婚後，住在捷克首都布拉格，家中女傭芬妮生了一個孩子，父親不詳，但家人覺得那孩子長得跟愛因斯坦很像。

另一位女傭沃爾朵（Herta Waldow），自一九二七年至一九三二年在愛因斯坦家打工。她曾對外透露說，愛因斯坦與很多漂亮女性有交往，她們都離不開他。沃爾朵還講了一些愛因斯坦的生活細節，也很說明問題。比如愛因斯坦洗完澡，經常隨隨便便地將浴袍披在身上，敞胸露懷，猶如在浴場。有一天，愛因斯坦在家裡的陽臺上曬太陽，剛好堂妹來訪，他起身與堂妹握手寒暄時，沒繫好的浴袍突然滑落，愛因斯坦盡顯裸體，堂妹花容失色，羞得背過臉去，愛因斯坦卻很淡定地注視著她，問道：「堂妹，您結婚了嗎？您有幾個孩子？」堂妹說她有三個孩子。愛因斯坦聽罷哈哈大笑，他穿好浴袍說：「那您為什麼還如此大驚小怪呢？」

克格勃的結論是，愛因斯坦沒有一份愛情不拖泥帶水。他一八九七年因為戀上馬麗奇而終止了與溫特勒的交往，溫特勒雖然內心痛苦，卻至死愛著愛因斯坦，並與他保持著通信往來。愛因斯坦和溫特勒還會在一些私人聚會場合見面。他的小提琴與溫特勒的鋼琴依舊時常共奏一曲。愛因斯坦甚至在與馬麗奇同居後，仍將他的髒衣服送給溫特勒，讓她幫著洗。難怪有人說，愛因斯坦很會利用女人對他的情感。

一九一九年，愛因斯坦與原配馬麗奇解除婚姻關係。他承認，他背叛了馬麗奇。可是沒過多久，他又給馬麗奇寫信，通篇表白他是天下最好的男人，不僅從未糾纏過年輕女性，而且還對馬麗奇襟懷坦白，誠實有加。克格勃研究者稱，這是愛因斯坦最讓人費解的一封信，因為愛因斯坦的男女關係素來混亂。他篤信「婚姻有悖人性」，認為它不啻於「披著文明外衣的奴隸制度」，真不知他對馬麗奇的「坦誠」從何而來。

愛因斯坦對女性和婚姻的態度，還可以從他與終生老友貝索（Michele Besso）的通信中窺見一斑。他寫道：「女人永遠期待有人來滿足她們。世上絕大多數男人和女人均不滿足一夫一妻制。在這方面越限制，人們就越逆反。恪守忠誠對所有人都是件痛苦的事情。」有人說，正因為愛因斯坦對婚戀持這種觀點，所以他才是個「用上半身思考問題，用下半身決定命運」的人。愛因斯坦還說，萬有引力定律對履行婚戀責任無效。他在情感方面閱歷深廣，在閱盡人間春色之後，他很善於在人前控制情感。貝索說：「他善於將冷熱情感絕緣，讓人看不出他內心情緒變化，以便保持內心情感世界的平衡。」

愛因斯坦曾譏諷原配馬麗奇是醋罈子。但第二任妻子，堂妹愛爾薩在他眼裡也沒好到哪去。按他的說法，愛爾薩的嫉妒心也很重。話說，愛因斯坦與馬麗奇尚未離婚，他就給愛爾薩寫信說：「馬麗奇不在我身邊，真讓我覺得輕鬆快活。妳別誤會，不是婚姻讓我不快樂，是馬麗奇叫我難受。」愛爾薩哪知道，她要真做了愛因斯坦的第二任太太，也將落得與馬麗奇同樣的結局。馬麗奇原本想把愛因斯坦從愛爾薩手中奪回來，便給愛爾薩寫了封信，話糙理不糙地說：「妳這個婊子養的，妳的結局會比我還慘！」愛爾薩收到信後去找愛因斯坦哭鬧。她一面告狀說受了馬麗奇的氣，一面逼著愛因斯坦儘快與馬麗奇離婚。

愛因斯坦極力勸說愛爾薩別在乎馬麗奇的惡言惡語，說她不會把愛爾薩怎麼著。關於離婚，愛因斯坦推說他與馬麗奇早就沒有情感，分室而居，馬麗奇就如他家中的傭人，不好無端辭退。他還說：「在沒發現她有過錯時提出離婚，法律很難通過。」

愛因斯坦沒找到馬麗奇過錯的證據，但他的「證據」卻很快被愛爾薩發現了。愛因斯坦與愛爾薩結婚後，愛爾薩竟然在他的衣物中發現了一件「設計精美而尺度很大」的女式泳裝。愛爾薩再三追問，愛因斯坦承認道，那是他一位前女友留下的紀念品。愛爾薩聽罷登時火冒三丈，與愛因斯坦大吵大鬧。

類似的故事在愛因斯坦生活中比比皆是。蘇聯克格勃研究人員調查發現，愛因斯坦吸引身邊的女人，就如磁鐵吸附周邊的金屬物一般無法拒絕。女人們喜歡以各種方式接近他，愛因斯坦也喜歡吸引她們的注意。愛爾薩當然受不了這些，但她除了妒火中燒，哭鬧吵架之外卻一籌莫展。她有時甚至多少天也不跟愛因斯坦說一句話，而在公開場合她卻又不得不強作歡顏，這可真應了馬麗奇的那句咒語。

愛因斯坦因為確立相對論理論而贏得了全世界的聲譽，他的魅力更加難以阻擋，他的榮耀使愛慕者趨之若鶩。他無論走到何處，都很快被女性包圍，成為她們關注的焦點。甚至連愛因斯坦自己都不理解，他身邊為何有那麼多女性癡迷於枯燥的物理科學，為什麼每個女性都希望與愛因斯坦獨處，聆聽他論述相對論問題。而當愛因斯坦真給她們講述科學的時候，女人們卻僅僅癡迷於他的聲音和眼神，貌似靈魂出竅而不能自拔，根本沒有人真的會聽他講什麼相對論。

愛因斯坦對女人有一種惰性，從不探究女人的內心深處，只被女性妖嬈的外表所迷惑，沉湎於她們給他的感官帶來的無限幻覺。研究者認為，這就是愛因斯坦的科學美學，它深刻地影響了一大批愛因斯坦世界觀的崇拜者。愛因斯坦無論在婚戀還是學術上都很被動。他事事隨波逐流，根本不願動腦子，經常被事態牽著鼻子走，他反倒怡然自樂。他很少去爭取什麼，對什麼事情都聽之任之，不願多費勁。他不僅僅對女人如此，甚至對自己的健康都如此。他有一次患上腹腔病，本應儘早就醫處理，身邊的人很著急，他卻一副無所謂的樣子，最後還是在大家的堅持之下，他才同意前往醫院手術。

有記者問愛因斯坦：「你最喜歡什麼運動？」愛因斯坦不假思索地回答：「汽艇或者帆船。因為那種運動不需要太費勁。」

根據克格勃的調查和分析，愛因斯坦生活中愛情不斷，但卻充滿背叛。他的情感曲線一直都是：愛—背叛—再愛—再背叛。專家還發現，他與朋友之妻有染是家常便飯，這些構成了愛因斯坦的婚戀觀與人性特質。研究專家說，愛因斯坦不尊重女人，他與她們建立的均是不潔關係。愛因斯坦與朋友之妻不僅屬於不倫之戀，也突顯他對友情的背叛。愛因斯坦過世後不少作者為之立傳，卻鮮有作者洞悉他對婚戀的玩世不恭。

愛因斯坦平日交往最多的就是物理學家。他的睿智聰穎、思維敏捷與平易近人等特點，深得物理學家們的好感。愛因斯坦最親近的人之一，就是德國猶太裔理論物理學家、世界量子力學奠基人、一九五四年諾貝爾物理學獎得主玻恩（Max Born）。玻恩與愛因斯坦關係甚篤，他倆經常在一起交流，對社會、政治與人生的看法較為相近。

玻恩太太跟愛因斯坦也走得很近，這不僅僅是由於丈夫的關係，而且她本人也對愛因斯坦抱有好感。她覺得愛因斯坦是她所見到的最聰明的男人，她喜歡愛因斯坦會享受生活甚於熱愛科學。玻恩太太不僅認同愛因斯坦的價值觀，而且還跟他有了情感交流，最後兩人已經發展到公開調情的地步。德國傳記作家澤利克在他的書中寫道，玻恩太太因為「愛因斯坦善於不遺餘力地享受生活」而對他興趣盎然。克格勃也曾根據愛因斯坦的生活軌跡，總結出他的生活公式是A＝X＋Y＋Z，其中A是他取得的成就，X是工作，Y是娛樂，Z是善保沉默。

愛因斯坦擅長吟詩奏樂，深受女人膜拜。她們將他比作一杯味道甘醇的誘人美酒，難以拒絕。美國研究愛因斯坦婚戀問題的專家卡爾捷爾（Paul Carter）和海菲爾德（Robert Highfield）在一九九三年出版的專著《愛因斯坦私生活記》（The Private Lives of Albert Einstein）引起了俄羅斯的關注，此書於一九九八年翻譯成俄語。俄羅斯學者認為，《愛因斯坦私生活記》的權威性，堪比克格勃對愛因斯坦的研究成果，其中詳盡記錄了愛因斯坦與金髮碧眼的奧地利富家女林芭赫（Margarete Lenbach）、大花店美女老闆卡岑聶蘭鮑根（Estella Katzenellenbogen）以及儒雅的遺孀美黛爾（Toni Mendel）的情感過程。

蘇聯克格勃學者撰文指出，美黛爾是當著愛因斯坦老婆愛爾薩的面，將他請上豪華大轎車帶走的。此後，愛爾薩吃一塹長一智，一見美黛爾來訪，便趕緊將家裡的錢藏起來，以防愛因斯坦帶美黛爾去消費。然而，美黛爾根本無需愛因斯坦破費，出入豪華酒店和歌舞劇院的錢都由美黛爾支付，愛因斯坦只管享受，直到天亮才歸。那時愛爾薩沮喪至極，她覺得，婚後的處境比婚前與馬麗奇搶奪愛因斯坦時更加險惡。

再說，愛爾薩有實力的情敵不僅僅美黛爾，還有一位名叫奈曼（Betty Neumann）的二十三歲小美女很受愛因斯坦青睞，他直接將她聘為他的柏林大學教授秘書。愛因斯坦這樣做的目的是為了逃避愛爾薩終日對他的監控。但是，愛爾薩還是發現了愛因斯坦與奈曼的私情，她向愛因斯坦發出了最後通牒：愛因斯坦必須解聘奈曼，但愛爾薩允許愛因斯坦一週與奈曼團聚兩次，但不准再有別的女人，否則便離婚。愛因斯坦同意了愛爾薩的條件，與奈曼又保持了一年的性關係。

一九九八年，美國出版了愛因斯坦第二任妻子愛爾薩大女兒伊麗莎致友人的信箚。伊麗莎是愛爾薩與初婚男人的孩子。所謂友人，即她的男友，柏林大學生物學教授尼克來（Georg Nicolai）。這些信箚的價值，就在於披露了愛因斯坦第二次婚姻的選擇過程。一九一四至一九一九年期間，愛因斯坦準備與馬麗奇離婚，娶愛爾薩為妻。可是愛因斯坦與馬麗奇離婚並不順利，他便以金錢承諾為條件。伊麗莎的信箚記載，愛因斯坦寫信給馬麗奇說：「我一旦獲得諾貝爾獎，獎金全給妳。但妳必須同意離婚，要不妳一分錢也拿不到。」伊麗莎的信箚證實，馬麗奇同意了愛因斯坦的條件。

克格勃的研究指出，愛因斯坦在追求愛爾薩的同時，也取悅伊麗莎。就是說，他同時愛著她們母女二人。之後他就搬來與她們同居。愛爾薩還有個小女兒，名叫馬爾格，有傳言說，愛因斯坦也垂愛小女，但至今尚無證據顯示他腳踩三隻船。但卻有檔案證實，愛爾薩當年已經四十歲，她並不反對三十九歲的愛因斯坦與她年僅二十歲的女兒伊麗莎同居。愛因斯坦在與愛爾薩同居期間，根本沒有與她同居一室，因為他受不了愛爾薩睡覺時鼾聲大作，所以，克格勃專家認為，愛因斯坦與伊麗莎或者與馬爾格同眠一室的可能性均存在。

一九一八年，伊麗莎在給男友尼克來的信中說，愛因斯坦猶豫不決，在她與母親之間舉棋不定。她寫道：「他很愛我，世上沒人比他更愛我了。」愛因斯坦自己也承認，只要伊麗莎在他身邊，他就無法克制情欲的衝動。但是伊麗莎對愛因斯坦卻是另外一種感覺，她寫信告訴尼克來說：「我從愛因斯坦那裡得到的是朋友之情與父女之情。我從未被他的肉體所吸引，即使共住在一個屋簷下，我也只能如女兒愛父親那樣愛他。」

不過，伊麗莎也承認，她是個「二十歲的頭腦簡單的姑娘」，假如愛因斯坦對她提出性要求，她會拒絕的。她在信中說：「好在愛因斯坦並沒有要求我委身於他。」也許正因為伊麗莎拒絕了他，愛因斯坦才最終決定娶愛爾薩為妻。

一九三四年，伊麗莎去世。一九三六年，愛爾薩也死於心臟病。那時，愛因斯坦才五十七歲，性欲尚旺，小女兒馬爾格為何沒成為他的備選目標？

實際上，馬爾格那時的婚姻狀態並非未婚，而是離異。她於一九三一年嫁給了蘇聯記者馬里揚諾夫（Дмитрий Марьянов），但他們婚後不適，很快離異。愛因斯坦搬來與她媽媽同居時，她剛好獨身在家，因此，愛因斯坦垂愛小女兒馬爾格之說，或許也非空穴來風。馬爾格一直活到一九八六年方離世。死前，她還珍藏著愛因斯坦與母親、姊姊和她本人的大量信箚手稿。二〇〇六年七月十日，十卷本的《愛因斯坦文集》（Collected Papers of Albert Einstein）在美國面世。在首次公佈的三千五百多個檔案中，有一千四百多封愛因斯坦寫於一九一二至一九五五年期間的親筆信。通過這些信箚可以看出，愛因斯坦對馬爾格相當信任，以至於他可以將跟其他女性的關係與之分享。

專家根據愛因斯坦的這些信件，認為他與馬爾格的關係早已超越父女之情，強調只有關係密切的性伴侶之間才會探討類似的問題。那時候，馬爾格與愛因斯坦的關係很是密切，她經常陪他到世界各地演講。儘管如此，愛因斯坦還常常背著馬爾格招妓。愛因斯坦一九三一年時交了一位女友米哈諾夫斯基（Ethel Michanowski），她比愛因斯坦小十五歲。一九二〇至三〇年代，米哈諾夫斯基與愛因斯坦保持著長達十餘年的戀情。多年後，愛因斯坦覺得她處處糾纏他，到了發瘋的程度，愛因斯坦內心苦惱，便給馬爾格寫信訴苦。馬爾格心裡明白，愛因斯坦已經厭惡她了，因為那時愛因斯坦又有了新女友，他甚至還當著馬爾格的面誇讚新女友「既樸素又漂亮」。

一九三六年十二月二十日，愛因斯坦第二任妻子愛爾薩死於心臟病。就在她死前一年，愛因斯坦生活中又出現了一個女人，她就是潛入美國的蘇聯克格勃女偵察員科年科娃（Маргарита Коненкова, 1895-1980）。

愛因斯坦與科年科娃的情史曝光，緣於一九九八年美國索斯比拍賣行（Sotheby）所展示的九封愛因斯坦私人信件。這些信寫於一九四五至一九四六年之間，專家根據簽名和內容確定，這些信是愛因斯坦寫給科年科娃的。專家指出，信件是科年科娃的親戚提供給索斯比拍賣行展覽中心的。寫信那年，愛因斯坦六十六歲，科年科娃四十九歲。除信件之外，還有愛因斯坦的一些照片、親筆畫以及他贈送給科年科娃的一隻金錶。這些物件的拍賣總價為二十五萬美元。

就在索斯比拍賣行大秀愛因斯坦遺物的時候，克格勃檔案解密，愛因斯坦與科年科娃長達十年的情愛史曝光，克格勃駐美間諜科年科娃利用美色勾引愛因斯坦，最終成功招募他效力蘇聯，但她自己也墜入愛河。

科年科娃生於一八九六年，畢業於沙俄女校，英文和德文都很棒。科年科娃後來到莫斯科學習法律，廣交名流，結識了著名詩人葉賽甯（Сергей Есенин, 1895-1925）、作曲家和鋼琴家拉赫曼尼洛夫（Сергей Рахманинов, 1873-1943）以及歌唱家沙利亞賓（Фёдор Шаляпин, 1873-

1938）等名人。她和沙利亞賓的女兒伊琳娜，還成了無話不說的閨蜜。那時，科年科娃年輕貌美，婀娜娉婷，長著一雙誘人的長腿，正與俄羅斯雕塑家布羅米爾斯基（Петр Бромирский）相戀。

一九一五年，芳齡十九的科年科娃通過布羅米爾斯基認識了更有名氣的雕塑家科年科夫（Сергей Конёнков, 1874-1971）。她沒幾天就主動前去參觀科年科夫工作室。不久，她便離開布羅米爾斯基，投入了比她大二十二歲的科年科夫的懷抱。女人沒有不愛虛榮的，那時，科年科夫的頭頂繞滿了光環，被稱為「俄羅斯的羅丹」。他是俄羅斯藝術科學院院士、蘇聯人民藝術家和列寧和史達林獎金獲得者。科年科娃身材出眾，自然為科年科夫做起了模特兒。科年科夫那尊名為《裸體人在生長》（Обнаженная фигура в рост）的作品，就是以她的裸體為原型創作的。

科年科娃長得頗有姿色，是莫斯科藝術圈裡的交際花。史書記載，她一面和布羅米爾斯基卿卿我我，一邊向科年科夫投懷送抱；一面與拉赫曼尼洛夫花前月下，一邊又與沙利亞賓父子發生情感糾葛。最終，她與科年科夫在相識七年後結婚。夫妻二人於一九二三年前往美國開辦藝術展，展覽結束後，他們並未返回俄羅斯，而是選擇滯留美國，一待就是二十多年，直到二戰結束。

科年科夫在美國參與了「戰時援助俄羅斯協會」（Общество помощи России в войне）的工

作，他被選為會長，科年科娃出任會長秘書。由於科年科夫忙於藝術創作，所以，協會工作實際上由科年科娃打理，其主要職責是在美國為蘇聯採購藥品、糧食、軍備及服裝等。科年科娃擅長公共關係，她與美國的新聞記者混得很熟，她的照片經常刊登在美國新聞媒體上。她還與美國政界與商界關係密切，甚至和美國第一夫人安娜・埃莉諾・羅斯福（Anna Eleanor Roosevelt, 1884-1962）都交上了朋友。

愛因斯坦比科年科娃晚到美國十年。一九三三年，愛因斯坦在希特勒執政後拒絕了柏林大學的教授職務，前往美國紐澤西州的普林斯頓大學前沿研究院工作。但是，他倆最終相識卻是在紐約科年科夫的雕塑工作室。

故事是這樣的，一九三五年，普林斯頓大學校委會鑒於愛因斯坦成就斐然，決定在校園為愛因斯坦修建一座塑像。校委會 選擇蘇聯雕塑家科年科夫擔綱創作。愛因斯坦在普林斯頓大學校園結識了科年科夫，後來，他倆又因為創作愛因斯坦半身雕像逐漸熟稔起來。科年科夫還將夫人科年科娃介紹給愛因斯坦認識。蘇聯克格勃檔案記載，科年科夫只去過一次普林斯頓大學，可是科年科娃卻多次前來此地拜會愛因斯坦，並在此與偉大的物理學家擦出愛的火花。

科年科娃與愛因斯坦是一見鍾情？還是她主動勾引了愛因斯坦？抑或兼而有之？這是一個有趣的問題。那時愛因斯坦與第二任妻子愛爾薩的婚姻已經亮起紅燈。一九三六年愛爾薩因心臟病去世。愛因斯坦便公開與科年科娃同居了。

科年科娃不是一個普通的僑居美國的蘇聯女性，也不僅僅是雕塑家科年科夫的妻子，她還是蘇聯內務部派駐美國的偵察員。她化名盧卡斯，工作的目的是為了獲取美國正在研發的有關原子彈的情報。克格勃認為，在普林斯頓大學從事核子物理研究的愛因斯坦，是最有可能讓她實現工作目的的人。克格勃分析了愛因斯坦對女性的態度，派遣科年科娃對愛因斯坦實施色誘。科年科娃雖然完成了任務，可她卻將自己搭了進去：她假戲真做，與愛因斯坦轟轟烈烈地愛了一場。

愛因斯坦是個風流才子，美女投懷送抱，他當然不會錯過。一九四三年耶誕節，他為科年科娃寫了首情詩，表達了對她的愛慕之情，也訴說了由於家庭阻隔而不能與之結合的苦惱。愛因斯坦有時為和科年科娃幽會，竟然矇騙科年科夫。有一次，他讓醫生為科年科娃偽造診斷書，說她健康出現狀況，以醫生的名義寫信給科年科夫，建議科年科娃去海濱療養院。實際上，海濱療養院是愛因斯坦最喜愛的一個度假地，他在大海邊租下別墅，就是為了與科年科娃幽會。但紙包不住火，雕塑家科年科夫最終知道了妻子的私情，他怒不可遏，與妻子大吵大鬧。

科年科娃說起來也不容易。她在美國工作的歲月裡，一顆忠心獻給偉大的祖國蘇聯，卻要以三種身分應對現實生活，一是蘇聯克格勃間諜，二是科年科夫的老婆，三是愛因斯坦的情婦。

至於說愛因斯坦對科年科娃的克格勃身分瞭解多少，至今都是個謎。莫斯科對「盧卡斯」的工作很滿意，主要是因為科年科娃介紹愛因斯坦認識了蘇聯駐美國副領事米哈伊洛夫（Павел Михайлов）。而且他們見面不止一次。這件事在科年科娃的信件中都有提及，但愛因斯坦對此閉口不談。根據克格勃檔案披露，米哈伊洛夫的真實身分是蘇聯總參謀部情報總局（格魯烏，ГРУ）駐美工作站站長，真名叫梅爾吉舍夫（Павел Мелкишев, 1902-1985）。此人非同一般，他在第二次世界大戰期間，奉命以外交官身分在美工作多年。一九四五年，梅爾吉舍夫又幫助科年科夫夫婦從美國順利返回蘇聯，再次證明他的身分舉足輕重。

此外，還有一個人知道科年科娃是克格勃間諜，他就是克格勃中將蘇多普拉托夫（Павел Судоплатов, 1907-1996）。此人曾於一九四〇年參與策劃刺殺前蘇聯領袖托洛茨基（Лев Троцкий）。蘇多普拉托夫在回憶錄《特別行動・盧比揚卡和克里姆林宮・一九三〇至一九五〇年代》（Спецоперации. Лубянка и Кремль, 1930–1950 годы）一書中披露，雕塑家科年科夫的妻子科年科娃是蘇聯秘密偵察員，代號盧卡斯。科年科娃的工作，就是接近美國最著名的核子物理學家奧本海默（Julius Robert Oppenheimer, 1904-1967）和愛因斯坦，以獲取美國研發原子彈的相關情報。科年科娃不僅成功說服奧本海默與蘇聯情報機構合作，而且最終也順利攻克愛因斯坦。

科年科娃接近愛因斯坦後發現，他家週末聚會的座上賓都是正在研發美國「超級武器」——原子彈的核子物理學家。科年科娃覺得時機大好，於是，她想方設法進入了愛因斯坦家的週末聚會。沒多久，她就給蘇聯偵察機構送去了第一份珍貴情報。科年科娃的上線是蘇聯駐美國副領事米哈伊洛夫，就是蘇聯格魯烏駐美工作站站長梅爾吉舍夫。

克格勃中將蘇多普拉托夫在書中指出，愛因斯坦並未直接向蘇聯情報機構提供過什麼有價值的情報，愛因斯坦的價值對蘇聯而言，宣傳效應大於情報價值。但這並不意味著愛因斯坦價值不高，相反，愛因斯坦為科年科娃提供了認識美國核子物理學家和接觸高級科研機構人員的機會，為策應蘇聯偵察機構成功獵取美國原子彈的核心機密奠定了基礎。

一九四五年七月十六日凌晨，美國在新墨西哥州阿拉默多爾空軍基地成功試爆了世界上第一顆原子彈，而蘇聯內務部已於兩週前獲悉這顆原子彈的所有資料，包括試爆時間與地點。一九四九年八月，蘇聯國防部（ГКО СССР）宣佈蘇聯核子試驗成功，這不僅標誌著世界進入了核武時期，也說明蘇美諜戰較量的激烈程度。蘇聯核子試驗之後，內務部當月下令科年科夫夫婦撤離美國，要求蘇聯外交部駐美機構確保他們的安全和為其提供便利。科年科夫夫婦很快便從西雅圖（Seattle）乘船離開美國，途徑符拉迪沃斯托克返回莫斯科。

克格勃檔案顯示，一九四五年八月，科年科娃接到克格勃撤退令後，曾到愛因斯坦家中小住兩週。秘密檔案稱，這是為了告別的團聚。愛因斯坦向她饋贈了金錶（一九九八年在索斯比拍賣行拍賣），還為她拉琴和吟詩，兩人強作歡顏，但內心悽楚。他們很明白，此別即為永別，今生將不會再見。

愛因斯坦與科年科娃分別後，他們之間的通信又延續了十年，直到一九五五年愛因斯坦去世。這十年的通信，成為研究愛因斯坦人生的珍貴史料。

科年科娃回到莫斯科不久，愛因斯坦在給她的信中主要表達的都是他的思念與憐憫之情。愛因斯坦寫信稱，科年科娃回到了「遙遠而粗野的祖國」。他魯莽地問她：「你的雇主還打擾你嗎？」愛因斯坦的「雇主」一詞曾使後世研究者費盡心機。有人將其解讀為「蘇聯情報機構」，以證明愛因斯坦確實知道科年科娃是「克格勃同黨」。當然，僅憑這句話不足以說明問題。

而愛因斯坦在給科年科娃信裡所表達的，更多還是孤寂之情。他一九四五年十一月二十七日寫道：「我身旁的一切都將妳懷念：羊毛披肩、字典和我們視為致命物件的漂亮煙斗，還有我隱居的小屋、荒蕪的小巢裡的一切……」

有時，科年科娃由於種種原因不能及時回信，愛因斯坦便坐立不安。他一九四六年一月十五日在信中寫道：「親愛的，我給妳寫了三封信，妳卻一封沒回。但我堅信，妳收到了我的信，而妳的回信卻不知所遁。妳的工作不輕鬆，但妳已經有了自己想要的結果。」愛因斯坦所說的這個想要的結果到底是什麼？有專家推斷，愛因斯坦與科年科娃在一九四五年八月最後一次見面，或許他們在海濱度假時攤牌了。當然，這是假設愛因斯坦曾敦促科年科娃與丈夫離婚並與他結婚，而科年科娃拒絕了他。所以，愛因斯坦在信中說「妳已經有了想要的結果」。也有專家說，愛因斯坦所說的「事情不輕鬆」，乃指蘇聯偵察機構之事。一九四六年二月八日，愛因斯坦又給科年科娃寫信：「我希望，妳已經在妳可愛而粗野的祖國找到了妳想要的一切。政治玷污純潔之人，而骯髒之人會製造危險。我坐在那張半圓的小沙發上，披著羊毛毯，嘴裡叼著妳送給我的煙斗，每夜在床上用妳可愛的鉛筆寫信……」

愛因斯坦給科年科娃寫信時極盡筆墨，勾勒出他絕望的心境。一九四六年五月八日，他寫道：「生活在靜靜流淌。我很少出門訪客，藉此消磨時光，小園獨自春意盎然，訴說著妳的離去。我們的小巢和妳所留下的一切，如是說。我期望妳在依依不捨的祖國，找到了新的快樂的生活。吻妳！」

一九四五年八月，科年科娃離開愛因斯坦後，再也沒有回來。後來，愛因斯坦在醫院查出主動脈瘤。醫生說，唯有手術可以治癒。愛因斯坦斷然拒絕，因為他覺得延續生命沒有意義，絕望的等待和孤寂的生活已經讓他覺得生不如死。

愛因斯坦最終於一九五五年四月十八日去世。愛因斯坦死前燒掉了大量手稿和信件，他對身邊人說：「沒有這些東西，世界會更美好……」愛因斯坦留下遺囑，死後火化，骨灰拋散，所有遺產留給秘書丘卡斯，以獎勵她多年來的陪伴與工作。

丘卡斯曾多次被美國聯邦調查局傳喚，警員欲向她瞭解愛因斯坦與科年科娃的關係，但她始終守口如瓶，儘管她曾親眼看到科年科娃在愛因斯坦家留宿。

科年科娃的丈夫，著名雕塑家科年科夫死於一九七一年。他死後，科年科娃又孤獨地過了九年。最終，科年科娃死於身體衰竭，因為她死前曾拒絕進食，最終因身體衰竭而死。科年科娃在愛因斯坦死後的二十五年裡，心靈備受折磨，精神無以為繼，猶如一個在歷史深處徘徊的孤魂。她在生命最後的歲月裡，深居簡出，避不見人。家中女傭人故意欺負這個年老體衰的老太太，不僅摔盆砸碗，還偷了她的首飾。有一次，傭人竟然剃光了科年科娃的眉毛羞辱她，還經常不給她買香煙，使煙癮十足的科年科娃痛苦不堪。

就這樣，愛因斯坦最後的情人科年科娃，終於在一九八〇年孤獨地死在她「遙遠而粗野的祖國」。她死前一直喃喃自語，不斷重複著愛因斯坦在情書裡的深情呼喚：「瑪格麗特，我的摯愛！」

福克斯　為蘇聯竊取核武機密的人

在蘇聯對外偵察史上，有個人不可忽略，他就是德裔英國核武專家福克斯（Klaus Fuchs, 1911-1988）。一九一一年，福克斯出生於德國的呂塞爾斯海姆（Rüsselsheim），一九八八年去世於東柏林。福克斯一九四三年應約前往美國洛斯阿拉莫斯（Los Alamos）國家實驗室，參與世界上第一顆原子彈的研發工作。不久，他被蘇聯情報機構招募，將英美製造原子彈的絕密成果轉交蘇聯。福克斯於一九五〇年被美國秘密員警逮捕，被判入獄，一九五九年獲釋。

福克斯為何要與蘇聯國家安全部門合作呢？故事還得從頭說起。

話說，青春年少的福克斯才華出眾，他的數學成績在中學時就尤為突出，畢業時還獲得過獎章。一九三〇年至一九三一年他在萊比錫大學就讀時加入德國社會民主黨，希特勒掌權後，他深受共產主義思想影響，二十二歲退出德國社會民主黨，加入德國共產黨，曾在萊比錫和基爾兩地求學。一九三三年，他父親被德國蓋世太保逮捕，福克斯先移民法國後再至英國。

一九三三年，福克斯經人推薦，與英國布里斯托大學（University of Bristol）的莫特教授（Nevill Francis Mott, 1905-1996，一九七七年諾貝爾物理學獎得主）相識，莫特教授同意將福克斯留在其實驗室，做他的研究生。一九三六年，福克斯通過論文答辯，獲得博士學位，時年二十五歲。莫特教授又將福克斯推薦給愛丁堡大學的玻恩（Max Born, 1882-1970）教授，福克斯在他的實驗室從一九三七年工作至一九三九年，寫出了多篇極有見地的科學論文。

一九四〇年，希特勒厲兵秣馬，意欲稱霸歐洲，英國密切關注，對德裔人士嚴加管制，福克斯跟著倒了楣，因為他的祖籍是德國，所以被英國政府拘押，流放到了馬恩島，後又被流放到加拿大魁北克的集中營，飽受煎熬。虧得莫特、玻恩兩位教授萌發愛才之心，欣賞福克斯在理論物理學方面的成就，出面擔保，十二月，福克斯才得以從集中營被釋放，返回英國。年底，英國政府決定投資興建提煉鈾二三五（Uranium）的工廠，兩位教授將福克斯推薦給伯明罕大學原子彈生產實驗室主管佩爾斯（Rudolf Ernst Peierls）教授。福克斯不負眾望，表現不凡，他初進實驗室，就破解了幾個重要的數學參數，為英國原子彈研發掃清了一些理論和技術障礙，因此，他本人也讓英國核子物理專家刮目相看。

一九四二年，福克斯獲得英國國籍，並獲准參與英國原子彈研發的秘密工作，一開始他主要負責監督納粹德國原子彈的研發計畫。他與英國情報部門合作，獲得不少德國寶貴資料。福克斯根據這些資料得出結論，德國對原子彈的研發處於停滯不前的狀態，所以，德國在短期內造不出原子彈。他將這一切，連同他為英國所做的原子彈研發項目進展等情報，都交給了蘇聯駐英國使館武官克列梅爾（Семен Кремер, 1900-1991），後者是蘇聯駐英國間諜網的負責人。一九四一年十月，福克斯主動結識克列梅爾，並表示願意為蘇聯情報機構工作，不久，他便被招募為蘇聯間諜。他的直接連絡人是蘇聯國家安全人民委員部（НКГБ СССР）的著名偵察員、德國女共產黨人沃納（Ruth Werner, 1907-2000），後者在一九三〇年代跟蘇聯著名間諜佐爾格在中國上海做偵察員。一九四二年，福克斯通過沃納為蘇聯提供了首批情報，即玻恩工作小組的核武器研發報告，以及一切實驗室重要文件。

美國陸軍部自一九四二年六月開始實施利用核裂變反應來研製原子彈的計畫，史稱「曼哈頓計畫」（Manhattan Project）。該計畫集中了西方國家（除納粹德國外）最優秀的核子科學家約十萬之眾參加。一九四三年八月十九日，羅斯福和邱吉爾在加拿大魁北克會面，正式簽署英美聯合研發核武器計畫。曼哈頓計畫負責人，美國著名物理學家奧本海默高度評價福克斯在英國研發核武器領域所做出的傑出貢獻，將其列入英國曼哈頓計畫工作專家諮詢小組成員。

一九四三年十二月，福克斯應邀赴美工作，在美國原子彈和氫彈研發中心——洛斯阿拉莫斯國家實驗室出差期間，他不僅親眼目睹美國秘密研發原子彈的過程，而且還首次接觸到大量絕密資料。蘇聯情報機構專門派遣駐美偵察員格德（Harry Gold）與福克斯接頭。福克斯將他搜集到的相關情報，特別是美國在橡樹嶺（Oak Ridge）建造原子彈工廠的情況，連同英國專家的工作使命和美國國家實驗室的秘密資料等，統統交給了格德。一九四五年八月，美軍在日本的長崎和廣島投擲原子彈後，終止與英國科學家的合作，福克斯返回英國，在哈韋爾（Harwell）原子能科研中心繼續從事英國原子彈研發工作，他擔任該中心理論物理部主任，並從一九四六年七月開始出任英國政府核能科研機構主席。

福克斯在美國工作至一九四五年，當年一月，他將美國研發使用鈽製作內核部分的原子彈計畫，轉交給蘇聯國家安全人民委員部（НКГБ СССР）。史達林高度讚揚福克斯的成就。八月九日，美軍將代號為「胖子」的鈽製原子彈投到日本長崎市。九月，福克斯與格德見面，轉交了美國實施的進一步完善核武器的計畫。福克斯的最後一任蘇聯情報機構連絡人是費克利索夫（Александр Феклисов, 1914-2007），他是蘇聯國家安全人民委員部（НКГБ СССР）倫敦技術情報處副處長，具有十餘年的海外偵察經驗。

一九四九年，福克斯最終暴露了。

聯邦調查局（FBI）發現曼哈頓計畫被洩密，他們初步斷定，「內鬼」已將美國原子彈超級機密轉交俄國人，福克斯被列為頭號調查對象。但是，美國人雖然反復查找，依舊沒有證據。九月，蘇聯試爆原子彈成功，美國震驚了。十二月二十一日，英國軍情五處（MI5）最具有偵查經驗的特工斯卡登（William Skardon）奉命約談福克斯。福克斯鎮靜以對，從他在青少年時期的政治理想，到前往美國後的所見所聞，對斯卡登娓娓道來，講了兩個多小時。斯卡登最後迫不及待地直奔主題，他問福克斯：「你是不是給俄國人提供原子彈情報了？」福克斯斬釘截鐵地回答說：「沒有！」

斯卡登約談福克斯整整一個月，始終無果，斯卡登對福克斯的從容、鎮定和自信感到由衷的佩服。孰料，福克斯的堅持也到了極限。一九五〇年一月二十四日，福克斯突然主動向斯卡登坦白了所有事實，說他已經為蘇聯情報機構工作七年。福克斯的坦白讓斯卡登目瞪口呆，這一切實在都出乎他的意料。福克斯是懷著強烈的國際主義精神和共產主義價值觀，為蘇聯情報機構服務的，工作了七年，從未擔心過可能被開除公職，或者被捕入獄。二十七日，英國安全機構正式宣佈逮捕福克斯，他拒絕交代具體事實，理由是，他所需交代的內容過於專業，涉及極為複雜的物理學理論和公式，一般偵查人員根本聽不懂。他要求警方找一位核子物理解碼專家與他對話。

三十日，英國國防部核能所所長別林（Michael Perrine, 1905-1988）奉命對福克斯進行專業審問，福克斯這才一五一十地將他曾經提交給蘇聯的情報和盤托出。審問進行了兩個多小時，由於福克斯案影響巨大，所以由英國總檢察長親辦此案。二月三日，福克斯被英國法院判處十四年監禁，為當時間諜罪量刑的最高等級。一九五九年，福克斯在獄中表現良好，提前五年獲釋。出獄後，他即乘機前往東德老家萊比錫，看望年老體衰的父親。

福克斯返回東德後，被安頓在東德「大科學中心聯盟」，即今日的亥姆霍茲德勒斯登羅森多夫研究中心（Helmholtz-Zentrum Dresden-Rossendorf），出任核能物理研究所副所長。一九七九年，他獲得東德最高榮譽「卡爾・馬克思勳章」。福克斯一九八八年去世，死後葬於柏林。福克斯對蘇聯國家安全的最大貢獻，即是他所提供的美國原子彈的秘密情報。蘇聯自史達林之後的歷屆國家領導人均給與他高度評價，認為福克斯的情報不僅遏制了美國企圖對蘇聯實施核武攻擊的計畫，而且還使蘇聯縮短了原子彈的研發時程，達到了與美國進行核武抗衡的戰略目的。

波波夫　讓美國節省五億美元的格魯烏特工

格魯烏（ГРУ）是蘇聯總參謀部情報局的俄語縮寫音譯，是蘇聯武裝力量情報系統主要職能部門，成立於一九一八年十一月五日，但是，美國直到二戰之後的一九四五年九月，才初次獲得關於格魯烏的有價值情報。原來，就在那時，格魯烏駐加拿大首都渥太華工作站譯電員古津科（Игорь Гузенко）上尉收到莫斯科加急電報，格魯烏命其速離加拿大，返回莫斯科。他經過一番內心掙扎，決定帶全家向加拿大政府申請政治庇護。

首先審問蘇聯譯電員古津科的，是加拿大皇家騎警的警官和英國陸軍情報六局（SIS）的特工，古津科首先呈上了一份格魯烏在加拿大和美國從事獲取核武器秘密情報的間諜行動計畫，這是他從蘇聯駐渥太華武官札博京（Николай Заботин, 1904-1957）的保險櫃裡偷來的，原來他早就產生了叛逃的念頭，所以一直將這份絕密檔案揣在懷裡，就等叛逃的時候向西方獻寶呢。加拿大和英國的情報機構如獲至寶，認為這份絕密文件十分重要。

美國參加古津科情報分析的主要人物，就是大名鼎鼎的情報專家胡佛（Edgar Hoover, 1895-1972），他也是美國聯邦調查局（FBI）第一任局長，那時的主要任務就是偵破格魯烏北美間諜網，將蘇聯間諜一網打盡。格魯烏搜集美國原子彈的相關情報一事，立即通知到了剛剛成立兩年的美國中央情報局（CIA），相關人員對古津科進行了多次審訊，除了探明格魯烏對美國原子彈的興趣所在，還向古津科詢問大量有關格魯烏本身的問題，這些問題後經加、英、美三國的情報機構進行整編處理，成為西方對格魯烏的首批研究資料。

二戰烽煙才滅，冷戰之火又燃。那時蘇聯與西方的政治、軍事對峙加劇，作為秘密戰線的間諜彼此博弈愈烈，一張巨大的鐵幕將東西方隔離，只有神出鬼沒的間諜穿梭其間。說到戰後的間諜故事，就不得不提及一個重要的人物，那就是有美國情報史上傳奇之稱的杜勒斯（Allen Welsh Dulles, 1893-1969），他是美國的一號間諜，儘管曾有過重大的戰略失誤，但仍受美國兩屆總統艾森豪和甘迺迪的重用，成為美國歷史上任職最長、影響最大的中情局局長。一九五一年，杜勒斯作為美國戰略情報局（中情局前身）副局長兼該局駐瑞士伯恩工作站站長，主要工作就是開展對蘇聯的情報工作。由於杜勒斯工作卓有成效，使美國偵察部門戰後成功轉型，調轉槍口，直指蘇聯。

一九五三年，杜勒斯出任中情局局長，成為美國國家偵察機構呼風喚雨的人物，他的態度和意見連美國總統也不敢忽視。他上任後，強化針對蘇聯的情報工作，廣招研究蘇俄的賢才，那些曾在蘇聯工作過，實地經驗豐富，俄語流利自如的專家是他的最愛。其中凱茲瓦爾特就是這樣一位賢才，他本是俄國人，後來俄國發生了十月革命，便跟隨父母出逃西方，進了中情局後工作卓有成效，一九五三年蘇聯軍事情報局格魯烏中校波波夫（Петр Попов, 1923-1960）叛逃到西方，凱茲瓦爾特還成為他的保護人。

格魯烏中校波波夫一九二三年生於蘇聯科斯特羅馬州（Кострома）一個名叫謝利謝（Селище）小村莊的農民家庭，他婚後育有兩個孩子，蘇德戰爭爆發後的一九四二年，他報名參軍上了戰場，在戰爭中曾出任蘇聯紅軍後勤部門的底層軍官，戰後，他被任命為謝洛夫中將（Иван Серов, 1905-1990）的副官。謝洛夫何許人也？他是蘇聯部長會議下屬國家安全委員會（克格勃：КГБ）第一任主席（一九五四年至一九五八年）、總參謀部總偵察局大將局長（一九五八年至一九六三年），是蘇聯頂級國家安全專家。謝洛夫戰後還曾擔任蘇軍駐德辦公廳民事廳副廳長，同時還兼任蘇聯國家安全委員會（克格勃）副人民委員。波波夫給謝洛夫做助手，足見蘇聯情報機構對其充分信任。

當然，波波夫給謝洛夫做助手，得到很多實惠，比如，戰後很多軍官都被迫復員回家鄉參與戰後重建，不少軍人因此中斷了在軍內的升遷，在個人福利、工資收入、住房保證等很多方面待遇下降，而波波夫則不同，他不僅留在軍隊內繼續供職，而且還被謝洛夫舉薦送入軍隊高校深造，他二十四歲畢業於蘇聯後方與後勤軍事學院，一九五一年，二十八歲的波波夫畢業於蘇聯軍事外交學院，此後他即被派駐奧地利維也納，在戰後盟軍委員會蘇軍部隊擔任職務。那時，戰後的奧地利和德國均處於蘇、美、英、法四國盟軍部隊的監督，此時的維也納也被劃分成四個區，由上述四國軍隊管控。

維也納說是四個區，各有不同國家的軍隊掌控，其實各個區域封鎖得也沒那麼嚴，市民還是可以隨意穿行走動，公共交通車輛的通行亦不受限制，街頭也沒有什麼特殊檢查。這樣的局面其實讓各國駐軍都很愜意，特別是各個國家的間諜機構都想趁機大搞間諜活動，撈取國際情報。比如那時被調往維也納的波波夫，就參與了格魯烏在國際佔領區的間諜活動。他的第一項任務就是招募維也納本地人，滲透狄托（осип Броз Тито, 1892-1980）[12]統治下的南斯拉夫從事間諜活動。傑里亞賓（Петр Дерябин, 1921-1992）是前蘇聯駐奧地利使館的工作人員，負責使館安全工作，後於一九五四年叛逃西方。他回憶說，他在蘇聯駐奧地利使館工作時，與波波夫相識。波波夫個頭小，人清瘦，是個既沒有同情心也沒有想像力的人。他深居簡出，孤陋寡言，雖非離群索居，卻與使館安全部門的其他軍官疏於來往。但是，他的工作業績卓然超群，領導總是給予好評。

波波夫也有弱項，他來自蘇聯農村，早對陰暗、低矮和簡陋不堪的老家茅棚深惡痛絕，更被維也納燈紅酒綠的花都夜景深深吸引，他喜歡一個人午夜漫步在維也納街頭，欣賞珠光寶氣的美女和闊太太挎著闊佬們的手臂在街頭徜徉。在與他們擦肩而過的瞬間，波波夫便會抱怨自己的生活。他被格魯烏的上級派到維也納，但根據相關組織條例，卻不許攜妻子同來，使得他的生活異常寂寞，一想到此不禁有些惱火。再看看維也納，奧地利此刻已經走出了戰後的陰影，商店琳琅滿目，肉類、乳製品和巧克力一應俱全，對西方世界，波波夫從驚愕轉為羨慕。再看他的國家蘇聯，戰爭雖已結束多年，卻仍在經受食品短缺的煎熬，憑票供應依舊是居民日常生活必需品的配給方式。兩相比較，波波夫更覺得兩個世界有著天壤之別，物質豐富的西方世界使他想入非非。

一九五二年，波波夫在維也納認識了年輕貌美的奧地利女孩艾麗米莉亞，不久倆人即墜入愛河。波波夫被艾麗米莉亞徹底征服了，她開朗嫵媚，性感纏綿，波波夫終日心神搖盪，不可自控，他覺得艾麗米莉亞一點都沒有蘇聯女孩的憂鬱和絕望心態，可見，奧地利的富足與蘇聯的貧瘠，在女人身上反應得如此鮮明和透徹。他們倆在維也納的酒吧、餐廳和旅館留下了愛的足跡。可不久問題就來了，泡妞需要花錢，波波夫的經濟狀況變得捉襟見肘，因為波波夫的

12 南斯拉夫革命家、政治家，在南斯拉夫執政三十六年。

間諜嚇破膽，今天到永遠　馬斯利亞科夫，1960

駐外津貼雖比國內軍人高很多，但在西方國家的消費水準下，他依舊很不富裕。波波夫苦思冥想數日，終於想出一個辦法，他決定秘密地接觸美國情報機構，向他們出賣蘇聯情報以換取金錢，解決在維也納的高額花銷。不久，艾麗米莉亞懷孕了，波波夫無法生養這孩子，只得帶她去墮胎，所有這些更加堅定了波波夫意欲投靠美國的決心。

至於波波夫如何被中情局招募，最終走上間諜之路，世間說法不盡相同。美國人的說法是，波波夫一九五三年一月往美國駐奧地利使館領事處副領事的車窗裡扔紙條，希望與美國進行情報合作，現在這種聽起來極不靠譜的聯繫方式，其實恰是美國人接受的。美國駐奧地利使館請來了中情局局長杜勒斯最信任的「俄國通」凱茲瓦爾特，研究波波夫和他透露的合作資訊。分析結果表明，波波夫是條跳進西方諜報大網裡的大魚，又肥又鮮，很對美國人的胃口。

但是克格勃（КГБ）的說法就完全大相徑庭。根據莫斯科克格勃總部盧比揚卡檔案局第二十二號卷宗的記錄，波波夫是在維也納市蘇聯管制區與人見面的時候，被兩名身穿奧地利員警制服的男子強行帶走。奧地利員警將波波夫塞進汽車後備箱，高速駕車駛離蘇聯管制區，而後進入美國管制區。兩名男子將波波夫押進美國憲兵大樓，原來他們是中情局的人，他們先對波波夫進行了強制搜身和審訊，之後便強迫他和中情局合作。他們威脅說，若波波夫不從，就將其押送美國以間諜罪起訴。

不管是自願的，還是強迫的，波波夫開始了與中情局的合作。美國專門在中情局蘇聯處成立了代號為SR-9的特別小分隊，配合波波夫開展對蘇諜報活動。間諜之間的合作，與其他行業的合作完全一樣，互信的程度決定做事的效率。波波夫與「俄國通」凱茲瓦爾特不久即建立了良好的關係。凱茲瓦爾特身高八尺，體重上百公斤，長著一張討人喜歡的臉，蘭利（langley）中情局總部的員工都很喜歡他，外號「俄國小熊」。凱茲瓦爾特外憨內秀，是個極為聰明的人，中情局的領導稱他為「小百科全書」，所以他在蘇聯處是個出類拔萃的人。凱茲瓦爾特待波波夫中校不薄，波波夫也很尊重凱茲瓦爾特，兩人經常在做完專案之後找個小酒館開懷對飲一番。那時中情局流傳個笑話，說蘇聯農場養著中情局的小牛。原來，波波夫將他從凱茲瓦爾特那裡獲取的酬勞，給在蘇聯集體農場種田的弟弟買了頭小黃牛，這件事在中情局無人不知，人們說蘇聯的牛是中情局出錢給養的，這在二十世紀美蘇爭霸的高峰時期，真不失為精彩的段子。

波波夫在投靠中情局之時，就將自己的簡歷和盤托出，不僅將其在格魯烏的工作職責講得詳細透徹，就連他與兄弟機構克格勃駐維也納工作站的交往、格魯烏與克格勃在奧地利的工作掩護、組織系統的構建、幹部準備情況以及特工之間的私人情感等，也說得明明白白。波波夫還將格魯烏在奧地利的近期行動計畫洩露給中情局，甚至連莫斯科格魯烏總部發給他的絕密指令，都複印後交予中情局過目。最可怕的是，波波夫竟然向中情局提交了蘇軍的部隊建制及武器裝備狀況，其中包括蘇聯一九五一年陸軍條例、蘇軍摩步和裝甲師組建系統圖以及蘇軍於一九五四年在托茨科耶演練場所舉行的、攜帶核武器的首次軍事演習總結。

根據波波夫被捕之後交代的供詞，他在奧地利服役期間一共與中情局的凱茲瓦爾特見過九次面，其中一九五四年見過五次，一九五五年見過四次，但是中情局後來承認，實際見面次數遠多於九次，波波夫之所以在被捕後審訊時減少見面次數，是希望在後期定罪時被從輕發落。可是，波波夫沒有想到的是，他被中情局招募後身價看漲，原因是他在格魯烏的靠山，總參謀部總偵察局局長謝洛夫晉升為大將後，中情局更加關注波波夫。因為中情局認為，謝洛夫晉升為大將，波波夫的未來升遷也錯不了，而波波夫未來的高升，就意味著中情局會得到更多更重要的情報。所以，每次波波夫回莫斯科探家或者出差，中情局都會悄然為他備上厚禮，請他轉達謝洛夫大將，意在提醒他莫忘提攜自己的下屬。

中情局動作神速，在招募波波夫之後，立即與潛伏在蘇聯國內的特工斯密特（Edward Smit）聯絡，告訴他說，波波夫一旦升官，被召回格魯烏莫斯科總部工作，他應立即在莫斯科策應波波夫。斯密特曾在莫斯科美國使館工作，諳熟俄語，瞭解莫斯科的環境，他當時的職務是使館武官助理。但是波波夫看不上斯密特，因為斯密特辦事馬虎毛躁，大大咧咧。波波夫說，跟斯密特合作實在危險，早晚得露餡。

波波夫說得沒錯，話音未落，斯密特就在莫斯科出了事。有一次，斯密特春情勃發，竟然睡了酒店的女服務員，誰知卻落入克格勃精心設計的圈套。原來酒店女服務員是克格勃的「燕子」（女特工），此前克格勃意欲招募斯密特，特派「燕子」對斯密特百般誘惑，斯密特最終落入了甜蜜的陷阱而不能自拔，克格勃趁機要脅斯密特效忠蘇聯，否則就向中情局公開他的性醜聞。但是，斯密特沒有屈從於克格勃的威逼利誘，而是趁機返回了華盛頓，向中情局蘇聯處的長官彙報了事件始末，誰知，蘇聯處的長官一聽此事，登時火冒三丈，當即派人將斯密特押進審訊室，經歷長時間的審訊，最後，斯密特被中情局開除了公職。斯密特翻車之後，中情局派來新特工拉塞爾接替斯密特，繼續與波波夫合作，那已是後話。

一九五五年，蘇軍奉命撤離奧地利，波波夫也隨著大部隊一起撤回了蘇聯。維也納不再需要波波夫，而且在蘇聯和南斯拉夫關係正常化之後，就連波波夫領導的格魯烏對南斯拉夫諜報小組的活動都停止了。波波夫有太多的理由對維也納戀戀不捨，他最捨不下的當然是金錢，所以，他臨行前在維也納與中情局連絡人約見的時候說，希望回到莫斯科之後與美國人繼續合作。中情局總部檔案館裡至今還保留著他們這次談話的記錄，波波夫說：「我喜歡你們的機構，你們不僅可以經常讓我喝到啤酒，而且你們還尊重個人，但蘇聯沒有個人的地位，只有政府高高在上。」這就是波波夫的臨別留言，也許這就是他背棄蘇聯，投靠美國的理由。

波波夫返回蘇聯後，在格魯烏總部工作，一九五五年九月，他被派往格魯烏德國北部城市什未林（Schwerin）工作站，那時他剛從奧德利返回莫斯科兩個星期，所以，他連知會一下中情局的機會都沒有，因此他與中情局失聯了三個多月，直到一九五六年一月十日，他才想方設法通過英國軍事委員轉交中情局一封密信，總算是又恢復了聯繫。波波夫利用在東德工作的機會，曾經三次秘訪西柏林，與中情局老友凱茲瓦爾特會面。波波夫這期間給中情局所提交的情報，真可謂非同小可，其中包括赫魯雪夫蘇共二十大上反對史達林個人崇拜的秘密報告、駐德蘇軍偵察局諜報網名單以及蘇聯元帥朱可夫對駐德蘇軍偵察局指揮員的講話稿。

波波夫除了工作之外，業餘時間也沒閑著，他來到東德之後，又開始和他的小情人艾麗米莉亞在一起，兩人的激情之火又燒了起來。一九五七年四月，波波夫被調入蘇軍駐德特勤基地——東德柏林市卡爾斯霍斯特區（Karlshorst），參與蘇軍秘密派遣偵察員的工作，旨在將東柏林打造成未來進入西方的諜報平臺。不用說，波波夫將所有經手的格魯烏情報，轉臉全部出賣給中情局，根據波波夫的情報，蘇軍駐德特勤基地的人員也成為中情局跟蹤監視的對象。格魯烏秘密偵察員泰伊羅夫夫婦有一次在柏林執行任務的時候，遭到中情局跟蹤，為避免危險發生，被迫中止行動，返回蘇聯。但正是這件事，使得格魯烏的反偵察部門開始懷疑波波夫，於是格魯烏的卡爾斯霍斯特基地悄悄地打響了一場「捉內鬼」的戰役，反偵查的所有國際情報都來自克格勃在英國情報機構的內線布萊克（George Blake）。負責對波波夫案件進行秘密偵查的，是克格勃特別小組，為首的是茲維茲堅科夫（Валентин Звезденков）上校，他們啟動各種秘密手段，對波波夫的東柏林活動區域進行全方位偵查，隨時向莫斯科盧比揚卡總部彙報偵查結果。

那時，克格勃總部已對波波夫立案，卷宗的名稱為「猶大」，意為叛徒。總部根據茲維茲堅科夫上校所發回來的偵察細節，進行了周密的分析和研究，認為波波夫的犯罪事實證據確鑿，他繼續留在東柏林工作，將會對蘇聯的國家安全造成更大的損失。於是克格勃第二局建議，格魯烏速將波波夫用其他藉口秘密召回莫斯科，切勿事前惹他懷疑，乘其不備，立即逮捕。

一九五八年十一月八日，格魯烏就波波夫與情人艾麗米莉亞秘密通信的事情，對他在東柏林的私生活提出質疑，召他回莫斯科做出解釋。波波夫只得服從命令，二十四日，他秘見中情局老友凱茲瓦爾特最後一面，向他通報了格魯烏召他回國之事。波波夫回國之後，上級批評他違反特勤人員與外國人接觸條例，將其調離國際偵查部門，派往蘇軍後勤幹部部門任職。

真是無巧不成書，恰在這時，即一九五八年十二月八日，曾經舉薦波波夫進入軍校深造的謝洛夫大將被解除了克格勃主席的職務，轉任格魯烏主席，而由舍列賓接任克格勃主席。據說，這是赫魯雪夫玩的心眼兒。據說他批閱了格魯烏調查中情局內鬼波波夫的檔案，發現波波夫進入軍事偵察局是由謝洛夫舉薦，那麼如果現在謝洛夫依舊擔任克格勃主席，處理起波波夫的案子，想必難以秉公執法，不如將其調走，另換他人，處理起來更加容易。果然舍列賓上臺後，便開始大刀闊斧地處理波波夫案件，他先讓人將波波夫遣回原籍待命，伺機觀察中情局在這段時間如何與他聯絡，再派人對波波夫進行二十四小時全天候監控和跟蹤。

波波夫住在加里寧市（Калинин）梅德尼科夫大街五十三號樓，克格勃很快就在他家附近的街上安排了監督哨，望遠鏡、夜視儀和答錄機等設備一應俱全，波波夫的所有來往郵件、信函全部事前被拆開檢查，他與本國軍界人士及外國人的電話均被錄音，就連波波夫家中也被安裝了竊聽器。很快，波波夫的尾巴就露了出來，一九五九年一月三日，設在德國法蘭克福的中情局無線電通訊中心給波波夫發來的加密資訊，被克格勃的無線電監控設備截獲。同時，克格勃的另一套反偵察人馬也對中情局特工拉塞爾（時任美國駐蘇聯大使館行管處參贊）及溫傑爾斯（時任美國駐蘇聯大使館經濟參贊）進行監控，發現了他們與波波夫具有間諜活動的嫌疑。

克格勃發偵察小組的攝影機記錄下波波夫與拉塞爾在莫斯科的首次接頭，監聽設備所錄下的語音內容顯示，波波夫告訴中情局特工說，他被格魯烏除名，已被遣送岳母家加里寧市居住。他對此既無奈，又不甘心，他準備求助於他的老首長，格魯烏的新任主席謝洛夫。溫傑爾斯在與波波夫見面時也達成共識，今後可多採用蘇聯公開郵路聯繫，這樣不至於引起懷疑。但是，他們是聰明反被聰明誤，克格勃早已將波波夫的郵箱盯得死死的，溫傑爾斯從莫斯科信筒投給波波夫的第一封信，就被克格勃截獲了，儘管這封信是用秘製藥水撰寫的，但是依舊被克格勃實驗室破解了，中情局在信中闡述了波波夫求助謝洛夫的必要性與合理性，並建議波波夫，萬一不可能再重返格魯烏的話，亦可申請前往駐德蘇軍部隊任職，最好仍負責安全工作。之後，克格勃將信件進行拍照，再按照原樣封好，重新郵寄給波波夫。

一九五九年一月二十一日傍晚，前來莫斯科的波波夫，與中情局特工拉塞爾在「和平大街」地鐵站交接情報，此番情景被克格勃完整地拍攝下來。二月十六日，波波夫被格魯烏總部約談，談話涉及到波波夫在總參情報機構的新任命。克格勃得知情況後，覺得事不宜遲，在經過請示後，迅速出擊逮捕波波夫。二月十八日，波波夫在準備返回加里寧時，在莫斯科的列寧格勒火車站被克格勃便衣帶走。

克格勃迅速搜查了波波夫家，發現了一個記滿聯絡電話的簿子、與中情局間諜見面的聯絡暗號以及寫滿秘密資訊的文件夾等。波波夫的岳母家也同時被搜查，克格勃發現了密寫工具、無線電密碼簿以及密碼翻譯簿，還有二十萬盧布以及一把上了膛的「瓦爾特」德製手槍和備用子彈等。波波夫被捕後交代，手槍是美國中情局特工發給他的。

波波夫在克格勃的第一輪審訊時，就徹底招認了他與美國中情局的合作細節，他為了開脫自己的罪責，以便最終從輕定罪，聲稱他是在美國人的威逼之下不得已而為之。波波夫對克格勃表示，他認罪伏法，並會想方設法戴罪立功，克格勃反偵察機構於是便將波波夫作為誘餌，開始與中情局周旋。波波夫也積極配合，因為他知道自己已經命懸一線，只有積極配合調查和破案，才可能有生存的希望。

克格勃第二局局長格里班諾夫（Олег Грибанов, 1915-1992）親自掛帥制定了與中情局周旋的方案，他先研究了波波夫六個月以來與中情局線人接頭的規律，之後他下令蘇聯境內所確定的假目標，通過研究莫斯科中情局特工的工作方式，為假目標製造輿論，拖延時間，讓境外更多美國間諜進入蘇聯上鉤。同時，克格勃還積極改善獄中羈押的波波夫的伙食，以便他與中情局特工再見面的時候，臉色紅潤，不被懷疑。

果然，沒過多久中情局特工拉塞爾果然上鉤。一九五九年三月十八日，他打電話約見波波夫，晚上八點在莫斯科「阿斯托利亞」（Астория）餐廳見面，接頭暗號是——問：「伯里斯在家嗎？」答：「你找錯人了，這裡是美國俱樂部。」那晚，波波夫在克格勃的暗中陪伴下來到見面地點，照相機、攝影機、監聽器、答錄機已經佈置在餐廳各個角落啟動，監控工作異常順利，拉塞爾毫無察覺。波波夫在會面的時候告訴他，他已經被調往阿拉巴耶夫斯克（Алапаевск）擔任格魯烏反偵察機構的營長，這是克格勃為波波夫設計好的謊言，目的是暗示中情局，波波夫已被安置在不對外國人開放的軍工城市服役，可以繼續與他合作，且大有油水可撈。

果然，此後形勢發生了變化，中情局在蘇聯境內追著波波夫全國跑，七月二十三日，中情局主動給他追加投入二十萬盧布，讓他提供有關柏林危機、蘇聯洲際導彈和導彈基地等更多的情報，那時間諜與反間博弈的主動權已經轉到了克格勃手中。收網的時候到了，十月十六日，是波波夫最後一次受命與中情局特工拉塞爾接頭，這次交換情報的地點竟然選在行駛中的一〇七路公車上。當汽車行駛到庫圖佐夫大街的時候，波波夫和拉塞爾完成交接，波波夫按計劃迅速向一直在公車旁邊行駛的克格勃秘密警車發出訊號，警車立即緊急叫停了公車，將波波夫和拉塞爾逮捕，押進克格勃的警車，鳴笛而去。

克格勃在審訊拉塞爾的時候，出示了他們從事間諜活動的圖片、影像和錄音資料，拉塞爾無言以對，只得認罪。十月十九日，拉塞爾被蘇聯政府宣佈為不受歡迎的人而驅逐出境。那麼，蘇聯是如何處置波波夫的呢？他給蘇聯軍事情報機構造成的損失不可彌補，克格勃的評估表明，他向西方出賣的格魯烏同事多達八十人，其中不少人或失蹤或被殺或無法繼續工作，而西方情報機構的統計數字更加可怕，波波夫所出賣的格魯烏偵察員多達六百五十人。再有，美國五角大樓說，由於波波夫的情報，他們對蘇戰略情報研究共計節省費用達五億美元。

一九六〇年一月七日，蘇聯最高法院軍事法庭判處波波夫死刑，立即執行槍決。看來，波波夫不可饒恕。在蘇聯，假如戴罪深重，很難立功。

阿貝爾　超級間諜、畫家和編劇

蘇聯秘密間諜阿貝爾（Rudolf Abel, 1903-1971），一九〇三年七月十一日生於英國泰恩河畔紐卡斯爾（Newcastle upon Tyne），一九七一年十一月十五日死於莫斯科。他在蘇俄間諜機構服役有兩個階段，第一階段是從一九二一年至一九五七年，第二階段是從一九六二年至一九七〇年，總共服役四十四年，死前官至蘇軍上校。阿貝爾上校是極少數曾參加過蘇聯衛國戰爭的蘇聯外籍軍官，蘇聯對他的評價很高，直到今天俄羅斯仍舊出版各類圖書讚揚他為蘇聯所創建的功勳。阿貝爾上校曾獲得列寧勳章、紅旗勳章、紅星勳章、紅旗勞動勳章和祖國戰爭一級勳章等，並被蘇聯國家安全部接納為榮譽工作者。

阿貝爾的真名是費舍爾（Vilyam "Willie" Genrikhovich Fisher），他於一九四八年開始作為蘇聯偵察員潛入美國工作，一九五七年被美國反間機構捕獲。一九六二年二月十日，美國放回阿貝爾上校，在柏林與波茨坦的分界處格里尼克橋（Glienicker Brücke）換回美國偵察機駕駛員鮑爾斯（Francis Gary Powers）。鮑爾斯於一九六〇年五月一日駕駛當時最先進的美國U2高空偵察機，在斯維爾德洛夫斯克州實施間諜偵察時，被蘇聯防空部隊擊落。鮑爾斯跳傘逃生，後被蘇軍擒獲，蘇聯法院判處他十年有期徒刑。

英裔蘇聯間諜阿貝爾生長於一個信奉馬克思主義的俄羅斯家庭，其父老費舍爾是俄國雅羅斯拉夫省的日爾曼人，說得一口流利的德語，英文和法文也相當嫻熟。一九〇一年，因為從事革命事業，與列寧和蘇聯早期革命家科爾讓諾夫斯基（Глеб Кржижановский, 1872-1959）過從甚密，遭到沙皇政府驅逐。阿貝爾的母親是俄國薩拉托夫人，追隨丈夫參加革命，生有兩個孩子。阿貝爾上面還有一個哥哥，他是老二。阿貝爾在兒童和青少年時期天賦初顯，偏愛自然科學，還會彈鋼琴、曼陀林琴和吉他。他的速寫和靜物畫也相當出色。阿貝爾十五歲就當了造船廠繪圖員，十六歲就考入了倫敦大學，但人們迄今也沒有找到他在那裡學習的任何證明，這一直是個謎。翌年，亦即一九二〇年，阿貝爾家族在被驅逐了十九年之後返回俄羅斯，他們在取得蘇俄國籍的時候，並未放棄英國國籍。因為父親是蘇俄早期革命者的原因，他們剛回國的時候，曾被安置在克里姆林宮，與列寧等俄共高層住在一起。年僅十七歲的阿貝爾先在共產國際執委會裡做翻譯，後來考入高級工藝美術學校繼續深造。

阿貝爾於一九二五年應徵加入蘇聯紅軍，當上了莫斯科軍區無線電報第一團的通信兵，轉業後在蘇聯工農紅軍空軍科學研究所（НИИ ВВС РККА）工作，成為蘇聯第一代無線電技術工程師。一九二七年，他迎娶莫斯科音樂學院的高材生、豎琴表演藝術家列別傑娃

（Елена Лебедева）為妻，一九二九年，他們生下了女兒。婚後，列別傑娃的大姐謝拉菲瑪（Серафима Лебедева）正式介紹阿貝爾到蘇聯政治委員會聯合國家政治管理局（Объединённое государственное политическое управление при Совете Народных Комиссаров СССР）上班，他遂正式拉開成為蘇聯偵察員生活的序幕。他先在總局做英語翻譯，後總局按照技術專長，分配他當了無線電報務員。

阿貝爾一九三〇年第一次領受境外任務，蘇聯國家安全機構先指派他去英國駐蘇使館，辦理了重新領取英國護照的手續，接著，即派遣他作為秘密偵察員去了英國和挪威，他一幹就是七年。一九三五年至一九三七年，他在英國期間執行秘密任務，最大的功績就是說服俄裔著名物理學家卡彼查（Пётр Капица, 1894-1984）回歸蘇聯。卡彼查後來不僅成為蘇聯物理學界科研帶頭人，更是蘇聯科學院物理問題研究所、莫斯科物理技術學院、莫斯科大學物理系低溫物理專業的創始人之一。

當時身在英國的卡彼查，與蘇聯駐英國大使馬伊斯基（Иван Майский, 1884-1975）私交甚篤。卡彼查每次去莫斯科休假，都是馬伊斯基親自給卡彼查的上司，被稱為英國原子之父的著名科學家盧瑟福（Ernest Rutherford, 1871-1937）寫保證書，擔保卡彼查一旦休假結束，立即返回英國，絕不滯留蘇聯。原因是，卡彼查持有特種護照，可以自由出入歐洲各國。然而就在一九三五年，卡彼查像往常一樣再度準備前往莫斯科度假，馬伊斯基在他行前仍舊與他茶敘，卻突然一反常態地說：「我覺得，作為大使，為您寫擔保函是一件愚蠢的事。」他揮揮手，就讓卡彼查去了莫斯科。殊不知，這個舉動的背後竟隱藏著一個驚天的陰謀：史達林有意讓卡彼查回歸蘇聯，遂遣阿貝爾前往英國去做說客，極力向卡彼查吹捧蘇聯社會制度的優越性，等到卡彼查與馬伊斯基在使館見面的時候，大使早已接到了本國安全機構的密電，於是他不再為卡彼查出具擔保函，掃清了卡彼查滯留蘇聯不歸的外交障礙。卡彼查按計劃去莫斯科度假，沒幾日便接到克里姆林宮的通知，他再也不能返回英國了。盧瑟福得知消息後，異常惱怒。

阿貝爾服役的蘇聯政治委員會聯合國家政治管理局，一九三四年劃歸蘇聯內務人員委員部（НКВД）。一九三八年，貝利亞執掌蘇聯內務人員委員部大權，他平時最不信任的，就是那些與「人民的敵人」打交道的國安幹部，其中就包括阿貝爾。一九三八年十二月三十一日，蘇聯內務部中尉阿貝爾被貝利亞除名。失業後，阿貝爾為了養家糊口，先在全俄貿易局工作了一段時間，後來又去了一家飛機製造廠上班。在此期間，他不間斷地給蘇共中央和內務人民委員部寫申訴信，希望恢復職務，因為他太想做偵察員了。他甚至還讓老父親幫忙，找蘇共中央委員會秘書安德列耶夫給說情。恰在此時，蘇德戰爭爆發，蘇聯在敵後組織遊擊隊抗擊德軍，阿貝爾重新入伍，成為蘇聯內務人民委員部的偵察員，他的任務是為活躍在敵佔區的遊擊隊培訓報務員。

戰後，阿貝爾受內務人民委員部派遣，前往美國從事間諜活動，主要任務是獲取美國核武器研發情報。阿貝爾於一九四八年十一月前往美國，護照化名凱歐提斯，實際上是冒名頂替，凱歐提斯確有其人，是個立陶宛裔的美國人，一九四八年死於蘇聯。阿貝爾進入美國後直奔紐約，他對外號稱畫家格爾弗，並在布魯克林開了一家照相館作掩護，同時還擔負紐約蘇聯間諜網總負責人，他的下線是科恩夫婦等人。僅僅一年，阿貝爾在美國的工作即搞得有聲有色，有關美國核武器研發的情報源源不斷地發往蘇聯，因為他在這個領域成績卓著，一九四九年八月榮膺蘇聯紅旗勳章。

阿貝爾在美國一住多年，直到一九五五年才返回蘇聯，小住數月，領受新任務。那時阿貝爾供職的所屬機構已經更名為克格勃（KГБ）。當時，克格勃領導鑒於阿貝爾成績卓著，擬為他派去助理，以便更好地完成任務，於是，克格勃報務員海翰嫩（Reino Häyhänen, 1920-1964）奉命前往。孰料，海翰嫩是個立場極不堅定的偵察員，經不住美國生活方式的誘惑，在價值觀上發生動搖，有時，他甚至不僅不協助阿貝爾完成任務，而且還拖後腿，遲滯工作進展。克格勃很快得知海翰嫩的表現，決定讓他返回莫斯科。可是，就在海翰嫩離職返國前夕，突然向美國國家安全機構自首，供出了克格勃蒐集美國核武器研發的秘密情報計畫，還將阿貝爾及其下

時刻警惕著，揭露戴著各種面具的敵人　特拉列茲尼科夫，1941

線全部出賣。

阿貝爾於一九五七年在紐約「拉塔姆」酒店（Latham Hotel）被美國聯邦調查局（FBI）便衣逮捕。蘇聯不僅從此失去了一位優秀的國際偵察員，而且赫魯雪夫那時還對外宣稱蘇聯從來不搞國際間諜活動，因此，阿貝爾在美國被捕，對蘇聯政權而言，不啻於自打耳光。阿貝爾被捕後，一直隱瞞其真名費舍爾，堅稱他的本名就是阿貝爾，這是他與克格勃臨行前的秘密約定，他想以此證明，儘管被捕入獄，也未出賣組織，背叛蘇聯。根據後來美國所披露的檔案，阿貝爾被捕後，不僅拒絕承認其在美國的間諜行為，而且還拒絕了美方間諜機構的利誘。

阿貝爾被捕，是美國反間系統取得的重大成果，美方一直將他關押在單人牢房，嚴加看管，直到當年，即一九五七年，法庭宣佈判處他三十二年監禁之後，才將其押解至亞特蘭大聯邦監獄看管。入獄服刑後的阿貝爾，不僅鑽研數學問題和藝術理論，而且還從事油畫創作。蘇聯前克格勃主席謝米恰斯特內（Владимир Семичастный, 1924-2001）曾經透露，阿貝爾所畫的甘迺迪肖像，是這位美國總統的最愛，他向阿貝爾求畫，阿貝爾欣然允諾。甘迺迪獲贈後十分開心，並將此畫懸掛在美國總統橢圓形辦公室。

一九六二年，蘇美兩國政府互換間諜，雙方決定，以美國偵察機駕駛員鮑爾斯與蘇聯克格勃上校阿貝爾互換。二月十日，人員互換在柏林與波茨坦分界處的格里尼克橋實施。蘇聯間諜巨頭，後來成為克格勃第一局局長的德羅茲多夫（Юрий Дроздов, 1925-2017）少將，化名喬裝，到現場監督交換。此人在二十世紀六〇年代專事對華諜報工作，一九七五年至一九七九年以蘇聯常駐聯合國副總代表身分為掩護，擔任美國紐約對外偵察機構負責人。又過兩年，克格勃主席謝米恰斯特內也在莫斯科親自接見了阿貝爾，對他安撫備至，並鼓勵他為蘇聯的諜報事業再立新功。

阿貝爾返回蘇聯後，立即被送去療養，後來在蘇聯克格勃繼續留用，負責培訓年輕一代偵察員。他忙裡偷閒繼續從事油畫創作，但已經鮮少再畫國際名人，轉而熱衷山水風景等自然主題。值得一提的是，一九六八年，蘇聯列寧電影製片廠導演古利什（Савва Кулиш, 1936-2001）根據阿貝爾事件，改編拍攝了上下集黑白故事片《死亡季節》（Мёртвый сезон），阿貝爾和其他蘇聯著名偵察員應邀參與了劇組的主創團隊，為影片增色不少，使之成為蘇聯第一部，也是最著名的一部冷戰時期間諜影片。

布蘭特　令英國蒙羞的雙面諜

安東尼・布蘭特（Anthony Frederick Blunt, 1907-1983）是英國藝術史學家和世界著名的雙面間諜：英國「軍情五處」（MI5）情報員和蘇聯內務人民委員部（НКВД）偵察員。他也是著名的「劍橋五傑」（Cambridge Five）成員之一。所謂「劍橋五傑」，即五位劍橋大學志同道合的同窗精英：菲爾比（Kim Philby, 1912-1988）、伯吉斯（Guy Burgess, 1911-1963）、克恩克羅斯（John Cairncross, 1913-1995）、布蘭特（Anthony Blunt, 1907-1983）和馬克林（Donald Duart Maclean, 1913-1983）。他們都是受雇蘇聯對外情報機構，打入英美情報機構的骨幹。

布蘭特身世顯赫，其母是斯特拉思莫爾伯爵的妹妹，斯特拉思莫爾伯爵是伊莉莎白女皇的曾祖父。換句話說，布蘭特是英國皇家第四代曾孫。他的父親是福音教會的神父，所以，布蘭特在私塾接受啟蒙教育，他那時如同很多青春期的孩子，性格叛逆，卻不知道自己所求。一九二六年，布蘭特考入劍橋大學三一學院，學習成績優異，由於父親一九二九年去世，他被迫休學。布蘭特進入劍橋大學之後才找到自己的精神世界，這為他日後成為藝術學研究家奠定了基礎。他在此結識了偶像布魯克斯，加入了「使徒」秘密社會學小組，其成員均信奉馬克思主義，對蘇聯抱有好感。布蘭特一九三五年作為劍橋大學學生代表團成員訪問蘇聯，參觀了莫斯科和列寧格勒，蘇聯的發展對他的思想產生了巨大震撼。

布蘭特回到英國之後，為媒體寫稿，歌頌和讚美蘇聯的社會主義建設，寫出了探索性文章《社會主義和資本主義的藝術》，受到藝術界的重視。他畢業後，便在國際美術學院給學生講課。他對世界美術史的研究具有極高的學術和教學成就，他曾在一所藝術研究院擔任主任和教授，不僅桃李天下，且著作等身。

一九三七年，他的崇拜者布魯克斯為他介紹倫敦的蘇聯人，其中就包括蘇聯駐外資深間諜基齊（Арнольд Дейч, 1904-1942）。不久，基齊發展布蘭特成為蘇聯偵察員。基齊生於奧地利，早年是奧地利共產黨人，一九三一年加入蘇共，後取得蘇聯國籍。一九三三年，基齊在法國、比利時、荷蘭、奧地利和德國積極為蘇聯對外偵察機構工作。一九三四年，他以倫敦大學心理系學生的掩護身分，在英國從事間諜活動，他一共發展了二十多名英國籍間諜，其中最著名的就是「劍橋五傑」。一九三七年，基齊在英國創建「劍橋五傑」——蘇聯在倫敦的秘密諜報組織，並直接參與領導工作。一九四二年十一月，他所乘坐的郵輪在北大西洋被德軍驅逐艦擊沉，基齊遇難。

布蘭特一九三九年應招加盟英國偵察機構——軍情五處（MI5），並晉升為上尉，由於他在法國登陸行動中表現出色，被授予法國榮譽勳位勳章（Ordre national de la Légion d'honneur）。據說，他之所以能夠加入軍情五處，是因為他對蘇聯共產主義思想的探索與研究引起軍情五處的注意。那時英國軍事偵察機構急需對蘇德均有瞭解的密碼專家，布蘭特適時調入該機構，從事德國密碼破譯工作。身為蘇聯偵察員的布蘭特，在工作時，將破譯的德軍秘密情報一式兩份，一份給了上司，另一份便轉給了蘇聯情報機構。布蘭特在軍情五處為蘇聯提供的最有價值的情報，莫屬英國秘密情報部門的機構部署，以及一九四四年盟軍諾曼地登陸的準確時間等。

一九四〇年，布蘭特被任命為軍內和軍工企業安保問題的負責人艾倫將軍的助理。一九四五年，布蘭特出任英國國王喬治六世的顧問，曾經多次接受國王重托，完成了數項與英國國家利益密切相關的國際任務，因此，布蘭特一九四七年獲得皇家維多利亞勳章（The Royal Victorian Order），一九四八年獲得荷蘭奧蘭治　拿索勳章（Orde van Oranje-Nassau）。實際上，布蘭特利用執行英國國家任務的機會，暗中將極有價值的重要情報悉數奉獻給了蘇聯。布蘭特還是個重情義的間諜，多次搭救同事，使得他們免於暴露或者遭到滅口。一九五一年，他的同窗及同事布魯克斯和德麥克萊恩身分敗露，他立即協助他們安全逃往蘇聯。一九五六年，布蘭特由於多起英國間諜案件曝光而被軍情五處列為重點懷疑對象，儘管如此，他還是獲得了維多利亞勳章騎士團成員和貴族稱號。

一九六三年，布蘭特的另一位同窗，英國情報員和蘇聯偵察員菲爾比逃亡莫斯科，布蘭特的叛國行為才逐漸浮出水面。一九六五年，軍情五處終於獲得準確情報，證實布蘭特是蘇聯「劍橋五傑」偵察員之一，他隨即被捕。官方在承諾了布蘭特享有豁免權之後，他如實招供了為蘇聯工作的所有細節，布蘭特稱，他所做的一切，皆因早年「對蘇聯抱有好感」。布蘭特很快就被從英國軍情五處除名，還丟了貴族稱號和一些榮譽稱號。如上所述，事前所約，布蘭特享有豁免權，他僅僅退出了情報界，並繼續其藝術研究。英國女王伊莉莎白二世的母親聞訊深感可惜，她說：「世上很多人都會犯錯，但也用不著懲罰一輩子啊！」此後，《大不列顛百科全書》不僅沒有將布蘭特刪除，而且相關詞條還有增無減。

布蘭特案件發生之初，英國國內僅僅只有小範圍內的人知情，直到一九七九年柴契爾夫人（Margaret Hilda Thatcher, 1925-2013）上臺出任首相後很久，此案才昭示天下。究其原因，在一九五〇至六〇年代的十餘年間，英國軍情部門有如此之多的蘇聯間諜頻頻曝光，不僅讓英國官方顏面掃地，情報機構也無法自圓其說。

海明威　你好，同志

俄國文壇對海明威（Ernest Miller Hemingway, 1899–1961）情有獨鍾，除了一版再版他的小說之外，從蘇聯時代直至解體後的俄羅斯，作家們每每聚會，張口閉口海明威，難道這些僅僅因為海明威是二十世紀著名的小說家之故？僅僅因為俄國作家也像海明威一樣，對人生、世界、社會有著永恆的迷茫和彷徨嗎？當然不是！俄國人的答案石破天驚，原來海明威曾經被蘇聯克格勃（КГБ）招募，曾是個實實在在的潛伏於美國的蘇聯間諜。

耶魯大學出版社二〇〇九年出版的，書名是《間諜：克格勃在美國的興衰》（John Earl Haynes, Harvey Klehr, Alexander Vassiliev. Spies: The Rise and Fall of the KGB in America. New Haven & London. Yale University Press. 2009. 以下簡稱《間諜》）。這本書不僅介紹了史達林時期蘇聯在美國的情報工作，而且還披露了一九三〇至四〇年代為蘇聯從事間諜工作的數十位美國人。一九四一年，美國著名作家海明威也被克格勃招募，他生前多次前往莫斯科，與克格勃總部的官員見面和領受任務。

一九九二年，蘇聯帝國大廈轟然傾覆，克格勃對外偵察局（СВР）與美國皇冠出版集團

（The Crown Publishing Group）簽署了出版俄美間諜紀實文學叢書協議，規定每本書必須由美俄作者共同完成。還規定，俄羅斯作者應為叢書創作獲取相關克格勃檔案，並提交俄羅斯解密委員會審查之後，再交予美國作者最終完成書稿。

前克格勃偵察員瓦西里耶夫（Александр Васильев, 1962-），一九九〇年代離任後，出任俄羅斯記者，後與美國著名檔案專家威恩施坦因（Allen Weinstein, 1937-2015）簽署合同，進了蘇美間諜紀實文學叢書創作委員會。他一九九四至一九九六年授權接觸了一九三〇至一九五〇年代初期蘇聯克格勃在美國活動的全部檔案。他在莫斯科克格勃總部盧比揚卡大廈耗時二年，總共整理、謄寫和拷貝檔案材料一萬一千頁。但俄羅斯國家安全部門聞訊下令，禁止他將這些檔案如數提供給威恩施坦因。瓦西里耶夫被迫作假，糊弄俄羅斯對外偵察局，只給審查官看了部分無關痛癢的材料。一九九六年，新成立不久的俄羅斯安全局對向美國出版業提供檔案失去興趣，它不僅反對此事，還指控瓦西里耶夫涉嫌洩露國家機密。美國中情局（CIA）特工也轉告瓦西里耶夫，他因此可能會被俄羅斯安全局逮捕。瓦西里耶夫驚恐萬分，感到大難臨頭，趕忙攜家眷移民英國。

瓦西里耶夫逃往英國時，隨身沒敢攜帶抄滿了克格勃檔案資料的文件夾，當時他有不同顏色的文件夾若干個，有白色、紅色、黑色。他將文件夾藏在莫斯科一個可信任的朋友家。數年之後，他感覺風聲已過，才托人將文件夾偷運至倫敦。再以後，文件夾裡的材料就變成了二〇〇九年的國際暢銷書《間諜》。

《間諜》一書披露，一九四一年海明威造訪中國前夕，被蘇聯克格勃招募為間諜。故事是這樣的，一九四〇年，海明威曾在哈瓦那及倫敦與蘇聯克格勃有過接觸，他在見面時主動說：「我想幫助你們。」蘇聯內務人民委員部檔案記載：「一九四一年一月八日，《喪鐘為誰而鳴》（For Whom the Bell Talls）一書由作者寄往莫斯科備案。」這是發現最早的蘇聯有關海明威的記錄。一九五四年，蘇聯國家安全機構檔案記載，《永別了，武器！》（A Farewell to Arms）的作者海明威那時已經成為蘇聯間諜，他的工作代號是「阿爾戈」（argot），即俚語、黑話和隱語之意。這是一九四一年蘇聯安全機構為方便聯絡去中國工作的海明威而起的代號。但為安全起見，蘇聯安全機構內部只稱他「鐘聲」，其意取之於他的小說《喪鐘為誰而鳴》（For Whom the Bell Tolls）。海明威與妻子於一九四一年上半年前往中國香港採訪，當時，蘇聯並沒有給他具體任務，蘇聯內務部（НКВД）那時還在觀察他。直到一九四一年底，蘇聯國家安全機構總部才致電美國臥底馬克沁，命其轉告海明威可前往蘇聯感興趣的國家工作。

蘇聯安全機構一九四二至一九四五年期間，與海明威有過直接接觸。瓦西里耶夫黑色文件夾記載了海明威兩次與蘇聯間諜秘密接頭。第一次是一九四三年六月二日，海明威在英國首都倫敦與蘇聯安全機構會面。第二次是一九四三年秋天，海明威作為《高力》（Collier）雜誌記者在古巴首都哈瓦那會見蘇聯特工。那時，海明威在古巴有自己的別墅，他正準備前往歐洲採訪，行前，與蘇聯特工有過兩次會面。第三次，是一九四五年四月，還是在哈瓦那。蘇聯安全機構三番五次召見海明威，並未給予任務，只是對其進行考察。蘇聯克格勃檔案對考察結果也有記錄，稱海明威是「自己人」。

一九四五年，蘇聯國家情報機構中斷了與海明威的關係，理由是，海明威使用「阿爾戈」工作代號期間，未向蘇聯提供有價值的情報，結論是，海明威是沒有價值的間諜人員。但是，海明威工作代號雖被取消，並不意味蘇聯不再關心他的行蹤。一九四八年八月，蘇聯獲知，海明威準備搬離哈瓦那，前往歐洲寫新書。蘇聯便監視海明威的行蹤。一九四九年，海明威被蘇聯國家安全部列為「不予恢復聯繫的美國間諜名單」。奇怪的是，一九五〇年，蘇聯國家安全部卻又將他列入「建議恢復聯繫名單」。瓦西里耶夫說，他找到一份蘇聯克格勃檔案，海明威的名字列在一九四八至一九五〇年克格勃海外擬恢復使用人員的名單中，他的名字還被用紅筆標注小字：「尚未與之恢復聯繫」。這說明，海明威那時又被克格勃想起，曾準備再度啟用。一九五〇年七月三日，克格勃致電詢問駐華盛頓臥底，海明威身居何方，以及「最近一段時間的政治傾向和出版物」。當時，克格勃正在策劃實施一項國際計畫，準備策反美國著名作家加盟蘇聯間諜活動，除海明威外，還有其他美國作家，如法斯特（Howard Melvin Fast, 1914-2003）、考德威爾（Erskine Preston Caldwell, 1903-1987）和斯坦貝克(John Ernst Steinbeck, 1902-1968）等人，均在蘇聯調查範圍內。

蘇聯試圖招募海明威做間諜，但最終計畫擱淺，主要原因是海明威不具備間諜潛質。蘇聯歷史上，克格勃招募著名作家為其工作的例子屢見不鮮，蘇聯作家高爾基、肖洛霍夫和小托爾斯泰等都曾與克格勃合作，這種與名人的合作，那個時代成為確保蘇共意識形態穩固的重要補充形式。

再說，克格勃華盛頓臥底一九五〇年十月一日向莫斯科報告，海明威居住在加利福尼亞，剛發表了小說《過河入林》（Across the River and Into the Trees）。克格勃檔案顯示，克格勃臥底報告說：「目前海明威支持托派，出書攻擊蘇聯。」這個結果令莫斯科始料未及，表明海明威與克格勃已經徹底決裂，甚至還成為蘇聯的敵人。

其實，海明威的日子也不好過。一九六一年七月二日，海明威用自己心愛的獵槍，在愛達荷州凱徹姆（Ketchum）家中自殺。海明威死前未留下任何遺言，自殺事件至今成謎，各種傳聞和揣度不斷。有些人說，海明威患有嚴重的精神症，他深感美好時光已成追憶，文學創作高峰不會再來，因此情緒極度低沉導致抑鬱，最終自殺。但前克格勃偵察員瓦西里耶夫以為，海明威之死的原因，是他曾被蘇聯克格勃招募又遺棄，被美國聯邦調查局發現後，遭受長期調查的騷擾，苦不堪言，心中絕望和恐懼發展到極致，導致自殺。

海明威生前摯友霍奇納（Aaron Hotchner, 1917-2020），是海明威生命最後十三年的私人文學事務助理。二〇一一年，他在《生活新聞》（Lifenews）撰文證實，海明威之死與聯邦調查局對他的嚴密監視有關。他說，美國聯邦調查局局長胡佛（Edgar Hoover）曾親自部署對海明威的調查與監視，重點調查海明威與古巴政府之間的合作。海明威因此精神趨於崩潰，在六十歲那年患上了妄想症，表現極為偏執。一九五九年，《生活》（Life）雜誌向海明威約寫一部西班牙題材小說，約定字數不超過四萬字，結果海明威寫了九萬多字，編輯部要他縮減，他不肯，勸說多次，海明威表現得很暴躁，最終勉強刪掉五百三十字，就再也不肯改動。

霍奇納說，海明威在生命的最後幾年抱怨最多的，就是美國特工對他的監視無所不在。一九六〇年，霍奇納奉約與海明威在凱徹姆火車站見面，同來的還有他們共同的朋友馬克穆倫（Duke MacMullen）。那天海明威顯得鬱鬱寡歡，他說，聯邦警探對他全面監視，不僅跟蹤出行，還密查銀行帳戶，甚至竊聽電話，就連他來火車站與朋友見面，都得搭朋友的車，以便甩開警探的跟蹤。他話裡話外已有厭世情緒。他說：「聯邦調查局已經對我萬事做絕。」不久，海明威即被診斷出有狂躁症，後送醫院治療。醫生們對他採取了電震療法，但收效不大，海明威在醫院裡數次自殺未遂。

一九八〇年，美國聯邦調查局解密的檔案證實，海明威確實在醫院尋過短見。檔案還顯示，海明威死前若干年，聯邦調查局確實對他實施了常態化監視，其主要原因，是美國那時已經掌握他曾被蘇聯克格勃招募的事實。聯邦調查局有關海明威與克格勃的交往記錄與分析卷宗長達一百五十頁，其中十五頁至關重要，涉及美國國家利益，所以至今不對外公開。

瑪麗蓮・夢露　代號「瑪莎」

俄羅斯二〇一二年上映了一部紀錄片，名叫《夢露在杜斯妥也夫斯基的國度》（Монро в стране Достоевского），導演是蘇聯前克格勃（КГБ）女特工傑姆諾娃（Людмила Темнова）。這部電影採用歷史資料影像和旁白敘述的方式，講述了美國好萊塢性感明星瑪麗蓮・夢露（Marilyn Monroe, 1926-1962）曾於一九五九年，在美國與英俊瀟灑的蘇聯克格勃特工沃隆諾夫斯基（Вадим Вороновский）有過情感糾葛。瑪麗蓮・夢露於一九六二年在沃隆諾夫斯基陪伴下，悄悄造訪蘇聯數日，並且落入由克格勃設下的間諜陷阱。這部電影如一石激起千層浪，使得筆者聯想到全球各地對「瑪麗蓮・夢露與克格勃」這一主題的關注。

讓我們將歷史的這一瞬間重播，仔細品味當事人難以用文字或鏡頭所表現的情感吧。

一九五九年九月十五日至二十七日，赫魯雪夫訪美，這是蘇美二戰後最高領導人的首次會晤。瑪麗蓮・夢露當時根本不認識赫魯雪夫是誰，但她所簽約的二十世紀福斯公司（XX Century Fox）堅持要她去赫魯雪夫訪美歡迎會。公司高層告訴她，對蘇聯而言，美國就意味著可口可樂和「瑪麗蓮・夢露」。她聽罷非常開心，遂同意參加歡迎會，還穿上了最性感的緊身衣，因為她知道，「瑪麗蓮・夢露」在蘇聯人眼中是性感明星。其實赫魯雪夫亦然，他早就聽說瑪麗蓮・夢露是美國當代文化的代表，若能會晤，不失為一次當場見教的機會。

機會果然來臨。九月十九日，美方安排赫魯雪夫前去參觀好萊塢。瑪麗蓮・夢露與蘇共中央總書記赫魯雪夫終於相識。根據瑪麗蓮・夢露私人助理彼比頓的回憶，見面是二十世紀福斯公司策劃和安排的，主辦方當時還特意讓瑪麗蓮・夢露性感出場，理由是，那樣較為符合赫魯雪夫的胃口。

美國人聽說蘇聯文化比較壓抑，所以，特地安排穿著性感的瑪麗蓮・夢露去見蘇共總書記，以便調節現場氣氛。福斯公司老闆斯庫拉斯（Spyros Skouras, 1893-1971）在現場介紹赫魯雪夫與瑪麗蓮・夢露相識，赫魯雪夫果然色瞇瞇地讚歎道：「您真的很迷人！」

而瑪麗蓮・夢露卻意味深長和彬彬有禮地答道：「我們電影人有助於加深兩國人民之間的理解。」

隨後，蘇方還派出一個神秘人物出席酒會，他就是蘇聯常駐聯合國代表處工作人員沃隆諾夫斯基（Вадим Вороновский），他的真實身分是蘇聯克格勃對外偵察員。他是奉蘇聯克格勃主席舍列賓之命前去觀察瑪麗蓮・夢露的。那時，舍列賓剛開始醞釀招募瑪麗蓮・夢露為克格勃間諜的計畫，而沃隆諾夫斯基就是他憑多年經驗挑選的操盤手。

沃隆諾夫斯基曾是蘇聯國際關係學院（MГИМО）的高材生，風流倜儻，一表人才，氣質不凡，人送外號「加林工程師的雙曲線體」。

《加林工程師的雙曲線體》（Гиперболоид инженера Гарина, 1927）是蘇聯作家小托爾斯泰（Алексей Толстой, 1883–1945）的著名長篇小說，在蘇聯家喻戶曉。書中主人公發明了鐳射武器雙曲面體，妄圖稱霸世界，引得各國間諜蜂擁而至，為爭奪這件大殺器展開了生死搏鬥。沃隆諾夫斯基的同學說，他早在大學時代就有當間諜的素質。

克格勃主席舍列賓選中沃隆諾夫斯基前往美國工作，事前經過嚴格培訓。克格勃提交的「沃隆諾夫斯基同志為適應特殊工種所具備的身體條件報告」中寫道：「蘇聯駐聯合國工作人員沃隆諾夫斯基同志的使命，是為獲取美國總統的情婦、著名演員瑪麗蓮・夢露的好感。他的性能力具有時間久、耐力長、抗疲勞和承受力好等特點，經實驗測定，他可完美做愛長達三個小時。」這份報告至今仍保存在俄羅斯國家安全局總部盧比揚卡的克格勃檔案館。

用沃隆諾夫斯基招募瑪麗蓮・夢露，是一場刺激有趣的曠世對決，一個是蘇聯克格勃的「性功夫」之王，另一個是美國當代超級性感之星。兩強相遇，誰者勝？

瑪麗蓮・夢露的女性友人多年後道破天機。她說，瑪麗蓮・夢露與沃隆諾夫斯基一見面，立即被他英俊瀟灑的外表征服，於是，她主動勾引了他。可見是瑪麗蓮・夢露繳械在先。沃隆諾夫斯基回莫斯科彙報工作時，也證明是他引誘瑪麗蓮・夢露上鉤。舍列賓相信沃隆諾夫斯基說的是實話，因為他久聞「床笫超人」的功夫，不怕瑪麗蓮・夢露不被征服。沃隆諾夫斯基還說，瑪麗蓮・夢露在床上坦陳，甘迺迪根本不是沃隆諾夫斯基的對手。

沃隆諾夫斯基與瑪麗蓮・夢露相識與親近卻是在兩個月前的另一場合：一九五九年七月，美國民主黨在紐約舉辦了一次國際聚會，瑪麗蓮・夢露和沃隆諾夫斯基均應邀出席。其時，沃隆諾夫斯基的職務本不具備出席資格，但是由於蘇聯常駐聯合國代表處負責人出差，所以沃隆諾夫斯基便替補出席。他與民主黨的社交圈子並不熟稔，因此，他在聚會大廳端著一杯香檳，孤獨地站在角落裡，默默凝望著嚶嚶低語的人群，有些不知所措。沃隆諾夫斯基一進門便看見了瑪麗蓮・夢露，心中暗喜，覺得機會找上門來了。當時，瑪麗蓮・夢露正被幾個男人圍著熱烈地說著什麼。

不久他們便朝沃隆諾夫斯基這邊移步，她第一次從沃隆諾夫斯基面前經過時，兩人的眼睛便有過瞬間的對視，並彼此報以微笑。第二次，瑪麗蓮・夢露竟然直接走到沃隆諾夫斯基面前打招呼，她對他說，他實在很帥氣，外表和氣質與她前不久拍攝的電影主人公極為相似。沃隆諾夫斯基微笑著告訴瑪麗蓮・夢露，他喜歡看她的電影。瑪麗蓮・夢露問他，為何獨自飲酒，不和大家聊天？他說，他初來社交場合，沒有熟人。瑪麗蓮・夢露聽罷，立即把她的兩個記者朋友叫過來與沃隆諾夫斯基聊了起來。

瑪麗蓮・夢露在聚會結束的時候，又一次來到沃隆諾夫斯基面前，她主動挽起他的手臂，和他一起往門口走去。沃隆諾夫斯基覺得，此刻的瑪麗蓮・夢露像在銀幕上一樣令人迷醉。瑪麗蓮・夢露一邊給他留電話號碼，一邊叮囑保持聯繫。沃隆諾夫斯基第二天就給瑪麗蓮・夢露打了電話，瑪麗蓮・夢露當即邀請沃隆諾夫斯基來家中做客。

作為蘇聯外交官，沃隆諾夫斯基本不能隨意與美國民眾接觸，但他的真實身分是克格勃偵察員，具有組織所賦予的特殊權利。他如約來到紐約東街五十七號的瑪麗蓮・夢露家，受到瑪麗蓮・夢露的熱情款待，兩人言笑甚歡，不在話下。

之後，他倆在一段時間裡成雙入對，形影不離，他們的身影出現在紐約的餐廳和酒吧，但他們更多的時候是在瑪麗蓮・夢露的豪宅幽會。沃隆諾夫斯基給瑪麗蓮・夢露講了蘇聯的政治、經濟和文化等情況，談起了他們共同喜愛的俄羅斯作家杜斯妥也夫斯基的作品，這些都令瑪麗蓮・夢露欣喜不已，當即表示想和沃隆諾夫斯基同遊俄羅斯。

就在他們相戀期間，赫魯雪夫訪問好萊塢，一九五九年九月十九日，他認識了瑪麗蓮・夢露。其時，瑪麗蓮・夢露還對赫魯雪夫說想去蘇聯訪問。赫魯雪夫那時尚不知這位美國性感影星正與克格勃偵察員遭遇愛的激情。沒過多久，赫魯雪夫不用瑪麗蓮・夢露介紹，自己便親自認識了她的蘇聯情人，但那是後話。

瑪麗蓮・夢露那時已經與劇作家米勒（Arthur Miller, 1915-2005）結婚，因此，她和沃隆諾夫斯基的戀情很快成為媒體追逐的緋聞，他倆幽會時得躲避著媒體的閃光燈。在沃隆諾夫斯基眼中，瑪麗蓮・夢露是個風情萬種的女人，曾有片刻，他覺得自己好像真的愛上了她。他事後說：「一個人愛的感覺無法回避和矇騙。」後來，沃隆諾夫斯基因為利用瑪麗蓮・夢露，遊戲愛情，而對她充滿愧疚。就這樣，複雜的情感相互糾結，多年充盈在他的心中。

一九五九年十月至十一月間，沃隆諾夫斯基奉命返回莫斯科述職，他在從紐約飛往莫斯科的航班上，還一直沉浸在他與瑪麗蓮・夢露的情感之中。忽然間，覺得自己對瑪麗蓮・夢露的愧疚情感有點可笑，他思忖道，他與瑪麗蓮・夢露是來自不同世界的人，他們之間並沒有什麼共同的精神共鳴，怎麼會有真正的愛情？這位年輕的克格勃軍官甚至想到，也許瑪麗蓮・夢露也受雇於中情局（CIA），在利用他，在戲弄他，他們之間所謂的情感，最終是以情報為目的。想到此，他的內心就輕鬆了很多。

那時，整個蘇聯高層對招募瑪麗蓮・夢露的工作極為重視，沃隆諾夫斯基一下飛機，就被克格勃主席舍列賓帶去見首長。原來蘇共總書記赫魯雪夫、蘇聯部長會議第一副主席米高揚（Анастас Микоян, 1895-1978）、蘇共中央政治局委員兼中央書記蘇斯洛夫（Михаил Суслов,

1902-1982）、蘇聯外交部第一副部長葛羅米柯（Андрей Громыко, 1909-1989）等蘇聯最高領導人，都在等著聽沃隆諾夫斯基彙報工作，一起研究如何推進克格勃與瑪麗蓮・夢露的合作。

舍列賓在蘇聯解體之後回憶說，討論期間，沃隆諾夫斯基應各位領導的要求，一起分享了他與瑪麗蓮・夢露的「情感生活細節」。舍列賓說，沃隆諾夫斯基講得繪聲繪色，領導人們聽得津津有味。不過，舍列賓也指出，沃隆諾夫斯基為了討好國家領導人和誇大自己的功績，有些故事的情節講得言過其實了些。

赫魯雪夫聽罷沃隆諾夫斯基講述，當場表示，瑪麗蓮・夢露就如美國黑人歌星羅賓遜（Paul LeRoy Bustill Robeson, 1898-1976）和美國鋼琴家克萊本（Van Cliburn, 1934-2013）一樣，是蘇聯人民的朋友，應該立即招募她做克格勃間諜。赫魯雪夫還異想天開地提出邀請瑪麗蓮・夢露來莫斯科拍電影。克格勃主席舍列賓聽罷說，瑪麗蓮・夢露屬於美國性感偶像、脫衣舞明星，是蘇聯意識形態深惡痛絕的對象，假如請她來蘇聯拍電影，勢必會引發意識形態之爭，對蘇聯穩定社會不利。舍列賓建議赫魯雪夫審慎看待瑪麗蓮・夢露對蘇聯的好感。他還說，瑪麗蓮・夢露個性乖張，政治態度搖擺，尚不能確認她對蘇聯體制抱有發自內心的好感。蘇斯洛夫支持舍列賓的意見，他說，蘇聯的朋友必須認同共產主義意識形態和道德觀，瑪麗蓮・夢露顯然還不是這種人。

最終，蘇聯高層一致確認同意招募瑪麗蓮・夢露為克格勃偵察員。赫魯雪夫說，假如瑪麗蓮・夢露不是為金錢和意識形態而與蘇聯親近，而是出於對沃隆諾夫斯基的情愛，正說明她可能成為一個純粹的間諜。舍列賓提議，為讓瑪麗蓮・夢露與克格勃的關係變得可靠和持久，應儘快安排她的蘇聯之行。

一九五九年十二月，沃隆諾夫斯基致電瑪麗蓮・夢露，說她的蘇聯之旅已安排妥當，就等她選定出發時間。瑪麗蓮・夢露連聲說一定抓緊安排，儘快前往。沃隆諾夫斯基從她的話裡聽出了些許急迫之音，畢竟他們已經四個月沒見面了，那時她正和丈夫米勒住在洛杉磯的日落大道（Sunset Boulevard）。後來事情果然進展神速和順利，一九六〇年一月，瑪麗蓮・夢露的丈夫米勒為了趕寫新劇本去了愛爾蘭，瑪麗蓮・夢露新片尚未開拍，在家修養，閑來無事，她覺得時機已到，遂著手準備與沃隆諾夫斯基遠行蘇聯。二月十一日，瑪麗蓮・夢露對親朋好友灑下彌天大謊，說她飛往紐約辦事。其時，沃隆諾夫斯基已在紐約機場等待瑪麗蓮・夢露，之後，他們一同辦好登記手續，雙雙出境，經倫敦和布拉格飛往莫斯科。瑪麗蓮・夢露更名改姓，素顏出行，神不知鬼不覺，所到之處，竟然無人發覺。

沃隆諾夫斯基攜美國情人瑪麗蓮・夢露在莫斯科短暫停留後，立即前往父母位於莫斯科州的鄉間別墅小住，接著，他們又乘坐「紅箭列車」前往列寧格勒遊玩三天，那是他們倆交往中最快樂的日子。之後，他們便經芬蘭赫爾辛基，飛回了紐約。

沃隆諾夫斯基根據克格勃的安排，在與瑪麗蓮．夢露幽會時，安置了錄音和錄影裝置，並向莫斯科克格勃總部傳送了大量幽會的親密照片和影像資料。沃隆諾夫斯基做這些事情時，心裡曾有很大障礙，他擔心瑪麗蓮．夢露有朝一日當面拆穿他，他甚至想跪求克格勃主席舍列賓，別再讓他親自招募和脅迫瑪麗蓮．夢露為克格勃效力。不久，他便給莫斯科寫了報告，提出不願在美繼續工作，希望返回蘇聯。他竟出乎意料地得到了答覆：一九六〇年四月，莫斯科下達了調遣沃隆諾夫斯基返回莫斯科工作的命令，然而這個命令卻帶有懲戒性，沃隆諾夫斯基由於不服從組織安排在美國的工作，在莫斯科做降職處理。儘管如此，沃隆諾夫斯基依舊離美返蘇，是他做出的明智選擇，即使降職也值得。

四月九日，沃隆諾夫斯基在臨行前夜，致電洛杉磯的瑪麗蓮．夢露，依依話別，此刻，他已預感到，此去莫斯科即是他們的永別，心中痛苦。他對瑪麗蓮．夢露撒謊說，他有要緊公務，急需返回莫斯科處理，只是尚且不知何日再與她相見。

瑪麗蓮．夢露聽出他話中有話，就問：「你講話的聲音都變了，是不是出了麻煩？」

沃隆諾夫斯基沉默不語，他知道他們的電話早已被監聽。

瑪麗蓮．夢露在電話那頭突然放聲大哭道：「天哪，我知道是因為我！是我拖累了你！」

她停了一下，又說：「告訴我，我能為你做點什麼？」

沃隆諾夫斯基手舉聽筒，僵在原地，不知說何是好。最終，他默默地掛上了電話，任憑瑪麗蓮・夢露在電話的那一頭絕望而深情地呼喚著他的名字。

從此，瑪麗蓮・夢露永遠地淡出了他的生活。時隔多年，沃隆諾夫斯基回憶起與瑪麗蓮・夢露話別的一幕，依舊心痛。蘇聯解體之後，他對媒體公開表示，從欺騙瑪麗蓮・夢露，到最終失去瑪麗蓮・夢露，他後悔一生。他離開美國後，洛杉磯的克格勃間諜繼續推進瑪麗蓮・夢露為蘇聯提供情報的計畫，但出於克格勃工作條例，沃隆諾夫斯基已經無從知曉細節，也不能打探了。所以，他無法說清克格勃對瑪麗蓮・夢露所做的一切，與後來發生的瑪麗蓮・夢露之死到底有沒有瓜葛。沃隆諾夫斯基只聽說，瑪麗蓮・夢露為了再見到他，被迫同意為克格勃做事。然而，隨著時間逝去而解密的克格勃檔案，對瑪麗蓮・夢露之死，卻隻字未提。

一九六二年五月十九日，瑪麗蓮・夢露在甘迺迪四十五歲生日還有十天時，在麥迪遜廣場花園（Madison Square Garden）用極為性感的嗓音為他唱了一首《祝總統先生生日快樂》，這首歌成為瑪麗蓮・夢露經典之作。鮮為人知的是，這首歌還是瑪麗蓮・夢露對甘迺迪內心巨大失落的特殊撫慰，因為那時，甘迺迪已經獲知自己有一個俄羅斯情敵——「床笫之王」沃隆諾夫斯基同志，他迷惑了瑪麗蓮・夢露的心。

時隔不足三個月，即一九六二年八月四日，瑪麗蓮・夢露突然離奇身亡，成為全球新聞頭條，沃隆諾夫斯基聞訊悲痛欲絕，這對曾經情意綿綿，卻又天各一方的情侶終於陰陽兩隔，永無相見之日了。

那日，沃隆諾夫斯基喝得爛醉，瑪麗蓮・夢露殞命，使他痛苦萬分。那時他曾語氣沉重地說：「若不是任務在身，我與瑪麗蓮・夢露交往的那些日子，將是我人生最幸福的時光。」

話說沃隆諾夫斯基返回莫斯科後，靠父母的關係，保住了克格勃的職位，卻遭降職處理，仍留在克格勃服役，直到一九八二年退伍。之後，他去了一所大學教書，娶了一位年輕漂亮的女研究生為妻。

目前，他仍然住在莫斯科，已是兩個孫子的爺爺了。沃隆諾夫斯基從不在親朋好友和媒體面前提及他與瑪麗蓮・夢露的事，他從不參與克格勃老戰友的任何聚會。他說，家人至今都不知道他在美國的那段往事，他想將自己與瑪麗蓮・夢露的故事隱瞞下去，帶進墳墓。

沃隆諾夫斯基現住在莫斯科鄉間別墅，家人看見，夜深人靜，沃隆諾夫斯基常獨自垂淚，詢問他時，他只說「想念死去的老戰友……」，卻從未說出瑪麗蓮・夢露的名字。

一九五九至一九六〇年期間，沃隆諾夫斯基奉蘇聯克格勃之命，與瑪麗蓮・夢露接近，並試圖逐步將其發展成蘇聯間諜，美國情報機構也非等閒之輩，他們對瑪麗蓮・夢露各個方面都進行了追蹤和調查。

美國聯邦調查局（FBI）的情報顯示，瑪麗蓮・夢露早在一九五六年就對蘇共抱有好感。另一份檔案顯示，瑪麗蓮・夢露於死前半年，即一九六二年二月曾有前往墨西哥的出境記錄，出境目的是訂製家具，還隨身帶著設計師同行，不過，瑪麗蓮・夢露的飛機落地墨西哥後，在機場迎接她的竟是美國著名共產黨人弗雷德里克（Frederick Vanderbilt Field, 1905-2000）。

瑪麗蓮・夢露生前曾受甘迺迪總統之邀，前往英國電影明星、甘迺迪的妹夫艾倫（Peter Sydney Ernest Aylen, 1923-1984）家共進午餐，她在午餐時滔滔不絕地講了大量左傾觀點，均被聯邦特工記錄在案。瑪麗蓮・夢露的丈夫、美國著名戲劇家米勒，也是聯邦調查局的秘密調查對象，因為他曾資助過美共。

蘇聯克格勃對瑪麗蓮・夢露的滲透計畫，沃隆諾夫斯基奉命與瑪麗蓮・夢露交往，也早就列入美國安全部門的監控與調查之中。美國解密的資料顯示，瑪麗蓮・夢露確實已被克格勃招募為職業特工，代號「瑪莎」。義大利「全景」媒體（Panorama）說，瑪麗蓮・夢露曾向赫魯雪夫表示想加入蘇共。

至於說瑪麗蓮・夢露是否真的跟隨沃隆諾夫斯基去過蘇聯，美國方面尚查無證據。冷戰結束後，美國聯邦調查局曾解密過一份長達三十一頁的檔案，其中一份是有局長胡佛（John Edgar

Hoover）簽字並遞交國會批准的，那是一份一九五五年八月底完成的報告，講述《紐約郵報》（New York Post）和路透社（Reuters）記者前往蘇聯駐美使館，求證瑪麗蓮・夢露獲得蘇聯簽證的過程。報告說，瑪麗蓮・夢露確實曾向蘇聯使館遞交過申請入境表格，但不是她本人親自前往，而是其助理代為前往填寫表格。事實證明，瑪麗蓮・夢露確實於一九五五年八月十二日，向蘇聯駐美使館提交過入境申請。但是否取得簽證，聯邦調查局的報告未予涉及。目前，在美國方面解禁的瑪麗蓮・夢露檔案中，亦未發現她曾秘密到過蘇聯的證據。

瑪麗蓮・夢露秘密檔案遠未徹底曝光，她的故事還將繼續。

片科夫斯基　拯救世界的超級間諜

一九一八年十一月，蘇維埃共和國軍事委員會確認了野戰司令部編制，其中包括工農紅軍偵察機構力量和司令部偵察情報準備協調處。該處成為蘇俄工農紅軍第一個軍事諜報機構及反偵察中心。由於該處的批准成立時間為一九一八年十一月五日，所以後來的蘇聯軍事情報機構格魯烏（ГРУ），即蘇聯總參謀部情報局的成立日就定在這一天。隨著時間的推移，格魯烏演變為蘇聯總參謀部情報局，是蘇聯武裝力量情報系統主要職能部門，簡稱格魯烏，是掌握技術偵查和人力情報權責的軍事情報機構，還統管蘇聯各軍種、兵種以及各個軍區的情報部門，其首任局長是奧爾洛夫（Семён Аралов, 1880-1969）。一九九一年蘇聯解體，但這竟然沒有影響它的存在，格魯烏不僅保留下來，而且還發展壯大。

格魯烏偵察員都是蘇聯精挑細選的特工精英，曾在蘇聯歷史上建功立業，但格魯烏走過的路荊棘叢生，也不乏激流險灘，格魯烏也出現過背叛者。格魯烏的頭號叛徒就是英美超級特工片科夫斯基（Олег Пеньковский, 1919-1963），與克格勃（КГБ）其他變節者相比，他的故事實在令人匪夷所思，世界上情節最起伏跌宕的間諜片，也沒他的真實故事引人入勝。片科夫斯基是世界上最蹊蹺的特工，他的人生至今成謎，學界仍在爭論不休。

故事還要從一九六一年春夏之交說起。一九五九年下半年，美國與卡斯楚領導的古巴新政府逐漸鬧僵，卡斯楚態度強硬，美國決定武力教訓。一九六一年四月十五日，美國指使古巴流亡分子駕駛美國B26型轟炸機連續轟炸古巴兩天，接著又派遣一千多名雇傭軍在古巴豬灣登陸，試圖推翻卡斯楚新政府。孰料，入侵者被古巴軍隊全殲。美國沒有繼續對卡斯楚施加壓力，而是伺機實施報復行動。

恰在此時，英國情報機構策反了蘇聯格魯烏上校軍官片科夫斯基，他在一年半的時間裡，用美樂時（MinoX）相機拍攝了五千五百份蘇聯絕密情報的照片，交送英國情報機構，這些情報均是蘇聯洲際彈道導彈的絕密資料，其中包括蘇聯戰略導彈試射的時間和順序，以及試射彈著點資料和點火試驗時所暴露出的問題。北約高層通過研究片科夫斯基的情報，明確了蘇聯發展洲際導彈的過程，進而調整了西方對蘇聯的整體戰略，特別是為後來發生的美蘇古巴導彈危機做了及時鋪墊，使得西方較為客觀和全面地瞭解到，蘇聯的核武實力並非赫魯雪夫所吹噓的那樣不可一世。英國情報部門接到片科夫斯基的情報之後，立即和美國中情局（CIA）一起展開分析研究，組成由十名英國專家、二十名美國專家的小組，專門翻譯、整理和研究分析片科夫斯基的情報。最終，他們竟然得到了遠遠超過期望值的珍貴情報。

我們先看看片科夫斯基的家世。

片科夫斯基一九一九年四月二十三日生於蘇俄高加索地區一個殷實的知識份子之家，他父親老片科夫斯基畢業於波蘭華沙綜合技術大學，後成為俄國工程師。老片科夫斯基在革命爆發時選擇參加白軍，和紅軍交戰時被打死。片科夫斯基一九三七年中學畢業時已經沒得選擇，只能考入蘇聯紅軍基輔第二炮校。一九三九年畢業時，適逢蘇芬戰爭爆發，他隨部隊開赴前線，出任蘇聯紅軍炮兵營指導員。一九四五年，蘇聯衛國戰爭結束的時候，他是烏克蘭第一方面軍近衛第五十一炮團副團長。

片科夫斯基一九四八年進入伏龍芝軍事學院（Военная академия имени М. В. Фрунзе）深造，後在蘇聯國防部莫斯科軍區陸軍司令部工作。他在一九四九年至一九五三年期間進入國防部軍事外交學院進修，學成後調入蘇聯總參謀部情報局工作。他在一九六〇年至一九六二年期間被任命為蘇聯國防委員會科研工作協調委員會對外聯絡局副局長，但其真實身分是格魯烏第三局偵察員。片科夫斯基因為工作關係，出國旅行如家常便飯，這在蘇聯時代極令人羨慕。片科夫斯基的檔案顯示，他無論在政治操行，還是在業務水準方面，都是一個備受人們尊敬和矚目的蘇聯高級軍事情報官，多次獲得國家獎勵，曾經獲得過一枚著名的涅夫斯基勳章、二枚紅旗勳章、一枚衛國戰爭勳章和一枚紅星勳章。

功勳卓著的片科夫斯基為何要投靠西方，向英美出賣國家機密？這個問題直到今日也找不到公開的完整評述，讀者只能從當年一本蘇聯的報刊雜誌上讀到隻言片語，比如批評片科夫斯基不信任當時赫魯雪夫領導的蘇共集團向世界推行共產主義思想，與美國為首的西方世界進行公開的核武對抗，將蘇聯和整個世界推向滅亡的深淵。也有人說他私生活放蕩，近女色、愛酗酒還貪財，這些就是他向英美情報機構靠攏的動機，出賣情報是為了滿足私欲。

說實在的，以上對片科夫斯基成為間諜的分析甚為牽強，筆者在閱讀了大量材料之後才知道，原來那是片科夫斯基被捕受審時的自供狀。但是，儘管是自供狀，仍然令人覺得牽強，作為一個身兼要職、收入豐厚的格魯烏軍官，讓片科夫斯基下水，似乎沒那麼容易。

但是，近期我讀到俄羅斯一家媒體的觀點，覺得有點靠譜，那就是，片科夫斯基投靠西方，是在為自己找個名正言順的理由，利用美國獨一無二的核武實力，遏制赫魯雪夫的核武訛詐，讓世界免遭核武器對人類的塗炭。

上面講到，一九六一年美國和古巴決裂，軍事衝突驟起。古巴新任領導人卡斯楚遂求助赫魯雪夫，這正中赫魯雪夫的下懷，他先於一九六〇年恢復了蘇古外交關係，翌年已經在考慮藉由對古巴經濟、軍事援助，在古巴安置六十枚射程在一千至二千公里的蘇製導彈，使得蘇聯對美國實施核武打擊能力增加百分之百，從而提升蘇聯制衡美國的核武戰略地位。作為格魯烏軍官的片科夫斯基早在赫魯雪夫計畫尚在討論時，就瞭解不少情況，他先是被這個計畫所震驚，因為他知道，儘管蘇聯核武器在戰後發展迅猛，但和美國相比，無論從數量和品質上都存在差距；再者，一旦蘇美爆發核戰，全世界必將毀滅，人類將萬劫不復，於是，他決定阻止赫魯雪夫實現這個計畫。

格魯烏上校片科夫斯基試圖阻止赫魯雪夫在古巴安置導彈的計畫，這在今天，聽起來依舊像一個傳說。

但是片科夫斯基卻真的付諸了行動。他首先主動接觸了中情局莫斯科工作站，孰料中情局一口回絕了他，美國人認為他是受克格勃指使而來，換句話說，就是蘇聯情報機構給中情局下的圈套。中情局還通知歐洲所有工作站不得以任何方式聯繫片科夫斯基。但中情局並未真的放棄片科夫斯基，他們通過各種手段瞭解到了片科夫斯基的真實情況，特別是知道了片科夫斯基的真實身分和其工作性質後，覺得他符合中情局的招募條件。不過中情局是根老油條，它雖然想發展片科夫斯基，自己卻不做，而是讓它的盟友英國情報機構拋頭露面。

一九六一年四月十二日，蘇聯著名宇航員加加林（Юрий Гагарин, 1934-1968）乘坐蘇聯東方一號太空船進入太空，世界矚目，蘇聯沸騰。片科夫斯基就在當天，約見了英國情報機構莫斯科工作站的特工。雙方相見沒多久便直接轉入正題，英國人要求片科夫斯基提供蘇聯在古巴部署導彈的資訊，並告訴片科夫斯基如果他這樣做，即可為蘇美真正解決導彈危機立頭功。

一九六一年夏季，片科夫斯基因公前往倫敦，再次與英國情報機構接頭，他們贈送他一套佩有上校軍銜標識的英軍軍服，還讓他穿了後照相。英國人承諾，片科夫斯基完成這次任務後可移民英國，並在英國軍方安全機構服役，每月津貼費二千美元，每月再支付安全工作補貼一千美元。片科夫斯基當場表示滿意。

英國人根據對片科夫斯基的瞭解，認為這筆錢對他無疑是很大誘惑，片科夫斯基在初見英國人的時候就說出他的移民請求，英國人也不傻，只是笑笑說，工作做好，好處無盡，移民不在話下。就這樣，片科夫斯基開始為英國情報機構幹活了。

一九六一年九月二十日，片科夫斯基隨蘇聯代表團去法國公幹，他在勒布林歇機場與他的英國連絡人見面，交給他十五張膠片，這是蘇聯導彈的相關資料。緊接著，片科夫斯基繼續馬不停蹄地於工作，僅在一九六一年十月二十一日這一天，他就在莫斯科市中心的巴爾丘克酒店，將蘇軍軍官證件與號牌細則、蘇聯軍事科學院幹部培訓講座計畫和科學院詳細地形圖、身邊蘇軍軍官的愛好與特長以及《蘇軍高射炮射擊條例》等，交給了英國情報機構的連絡人。

一九六二年八月，美國根據片科夫斯基提供的情報，發現了蘇聯設在古巴的導彈發射場。

一九六二年十月十四日，美軍U2高空偵察機對古巴進行環繞飛行，對蘇聯巡航導彈基地進行航拍，發現了一座發射台、諸多彈道導彈發射裝置、一枚射程為二千英里的中遠端彈道導彈以及在建中的永久基地。美國軍事專家確信，古巴的發射裝置上安裝的正是從蘇聯運來的導彈核武器。實際上，美國空軍在航拍之前已經掌握部分相關資訊，它們都來自片科夫斯基提供給英國的情報。赫魯雪夫後來得知，片科夫斯基是利用與蘇聯炮兵主帥瓦連佐夫（Сергей Варенцов, 1901-1971）的交情，混進司令部大樓竊得這些情報的。

片科夫斯基的情報不僅得到了英國的賞識，他本人也逐漸贏得中情局的信任，不久美國人也開始接觸他，並逐漸與他做起了情報交易。

多年之後，克格勃在檢討自己的工作時，承認片科夫斯基等當時一些間諜案，是其一九六〇年代工作的重大失誤。因為克格勃此前一直有錯覺，認為英美針對蘇聯的間諜行動主要是在境外策劃和實施，實際上他們在蘇聯境內早就架設了秘密移動電臺，巧妙地靠官方通路進行間諜活動。一九五九年十月，蘇聯格魯烏中校波波夫在莫斯科因為給英美充當間諜被捕，克格勃如聞警鐘驟鳴，大夢初醒，原來英美間諜機構的觸角早已伸到首都莫斯科，在他們的眼皮底下！特別是那時發生了格魯烏波波夫中校叛變蘇聯，投靠美國的案件。波波夫中校一九五三年在維也納被中情局招募，後被指派在格魯烏繼續收集情報。

格魯烏第二局局長格里巴諾夫（Олег Грибанов, 1915-1992）將軍在該案件發生後膽戰心驚，茶飯不思，決定對英美駐蘇聯大使館實施階段性監控（每年監控兩次，每次為時兩週），監控內容包括對大使館全員的工作、生活監控，使館家屬和隨員，所在英美駐莫斯科記者和商人也包括在內。根據計畫，監控由負責對外偵察的克格勃七局特別行動小組實施，但最終由格魯烏第二局局長格里巴諾夫將軍負責組織。

一九六二年初的一天，克格勃行動小組對英國使館實施監控，錄下一段錄影，畫面中一位名叫奇瑟姆的使館官員太太走出使館，來到莫斯科市中心的加里寧大街尋找接頭對象。之後克格勃調查出來，奇瑟姆的丈夫恰是以英國駐莫斯科外交官為掩護身分的英國特工。奇瑟姆前往莫斯科市中心，正是去與片科夫斯基接頭，但是片科夫斯基似乎已經察覺到奇瑟姆被克格勃跟蹤，而他是具有反偵察能力的格魯烏特工，便瞬間閃人，讓克格勃撲了個空。多年之後克格勃小組成員談起此事，依然覺得片科夫斯基技高一籌，他們不是對手。

片科夫斯基也確實沒有將克格勃的監控放在眼裡，他認為監控不過是例行公事，對他構不成什麼威脅，依舊我行我素，與英美使館特工保持秘密往來。但不知為什麼，他滴水不漏的活動卻引起了格里巴諾夫的奇特關注，突然有一天他下達秘令，對片科夫斯基的生活與工作進行二十四小時不間斷監控，片科夫斯基的電話、郵件、出行、會面等每日活動均由克格勃拍照、錄影和寫成彙報，上報格里巴諾夫局長辦公室。果然不久，克格勃就取得了片科夫斯基從事間諜活動的最初證據。

克格勃通過望遠鏡觀察，發現片科夫斯基在鄰居家窗外的隱秘處懸掛了一個奇怪的小盒子。克格勃趁片科夫斯基不在家，入室搜查，發現原來那是個進口的半導體收音機，它被調到固定頻率上，固定接收國外廣播節目。克格勃判斷，收音機是片科夫斯基接受國外某種無線訊號的工具，他故意將其置於鄰居家窗外以轉移注意力。

一九六二年七月，一位名叫威恩的英國商人前來莫斯科與片科夫斯基會面，克格勃偵查發現，來者的真實身分並非商人，而是英國特工。克格勃行動小組立即佈置監控片科夫斯基和威恩的會面：他們接頭的地點選在莫斯科著名的烏克蘭飯店，片科夫斯基走進房間，就像在電影中看到的那樣，立即打開收音機，並擰開衛生間的水龍頭，之後他們才在噪音裡開始講話。儘管片科夫斯基的反偵察做得很到位，但克格勃還是通過技術處理，過濾出他們談話的片段。雖然只有僅僅一些隻言片語，但已經足以構成片科夫斯基的間諜證據。

然而克格勃並不滿足，他們又把片科夫斯基家樓上的鄰居請去索契度假一週，然後在他家樓上住下，利用片科夫斯基上班的當下，在地板鑽了一個小洞，將微型攝影機的鏡頭從天花板伸進片科夫斯基家，終於拍攝到片科夫斯基在家拍攝資料和使用密碼的場景。

此外，克格勃為了進入室內搜查，還用了調虎離山計，讓片科夫斯基離家：克格勃先趁其不在家溜進屋裡，在他的書桌裡藏入揮發性毒劑，片科夫斯基不久果然中毒，出現頭疼、發燒和嘔吐症狀，他前去格魯烏醫院就醫，大夫已經換成了克格勃特工，他們騙片科夫斯基病情嚴重，需要住院治療，片科夫斯基只好唯命是從。他住院治療期間，克格勃已經將他家翻了個底，找到了更多間諜證據。

只是格里巴諾夫局長並不急於逮捕片科夫斯基，他告訴克格勃，他想放長線釣大魚，也許片科夫斯基背後還有一個更大的外國間諜團夥在活動，若能一網打盡，豈不戰果更加顯赫？

誰知，一九六二年十月二十二日，克格勃特工急報，發現片科夫斯基準備了偽造護照，有潛逃境外之嫌。格里巴諾夫將軍這才下達了逮捕令，片科夫斯基被捕。就在當日晚上七點，美國總統甘迺迪向全世界發表廣播講話，通告了蘇聯在古巴部署核子導彈的事實，宣佈美軍全面武裝封鎖古巴，要求蘇聯在聯合國的監督下撤走部署在古巴的核武器。美蘇冷戰進入白熱化狀態，整個世界走到了戰爭邊緣，白宮甚至擬定了美國第一批需要特殊保護、免遭核武打擊的政界要人名單。

十月二十七日，蘇軍擊落了美國U2高空偵察機，但甘迺迪並未下令對蘇聯實施核武打擊，因為片科夫斯基的情報使他心裡有底。中情局在研究和分析了片科夫斯基的情報後，得出結論：美蘇一旦爆發核武戰爭，蘇聯根本無法承受美國的打擊，赫魯雪夫不過虛張聲勢，想對美國實施核武訛詐。果然沒過幾天，赫魯雪夫就給甘迺迪寫信，說世界上只有瘋子和蠢貨才想攻擊美國，他願意與甘迺迪總統聯手，為世界的和平做出貢獻。

就這樣，美蘇兩個超級大國化解了古巴導彈危機，世界又恢復了以往的寧靜，只有片科夫斯基開始了不平靜的鐵窗生活，曾幾何時，他曾叱吒風雲的世界，現在似乎跟他一點關係都沒有了。

英美情報機構直到十一月二日才得知片科夫斯基被捕的消息。那天，是中情局莫斯科工作站黑暗的一天。故事是這樣的：中情局特工在莫斯科一條大街的燈桿上看到了先前和片科夫斯基約定的接頭暗號，便前去和他碰面。孰知，那是克格勃根據片科夫斯基的交代所設下的陷阱，中情局特工被克格勃特工手槍指頭，按在地上動彈不得，絕望地高喊：「我是美國外交官，我有外交豁免權。」

在此之前，片科夫斯基的直接連絡人，英國特工威恩，已於一九六二年十一月二日在布達佩斯被克格勃俘獲，並押送蘇聯受審，被法院判處八年有期徒刑，後來他被用於交換被英國逮捕的蘇聯特工莫羅德（Конон Молодый, 1922-1970），才提前走出蘇聯監獄的大門。

這個時候，蘇美在加勒比海的危機已經結束，十一月十一日，蘇聯部署在古巴的四十二枚導彈全部撤走。十一月二十日，甘迺迪宣佈赫魯雪夫答應在三十天內從古巴撤走全部伊爾28型轟炸機。甘迺迪同時宣佈取消對古巴的海上封鎖。與此同時，赫魯雪夫命令蘇聯武裝力量解除最高戰備狀態。

但是，國際爭端解決了，片科夫斯基個人的麻煩還在繼續。根據蘇聯檔案記載，一九六三年一月十二日，克格勃為了從片科夫斯基身上獲得更多的情報，也為了懲罰他，審訊時動了酷刑，片科夫斯基徹底招認他與英美情報機構的合作實情，還仰天嗟歎：「我這是報應啊，我是個滿身毛病的人，嫉妒心和虛榮心強，一心想升官發財，平日貪財好色，揮霍無度，最終墮落世間的惡人和祖國的叛徒。」一九六三年五月十一日，片科夫斯基被蘇聯軍事法庭判處槍決，剝奪軍銜和國家獎勵。五月十六日，片科夫斯基生命最後時刻到來了，行刑隊在盧比揚卡監獄刑場一字排開，槍響之後，片科夫斯基栽倒在血泊裡……之後，他的遺體葬在頓河修道院墓地。

至此，格魯烏上校片科夫斯基間諜案似乎可以畫上一個句號了。但世間事多蹊蹺，有心人早已看出片科夫斯基案破綻百出：首先，根據克格勃和中情局所透露的消息，片科夫斯基出賣給英美的蘇聯情報多達五千餘份，其中還有部分原件，他從何得來如此大量的情報？其次，蘇聯炮兵主帥瓦連佐夫即便與他關係良好，真能被他所利用而獲取如此之多的情報嗎？瓦連佐夫難道沒有同謀之嫌？片科夫斯基除了與境外英美特工聯繫之外，難道在蘇聯就沒有一個同黨？難道他是傳說中的「孤膽英雄」嗎？

就這樣，蘇聯人對片科夫斯基間諜案的疑惑一直持續到蘇聯解體，直到一九九七年一月二十九日，俄羅斯國防部《紅星報》（Красная Звезда）發表了已故格魯烏主席謝洛夫（Иван Серов, 1905-1990）大將的採訪記，人們才知道，原來片科夫斯基間諜案是蘇聯軍方高級將領精心策劃的「陰謀詭計」，意在遏制赫魯雪夫核武訛詐計畫，拯救蘇聯和世界免遭核武攻擊。

此話怎講？讓我們重返古巴導彈危機的歲月。一九五九年下半年，卡斯楚和美國衝突驟起，卡斯楚一九六〇年在聯合國大會上發表講話，他當著美國人的面說，是他們逼迫古巴向蘇聯和社會主義世界靠攏。誰曾想，卡斯楚說話算話，此後古巴真的對蘇聯的社會主義模式產生了興趣。一九六一年，赫魯雪夫經過一番考慮，認為蘇聯應利用古巴與美國的衝突做一次豪賭，亦即蘇聯可馬上在古巴部署核武器，這將是蘇聯外交一石兩鳥的重大戰略舉措，一來可鞏固卡斯楚的地位，從政治、經濟和軍事上控制古巴，將古巴變作同美國進行交易的籌碼，二來可以增強蘇聯在國際上的核武威懾能力。

但從當時蘇美的核武實力對比來看，蘇聯核武器的整體數量比美國少十七倍，戰略轟炸機的總量落後美國百餘倍，攜帶核彈頭的潛艇數量也比美國少九倍。赫魯雪夫在古巴部署核武器的想法，不啻於蘇聯公開對美國發出核武宣戰，而一旦發生軍事衝突，從實力上看，形勢將對蘇聯極為不利。況且，美國很可能會考慮率先對蘇聯進行性核武打擊。鑒於這種情況，蘇聯格魯烏領導人謝洛夫、炮兵主帥瓦連措夫和蘇聯元帥比留佐夫（Сергей Бирюзов, 1901-1971）為遏制赫魯雪夫的瘋狂戰略，使蘇聯免遭美國的核武打擊，經多次密謀，擬通過非常方式將蘇聯部分核武秘密情報傳達給美國。最終，他們擬定了一個讓蘇聯情報軍官假裝投靠英美情報機構，以此將真實情報傳遞給英美的計策。

謝洛夫、瓦連措夫和比留佐夫三人與赫魯雪夫的關係非同尋常。赫魯雪夫擔任烏克蘭共產黨第一書記的時候，謝洛夫戰前是烏克蘭內務人民委員會主席，瓦連措夫和比留佐夫都是赫魯雪夫在衛國戰爭時期的戰友。順便說下，背著赫魯雪夫決定蘇聯國家戰略方面的大事，不啻於一次反革命政變，但是他們三人仗著與赫魯雪夫關係篤厚，有些無所顧忌，他們深知赫魯雪夫的脾氣，很多事只能先斬後奏。

於是，三人開會決定，由謝洛夫負責提名「間諜」人選，眾人看過人選後再提出各自的意見。謝洛夫思量良久，決定推薦格魯烏最優秀的偵察員片科夫斯基上校擔任這項工作。謝洛夫作為格魯烏最高領導人，他非常熟悉和瞭解片科夫斯基。瓦連措夫和比留佐夫也都與片科夫斯基非常熟識，於是他們三人很快達成一致，約談片科夫斯基。片科夫斯基聽完格魯烏最高長官和軍界前輩們的一番肺腑之言後也別無選擇，只有準備冒死一搏。

片科夫斯基被定為人選之後，謝洛夫立即介紹他進入國家科學技術委員會工作，目的就是讓他日後利用高級職位和保密工作，獲得英美情報機構的信任和關注，再與英美使館特工進行合作。

一九六一年春季，片科夫斯基受命與美國中情局接洽，但美國人開始不信任他，片科夫斯基轉而聯繫英國人。最後，在片科夫斯基和英國人的合作過程中，他所提供的情報逐漸令英國人信服，英國人說服了美國人，他們才半道加入，和英國人一起與片科夫斯基合作。

一九六二年，蘇聯政府真的批准了赫魯雪夫的計畫，赫魯雪夫在七月和卡斯楚達成一致意見，秘密地將幾十枚蘇聯導彈和幾十架飛機拆開後裝到貨櫃裡運到了古巴。而這時候，正是片科夫斯基和英美情報結構合作的高峰。赫魯雪夫往古巴秘密運送蘇聯的導彈，片科夫斯基就給英美間諜秘密輸送蘇聯的導彈的絕密檔案。等到蘇聯人在古巴修建了發射裝置，導彈也架好的時候，美國人其實已經將蘇聯在古巴的核武計畫，掌握得八九不離十了。

故事說到這，也許我們就會明白，為什麼一九六三年五月十六日，片科夫斯基被處決，克格勃大功告成之後，蘇聯官方媒體破例保持沉默。原來所有這一切，都是蘇聯軍方精英拯救蘇聯和世界計畫的一部分，而片科夫斯基在其中所扮演的不過是馬前卒的角色。

謝洛夫去世前在《紅星報》採訪裡說，赫魯雪夫後來得知了他和瓦連措夫、比留佐夫所搞的「陰謀詭計」，氣得暴跳如雷，下令徹查所有參與者。謝洛夫是整肅重點，他被戴上陰謀家的帽子，接受批評，說他「毫無無產階級的警惕性」，他的所作所為是在「羞辱祖國」，軍銜從大將降為少將，發配外省任職，還被剝奪了「蘇聯英雄」稱號。瓦連措夫也被剝奪了「蘇聯英雄」稱號和炮兵主帥軍銜，貶為少將。唯有比留佐夫元帥意外躲過一劫。

蘇聯解體後的二十五年裡，俄羅斯逐漸拋棄蘇聯意識形態，也開始重新審視蘇美古巴導彈危機的歷史，自然也要重新評價謝洛夫、瓦連措夫和比留佐夫的拯救蘇聯計畫，但是，片科夫斯基的命運卻鮮少有人提及。一九七一年，美國中情局第六任局長赫爾姆斯（Richard McGarrah Helms, 1913-2002）在一次記者發佈會上說，由於蘇聯高層及時相助，使世界避免了第三次世界大戰的血雨腥風，記者們當場要求赫爾姆斯說出蘇聯高層官員的姓名，赫爾姆斯遲疑片刻，只說出了片科夫斯基的名字。

根據格魯烏主席謝洛夫回憶，一九六三年五月十一日，克格勃行刑隊在盧比揚卡監獄裡槍斃的那個人，不是片科夫斯基，而是一個替身。他說，片科夫斯基是拯救了蘇聯國家和百姓免於滅頂之災的英雄，是格魯烏授權打入英美間諜機構的臥底，他為西方所提供的所有情報，都是經過蘇聯情報機構最高長官批准的，所以，片科夫斯基是蘇聯英雄，而國家有責任和義務珍惜和保護英雄。片科夫斯基唯一的女兒，大學畢業後，由格魯烏協助安排在克格勃第一局新聞處工作。也就是說，片科夫斯基上校那時還活著，只是爭議較大，不方便露面而已。

切爾諾夫　僥倖逃過懲罰的美國間諜

格魯烏（ГРУ）——蘇聯總參謀部情報局，是個人才濟濟之地，有位名叫切爾諾夫（Николай Чернов, 1917-）的蘇聯軍事特工，便是此中一員。他生於一九一七年的蘇維埃，在蘇聯格魯烏技術局就職。他在二十世紀六〇年代初被格魯烏派往美國紐約，擔任格魯烏駐紐約工作站技術工程師，並以蘇聯駐美使館官員的身分作掩護。

切爾諾夫喜歡美國的生活方式，夜總會、餐廳以及有真人秀的卡巴萊餐館，都是他最愛去的地方，也都是莫斯科所不具備的。但是，去高檔場所就得花大錢，切爾諾夫僅憑格魯烏給他的那點死工資，根本不可能應付這些高檔場所的消費，所以，他便經常利用職務之便，在使用公款的時候撈點便宜。一九六三年的某一天，他和以使館官員身分做掩護的克格勃（КГБ）少校卡申領受了一個任務，讓他們為蘇聯駐美使館裝修，到紐約市郊一家建材商店選購材料。他倆選好商品，見四下無人，便趁機跟商店老闆說，他們在建材費中多加二百美元好處費，請老闆在下次付款的時候，返給他們現金，商店老闆聽罷點頭稱行。

孰料，切爾諾夫第二天去付款和拿材料，剛走進商店，兩位神情嚴肅的男人便從經理室走出來，他們自稱是聯邦調查局（FBI）的警探，向切爾諾夫出示了他建材商店的付款收據，還有他出入紐約娛樂場所的照片。美國警探說，他們知道切爾諾夫是格魯烏間諜，他們已經跟蹤他很久，並希望切爾諾夫與他們合作。

切爾諾夫憑他的經驗知道自己被敲詐了，因為在那個年代，對格魯烏境外工作人員而言，出入夜店消費是要被遣送回國的，更何況他還有貪污公款的問題。切爾諾夫只能乖乖就範。他先向聯邦調查局轉交了格魯烏當時正在採用的秘密書寫藥劑，還有一些實驗室工作材料，那都是莫斯科格魯烏總部帶到紐約，交給他做研發新技術的材料。

不久，聯邦調查局對他的工作提出了新要求，美國特工讓他將收到的注明「北約，絕密軍事文件」的檔案都轉給美方以供研究。一九六三年年底，切爾諾夫期滿回國，聯邦調查局向他交代下次外派之前他應完成的工作，並給他提供一萬盧布的工作經費和兩台照相機，一台是美樂時（minox），另一台是特熙納（Tessina），以及一本有密寫的英俄詞典，以便切爾諾夫更好地完成任務。多年之後，切爾諾夫坦白，那一萬盧布是他跟美國人主動要的。

那些年，切爾諾夫向美國偵察機構出售的情報極為珍貴，首先那些情報都是格魯烏全球間諜花了很大的代價搜集來的，切爾諾夫一轉手就把這些情報交給了美國間諜。大概連切爾諾夫自己也沒想到，美國人竟從這些情報上獲取了格魯烏間諜的個人資訊，最終逐一將他們偵破。

比如，格魯烏代號為「德隆納」的間諜專門研究美國海軍導彈制導系統，切爾諾夫將「德隆納」獲取的情報轉交美國後，美國反間機構最終順藤摸瓜，一九六三年九月將「德隆納」捕獲，判處其多年監禁。另一名寶貴的英裔蘇聯間諜博薩德（Frank Bossard, 1912-2001），也是因為切爾諾夫將他的美國導彈情報轉交美國人而被捕，最終被美國判處二十一年監禁。

切爾諾夫在格魯烏技術局第一圖片實驗室一直幹到一九六八年，之後他便奉調進入蘇共中央國際部工作，他的職務是海外問題顧問。切爾諾夫在圖片實驗室工作期間，接觸了匯總到格魯烏總部的相關材料達三千多份，那是遍及世界各地的蘇聯間諜提交的珍貴情報。一九七二年，切爾諾夫藉著隨蘇聯內務部代表團出國的機會，將這些照片做成兩個檔案，在境外交給了聯邦調查局的工作人員。這回美國情報部門撈的魚就更肥了，一九六二年被蘇聯格魯烏招募的瑞士海軍將軍讓梅爾（Jean-Louis Jeanmaire, 1910-1992）和妻子於一九七七年被美國逮捕，罪名是向蘇聯提供北約空軍情報。讓梅爾被判處十八年監禁。世界上沒有不透風的牆，瑞士有關部門也說，讓梅爾夫婦暴露的資訊，經過確認來自蘇聯情報機構。

英國也發生了類似的事，英國空軍中尉賓格漢姆（David Bingham）也由於切爾諾夫給美國人提供的情報而被捕。他是一九七〇年年初被蘇聯格魯烏招募的，為蘇聯秘密情報部門工作到一九七三年，提供了不少有關朴茨茅斯（Portsmouth）港口海軍的情報。賓格漢姆被判處二十一年監禁。

這些還不算格魯烏的重創，由於切爾諾夫的叛變，格魯烏辛辛苦苦在法國布下的間諜網，幾乎徹底被歐美情報機構搗毀。原來，美國聯邦調查局一九七三年從切爾諾夫手裡獲得相關情報後，便轉給法國相關國家安全機構，法國反間機構立即開始全境圍剿蘇聯格魯烏間諜，格魯烏多年經營的法國間諜僅一九七三年便有一半被捕獲，例如一九七七年三月十五日法國安全機構便逮捕了格魯烏法國工作站站長法比耶夫，他是一九六三年被招募的，已經在法國工作十四年之久。三月十七日、二十日和二十一日，法比耶夫的其他格魯烏同事：費列羅、拉瓦爾及列維爾逐一被員警帶上了手銬，押上警車。一九七八年一月，法國開庭審判法比耶夫及其同黨，他被判處二十年監禁，拉瓦爾獲刑十五年，費列羅獲刑八年，拉瓦爾後來精神失常，被送精神病院接受治療。

一九七七年十月，法國反間機構又逮捕了另一名格魯烏重要間諜波菲斯，他是一九六三年被格魯烏招募，開始為蘇聯工作的。法官再給他量刑時，鑒於他在二戰時曾參加抵抗組織，戰功卓著，便從輕處罰，判處他八年監禁。

切爾諾夫一九七二年因為酗酒被蘇共中央國際部開除，他失去了接觸世界各國共產黨組織的絕密檔案，所以，他沒法再給美國人做情報工作，也掙不到外快了。切爾諾夫感到絕望，也曾想到過自殺，一九八〇年，他跟妻子和孩子大吵一架後，離家出走，去了蘇聯度假勝地索契，恢復常態之後，他回到莫斯科郊外，放棄業務，專心務農。

但是，就在切爾諾夫專心務農的當下，莫斯科發生了一件事，正是這件事後來幾乎要了他的命。一九八六年，被美國中情局（CIA）招募的格魯烏將軍波利亞科夫（Дмитрий Поляков, 1921-1988）被捕，他在一九八七年的審訊中坦白，一九八〇年他在印度德里與美國中情局工作站接頭時，獲悉切爾諾夫曾向美國情報部門出賣了大量蘇聯機密。就是說，是波利亞科夫最終出賣了切爾諾夫。

但是，俄羅斯間諜史研究專家也得出另外一個說法，即美國中情局處長埃姆斯（Aldrich Hazen Ames, 1941-）效忠蘇聯克格勃，他利用手中職權為其傳遞情報長達九年，後被美國反間機構捕獲，震撼世界。蘇聯解體後，俄國人對埃姆斯依舊念念不忘，俄羅斯《勞動報》（Труд）二〇〇六年三月二十二日載文道：「埃姆斯身分隱蔽，即使克格勃高層，對其所知者，亦寥寥無幾。克格勃為掩護他，曾將對外偵察戰略做出重大調整。」一九八五年至一九八七年間，他向蘇聯克格勃頻繁密送檔案，導致潛伏在蘇聯秘密情報機構—克格勃和格魯烏內的二十五名美國間諜精英悉數被逮捕，其中就包括我們上面提到的格魯烏將軍波利亞科夫。

蘇聯軍事反間機構自一九八六年開始全面監控切爾諾夫，但是，直到一九九〇年之前也未發現任何蛛絲馬跡，所以，蘇聯秘密員警既沒有傳訊他，也沒有逮捕他。

直到一九九〇年，克格勃偵察局副局長瓦西連柯才向蘇聯檢察院軍事檢察長申請逮捕切爾諾夫。

切爾諾夫在第一次審訊中便招認了全部犯罪事實。一開始，切爾諾夫還誤以為是美國人因為他一九八〇年後放棄工作而將他出賣。

軍事法庭對切爾諾夫的審訊進行了幾個月。審訊即將結束的時候，偵察員問他道：「你能提交什麼物證嗎？」切爾諾夫思忖片刻，說：「可以。」

切爾諾夫曾有一個朋友，是格魯烏（ГРУ）的上尉翻譯，切爾諾夫曾將美國人送給他的那本有密寫藥水的英俄詞典，送給了上尉翻譯作紀念。切爾諾夫這個時候才想起美國人對他說過的話，在詞典的某一頁上，用密寫藥水寫著一個連絡人的位址。員警立即找到了上尉翻譯家，在他家的書架上找到了一本詞典，扉頁上寫著「切爾諾夫所贈，一九七七年」的字樣。蘇聯專家也確實在字典的某一頁上發現了密寫，那是一個完全不知所云的位址，因此檢察院認為，並不能根據這個密寫位址就給切爾諾夫裁定間諜罪。因為無法提供物證，切爾諾夫的案件遲遲未能了結。

一九九一年八月十八日，蘇聯最高法院軍事法庭終於開庭審判切爾諾夫，他在庭上承認自己有罪，並且交代了他在一九六三年被美國聯邦調查局招募的過程，以及後來在美國及回國後為美國情報機構收集、撰寫和送交情報的過程。切爾諾夫承認自己變節投敵，完全出於貪婪自私和利慾薰心。但他說，他不憎恨祖國蘇聯，也不反黨反人民。一九九一年九月十一日，蘇聯軍事法庭判處切爾諾夫八年有期徒刑，不久，蘇聯轟然解體，葉爾欽當選俄羅斯國家總統，開始實行大赦，那時切爾諾夫服刑剛過五個月，便與其他九名因叛國罪入獄的犯人一起提前大赦出獄。

切爾諾夫走出監獄大門時，心中暗自慶幸，蘇聯解體使他免於八年牢獄之苦。

博伊斯　美國飛來的克格勃之鷹

蘇聯克格勃（KГБ）通過美國人自己獲取美國國家安全局的機密，早已不是什麼新鮮事，最神奇的莫過於博伊斯（Christopher John Boyce, 1953-）和李（Andrew Lee）的故事。

博伊斯一九五三生於美國，其父曾是美國聯邦調查局工作人員，在美國麥道飛機公司（McDonnell Douglas）擔任安全主任。一九七〇年代，青春期的博伊斯極為瘋狂，喜歡搖滾，吸毒成癮。博伊斯中學畢業後即考入大學，可他很快就覺得功課累人，不久便放棄學業，變成了一個遊手好閒之徒。

博伊斯的父親害怕兒子閒來生事，便在全球最大的汽車安全系統供應商之一的天合公司（TRW Inc.）給兒子謀到一份差事。殊不知，這天合公司不僅僅生產汽車配件，還是美國聯邦調查局高新技術產業的承包商，負責研發太空技術偵察產品，像是間諜衛星技術，其中包括美國「流紋岩」（rhyolite）號宇宙太空站技術，其任務是攔阻蘇聯境內高頻和超高頻波段的傳輸。因此，博伊斯所去的天合公司亦屬美國保密企業。

輟學上班的博伊斯運氣不錯，不僅順利進入天合公司，還謀到一個好職位，得到了特別通行證，有權接觸進入核心機密區——美國聯邦調查局（FBI）和美國中情局（CIA）密碼衛星資訊傳輸絕密通信樞紐，那裡被稱為天合公司的「黑色地下室」，是保密禁地。所謂「黑色地下室」實際上就是一個水泥澆築的、完全遮罩的整體建築，若想走進「黑色地下室」，需要穿過三道荷槍實彈的軍警崗哨，那裡監視攝影鏡頭密佈，絕無一個死角，厚重的鋼門阻斷了這個神祕之地與外部世界的所有聯繫。「黑色地下室」的最後一道防禦機關，是電子密碼鎖，密碼只有天合公司幾位屈指可數的高官知道。

雖然天合公司的安保措施很嚴密，可是管理缺失成了公司安全致命點。據博伊斯後來承認，由於「黑色地下室」非常隱秘，不易發現，隔音措施良好，所以他以前經常和公司的同事在那裡舉行聚會，有時候一頓酒能喝到半夜，還經常將酒瓶藏到密碼機的架子上，筒狀的密碼破解器經常被用來做雞尾酒的調酒器。有一回，博伊斯的一個同事開玩笑，將自己的特別通行證貼上一隻猴子的照片，居然也蒙混過關，進入了「黑色地下室」。玩笑者無心，而博伊斯卻有意，他將這一切都記在了心裡。再有，博伊斯雖然在公司收入不菲，殊不知他是個花花公子，消費很大，經常入不敷出。於是，他就找來跟他一起混的小夥子李，一起商量將公司有關衛星和密碼技術的絕密檔案從「黑色地下室」偷出來，賣給蘇聯情報部門換錢。他倆一拍即合，當即商妥工作模式，博伊斯負責偷機密文件，李負責在墨西哥城的蘇聯使館倒賣，掙了錢兩人平分。

博伊斯最先偷出來的，是美國「流紋岩」號宇宙太空站的一些機密檔案，其中包含攔截遙感資訊技術情報，還有美國所偵察到的蘇聯導彈試射的資訊、中央情報局或者聯邦調查局所屬間諜衛星的資料等。他們還經常提前一個月向蘇聯國家安全部門提交美國密碼機的密匙膠捲。蘇聯克格勃接到他們的情報後，高度評價博伊斯的工作，還為博伊斯取代號為「鷹隼」，為李取名為「雪人」。美國小夥子們在物質上回報頗豐，他們兩年掙了七萬美元，這在當時是一筆相當可觀的收入。克格勃還鼓勵博伊斯回學校繼續念書，將來爭取到美國聯邦調查局或者中情局工作。蘇聯克格勃還承諾，假如博伊斯未來能以克格勃的身分為蘇聯工作，就給他蘇聯國籍。博伊斯遂於一九七六年進入加利福尼亞大學中文專業學習，但並未辭去天合公司的工作，他可不想失去克格勃的賞錢。

再說博伊斯的搭檔李，也一如往常，繼續在墨西哥城的蘇聯使館出售博伊斯搞到的情報。一九七七年一月六日，他像往常一樣如約來到蘇聯使館牆外，準備將一個小紙包隔著圍牆朝使館的院子裡扔去。還沒等他出手，他的舉止恰好被執勤的墨西哥員警發現，便跑過來將李按倒在地，動作利索地給他戴上了手銬。就在此刻，街上的人聽到李的喊叫便跑過來看熱鬧，其中竟有一名美國外交官，他原以為墨西哥經常欺負美國人，準備出手幫忙李，但是聽員警說李往蘇聯使館扔東西，外交官便警覺起來，他出示了證件之後，隨著員警一起前往派出所，並在李的小紙包裡發現了膠片，那正是博伊斯提供的天合公司的美國機密檔案。美國聯邦調查局迅速介入，李被押解回國，他在審訊中供出了博伊斯，一月十八日，博伊斯在加利福尼亞大學被捕。

博伊斯和李在開始審訊的時候都抵賴說，他們往蘇聯使館扔東西完全出於好玩，不為名也不為利。後來在壓力之下終於改口，說他們向蘇聯出賣秘密檔案，是出於對美國介入越戰和水門事件（Watergate scandal）的不滿。一九七七年，美國法院判處李終身監禁、博伊斯四十年有期徒刑。事後，美國中情局的一名官員說，博伊斯的所作所為不啻於一場國家災難，比想像中的蘇聯進攻還要恐怖。

博伊斯的故事並未結束。一九八〇年，博伊斯竟然成功越獄，逃往美國西北部，靠搶劫銀行為生，試圖從那裡逃往蘇聯。美國警方隨即在全美和世界多國發出通緝令，並在墨西哥、澳大利亞、哥斯大黎加和南斯拉夫出動警員搜尋。而此刻，博伊斯根本沒有出境，他就隱藏在華盛頓州的安吉利斯港（Port Angeles），購得一艘漁船，準備穿越白令海峽，完成自己前往蘇聯的計畫。那時，賣船的漁民告訴他，駕漁船穿越白令海峽極度危險，生存希望不大。博伊斯遂放棄水陸，準備駕駛飛機進入蘇聯，他又進入航校學習駕駛。

一九八一年八月二十一日，博伊斯在航校被中情局特工逮捕歸案。法院宣判，由於他越獄和逃跑途中搶劫，再追加二十五年刑期。二〇〇二年九月十六日，博伊斯被有條件釋放，他在監獄裡度過了二十四年。二〇〇二年十月，他同米爾斯結婚，二〇〇八年，他徹底獲得自由，而他的同夥李，早在一九九八年就釋放出獄了。二〇一三年，博伊斯出版了自傳《鷹隼和雪人：美國的兒子》（The Falcon and The Snowman: American Sons），一時間洛陽紙貴，風靡世界。

菲拉托夫　墜入阿爾及爾娜娜小姐的美人計

蘇聯軍事情報局格魯烏（ГРУ）偵察員菲拉托夫（Анатолий Филатов）於一九四〇年生於蘇聯薩拉托夫州鄉下一個農民家庭，父親曾參加過衛國戰爭，立功受獎。菲拉托夫中學畢業考上農業技術學校，那時他曾幻想做一名畜牧學家。學校畢業後，他也確實在畜牧場工作了一段時間，但沒過多久就應徵入伍，並很快便進入軍事外交學院深造，為進入格魯烏工作奠定了基礎。

菲拉托夫成為格魯烏偵察員之後，第一次被外派到寮國工作，由於成績突出，被晉升為少校。一九七三年六月，他又奉上峰之命前往阿爾及利亞擔任偵察任務。

菲拉托夫少校就像在其他國家工作的格魯烏偵察員一樣，也有其掩護身分，那就是蘇聯駐阿爾及利亞大使館翻譯，菲拉托夫實際上負責使館活動的組織和實施、來往國際信函的翻譯、阿爾及利亞公開出版物資訊整編和為大使館購買圖書等工作。菲拉托夫在阿爾及利亞的生活與工作因為有很好的保護機制，所以一直很平穩，從未引起外界的懷疑，直到一九七四年二月，他和美國中情局（CIA）的特工取得聯繫，並在後來被招募，生活才開始發生翻天覆地的變化。

菲拉托夫在被捕後招供說，他在一九七四年二月底不幸墜入了中情局布置的「甜蜜的陷阱」。原來，菲拉托夫有一天去阿爾及爾的一家書店，準備為大使館購買一些阿爾及利亞民俗風情方面的書籍，孰料他在回程時車子半路突然拋錨，他只得下車步行。

菲拉托夫正走著，突然，一輛小轎車在他身邊輕輕剎住，一位穿著時尚，風姿綽約的長髮女郎推開車門，站在他面前。「先生我可以捎您一段路嗎？」她主動說。

「可是，我並不認識您啊……」菲拉托夫一時慌張，不知該怎麼應對了。時尚女郎莞爾一笑；「在阿爾及爾這樣浪漫的城市，人們相互幫點小忙，又何必曾相識呢？」菲拉托夫一時語塞，便笑了笑，坐進了長髮女郎的汽車。

汽車開動了，他們攀談起來。長髮女郎告訴菲拉托夫，她是阿爾及爾本地人，她聽說菲拉托夫是去書店買民俗風情類圖書的，就說她有不少類似的書樂意向他推薦。她對菲拉托夫說，假如時間允許，不如到她家小坐，喝杯咖啡。菲拉托夫聽罷，也不推辭，欣然同意。於是，長髮女郎一腳踩油門，汽車朝阿爾及爾城的另一端飛馳而去。

原來長髮女郎叫娜娜，年芳二十有二，是美國和北非人的混血，講得一口漂亮的法語和英語。菲拉托夫在她家裡果然看到不少有趣的書，娜娜見他喜歡，便慷慨奉送兩冊，還給菲拉托夫端來濃香的咖啡……

兩個星期之後，菲拉托夫開車去食品店購物，竟又遇見了美麗的長髮女郎娜娜，她還沒容得菲拉托夫多想，就主動過來與他打招呼，熱情異常，說她前不久剛好買到一本新書，菲拉托夫一定很感興趣，再次邀請他去家中做客，順便取走新書。

菲拉托夫這次毫不遲疑，想都沒想就爽快地答應了娜娜。娜娜還像上次一樣，煮好並端上了芬芳四溢的咖啡，又將一瓶白蘭地放在桌上，接著又選了一張浪漫舞曲的唱片，放在唱機上。音樂立即如咖啡的芳香一般，在屋中飄蕩開來。娜娜走進裡屋，換了一件天青色的真絲長裙，此刻，她顯得更加嫵媚動人，菲拉托夫心中也是旌旗搖盪，他們伴著咖啡、美酒和音樂，邊飲邊談，興之所至，竟情不自禁，相擁相吻，傾倒床上……

有一位美國人幾天之後找到了菲拉托夫，自我介紹說他叫凱恩（Edward Kane），是中情局的人，公開身分是美國駐瑞士大使館一秘。凱恩向菲拉托夫出示了幾張他與娜娜的床笫激情照。菲拉托夫看罷，心裡咯噔一下，他知道中了奸計，被中情局勒索了。他心想，這個故事簡直毫無懸念，就如電影情節在現實中重現，為啥自己眼睜睜地往火坑裡跳呢？

菲拉托夫除了認栽和與美國人合作，別無選擇，因為他知道，此事一旦被格魯烏總部知道，他不僅會被召回莫斯科，回國後也不會有好結局，輕則撤職查辦，重則送交軍事法庭。

根據格魯烏公開的檔案資料顯示，美國中情局早在菲拉托夫在寮國服役期間就試圖想辦法招募他，或者設計誘其上鉤，但是未能成功。於是，他們一路從寮國跟蹤追擊，來到阿爾及爾，最終借助美人計得手。

美國作家巴倫（James Barron）在著作《克格勃的今天》（КГБ Today）中說，菲拉托夫不是中情局設套上鉤的，而是主動向美國人獻殷勤。巴倫認為，菲拉托夫完全知道投靠西方間諜機構風險巨大，但若想有效打擊蘇共情報機構，唯有此一招。但是，俄羅斯冷戰研究學者卻認為，巴倫的結論毫無依據，故不可信。

菲拉托夫在那段時間內和美國間諜凱恩見面多達二十多次，他向中情局提供了蘇聯駐阿爾及利亞使館的工作計畫、格魯烏在阿爾及爾和法國的行動計畫、蘇聯培訓社會主義國家戰士，進行遊擊戰爭和恐怖活動的技術裝備資料。

一九七六年四月，菲拉托夫離任返回莫斯科前夕，中情局為他配置了新聯絡人，他們一起研究了菲拉托夫返回蘇聯後與海外聯繫的最佳方式：中情局一週兩次從法蘭克福用德語通過無線電臺向菲拉托夫發送加密指令，根據約定，他們的密碼採取奇數和偶數的混合編寫程式，以防被蘇聯情報機構破譯。

中情局為了迷惑蘇聯情報機構，未等菲拉托夫回到莫斯科，就開始啟動無線電密碼發送，他們還要求菲拉托夫返回莫斯科之後，用加密國際信函與境外聯繫，在緊急時刻，可以和中情局人員在莫斯科「迪納摩」（Динамо）地鐵站見面。

一九七六年七月，中情局在菲拉托夫飛往莫斯科之前，向他提供了一整套先進的間諜活動工具，其中包括六封國際信函、密寫紙、使用說明書、密碼簿、接收機以及備用電池、密寫圓珠筆、照相機以及數個底片暗盒和身歷聲耳機等。

此外，美國人給他的金錢回饋也挺闊綽，比如一次性獎勵菲拉托夫一萬阿爾及利亞第納爾、四萬盧布以及二十四枚皇家金幣，每一枚價值五盧布。中情局還對菲拉托夫承諾，以後每個月支付的美元工資，都將存入為他在美國銀行開的帳號上，菲拉托夫可以隨時支取。

菲拉托夫也沒有讓中情局失望，一九七六年八月他返回莫斯科，立即開始著手中情局的工作，他先後接到中情局從法蘭克福發來的十八條加密指令，其中多條曾被蘇聯情報機構截獲並且破譯，蘇聯解體後隨著格魯烏部分檔案解密而公開，指令內容這樣寫道：

「應持續搜集工作方面的情報。最大程度地獲取熟人和朋友的信任。去看他們的工作場地，請他們去家中或者餐廳聚餐。有針對性地提出問題以獲取平時很難獲得的更多情報。」

「我們對你所提供的情報甚為滿意。謹向你致以謝意。遺憾的是，您至今尚未獲得更加絕密的情報。我們所說的絕密情報，不僅僅是標注『絕密』二字的文件。請談談你供職的機構的情況。它的職能何在？負責人是誰？有多少分支機搆？」

「非常遺憾，您沒有及時使用『打火機』（微型照相機），它的有效期僅為一年，請儘快丟棄它，最好在別人看不見的時候，將其投入江河的深水區。你將會通過秘密途徑獲取新設備。」

菲拉托夫接到指令後，便用密寫國際信函一一答覆，將蘇聯軍事情報局格魯烏的大量珍貴情報發送到西方。

菲拉托夫在生活也沒有虧待自己，他瞞著妻子，用中情局給的酬金買了一輛嶄新的伏爾加轎車，還經常出入高檔餐廳，所有這些都沒有逃過克格勃（КГБ）無所不在的監視。一九七七年年初所發生的一件事，就更使得菲拉托夫的狐狸尾巴暴露無遺。

那時，克格勃反間機構的偵察員在監視美國駐蘇聯使館的時候，獲得一個情報，中情局駐莫斯科工作站的特工正在與潛伏在莫斯科的同謀交換情報。克格勃便將偵察觸角伸向早已登記入冊的懷疑對象。

一九七七年三月底，菲拉托夫收到了中情局密電，通知他秘密交換情報點，從代號「友誼」的地點，變為濱河街代號為「河流」的地點。六月二十四日，菲拉托夫根據指令前往「河流」取貨，卻一無所獲。二十八日，他用加密國際信函通知境外中情局連絡人，很快境外便回話說：「由於我們的人被跟蹤，故未能前往河流送貨。感謝你的通知。」

中情局特工還在境外具體指示說，在秘密轉交膠捲的時候，務必謹慎小心，以防受損曝光。中情局保證未來將提供新型相機。中情局還建議菲拉托夫購買蘇聯出產的「里加130-2」（Рига-103-2）型號的半導體收音機，因為經他們測試，這種收音機的接收能力很強，適合菲拉托夫收聽中情局的指令。此後，中情局再次向菲拉托夫提供破解境外指令和加密輸出信號的方式。

就在中情局和菲拉托夫緊鑼密鼓地更換新的通訊設備之際，蘇聯克格勃經過一段時間的追蹤，查出潛伏在美國使館內的中情局工作站檔案秘書克羅凱特負責與莫斯科的間諜聯絡，而蘇聯一方的連絡人正是菲拉托夫。克格勃決定在菲拉托夫轉交情報的時候，將其人贓並獲。

一九七七年九月二日晚，就在菲拉托夫前往濱河街，向中情局特工克羅凱特及其夫人佩琪傳遞情報的時候，被克格勃悉數捕獲。

不久，克羅凱特及其夫人佩琪被蘇聯政府宣佈為不受歡迎的人，驅逐出境。一九七八年七月十日，蘇聯高級法院軍事法庭開庭審判菲拉托夫，主審官馬羅夫上校根據蘇聯俄羅斯聯邦刑法第六十四和七十八條，宣佈菲拉托夫犯叛國罪，判處死刑，立即執行槍決。但是，還未等執行，軍事法庭不知何故又慈悲為懷，將死刑改為十五年有期徒刑，免菲拉托夫一死，將其送往蘇聯三八九／三五號監獄服刑。

一九八九年七月，菲拉托夫在監獄接受法國記者的採訪時說：「我在生活中豪賭一把，最後輸個精光，我目前是在還債。」

有趣的是，菲拉托夫出獄後去美國駐俄羅斯大使館討說法。他對美國人說，他為中情局做事而鋃鐺入獄，美國應該補償他的精神和物質損失，還有原來中情局為他在美國銀行開立的帳號上所存的錢，他有權利取出來使用。

但美國人不是回避就是拖延不答覆，最後在菲拉托夫緊逼之下，美國人冷冷地對他說，只有美國公民才有權獲得補償。菲拉托夫從此無語。

列尊從叛逃者到當紅作家

蘇聯總參謀部情報總局格魯烏（ГРУ）有一位頗為傳奇的偵察員，名叫列尊（Владимир Резун, 1947- ），他一九四七年出生在遠東名城符拉迪沃斯托克城郊衛戍部隊的營地。他的父母都是現役軍人，而祖父是蘇聯偉大衛國戰爭的老兵。

列尊自幼受軍人氣息薰陶，十一歲就報名進入加里寧蘇沃洛夫軍校學習，後又去基輔指揮學校深造。列尊軍校畢業後便在烏克蘭的普利卡爾巴特斯克軍區服役，在蘇軍坦克部隊裡當排長。一九六八年八月，列尊所在的坦克部隊奉命出兵捷克斯洛伐克，他也隨著華沙公約組織盟國的五十萬浩瀚大軍開進了布拉格。

列尊一九六九年初從捷克斯洛伐克返回蘇聯後，曾在普利卡爾巴特斯克軍區和普里沃爾日軍區服役，並晉升為上尉連長。一九六九年春季，列尊被調入普里沃爾日軍區軍事偵察機構，擔任偵察員。由於業績出色，上級將其送往莫斯科軍事外交學院深造。

儘管列尊入學考試成績不錯，但學院對他在一年級的表現卻評價不高，有教官的評語為證：「列尊同志意志不夠堅強，缺乏生活與工作經驗，不善與人相處。應注意培養他偵察員的素質：堅忍不拔和隨時準備犧牲。」

列尊軍事外交學院畢業後，奉命前往莫斯科格魯烏第九局（資訊情報局）工作。列尊於一九七四年被晉升為大尉並被派往格魯烏日內瓦工作站擔任對外偵察員，其職務是蘇聯駐聯合國代表處專員。他的老婆塔季揚娜以及兩歲的女兒娜塔莉亞，也隨他一同前往瑞士。

列尊剛去瑞士的時候，對工作站很不滿意，他之後在回憶錄《水族館》（Аквариум）中寫道：「這裡的工作人員對偵察的方法掌握很慢，工作雜亂無章，他們既無生活閱歷，也無工作經驗。若要改善這種狀況，則需要花很長時間。」

但是，格魯烏駐日內瓦工作站副站長一級大尉加里寧（Валерий Калинин）卻回憶說，列尊是由格魯烏總部派出的幹部，剛到工作站的時候，那裡的情況進展其實不錯，列尊的表現顯然很令領導滿意，職務不僅被提拔為三秘，還加了薪，外派延期一年。加里寧還說，列尊與代表處同事的關係極為融洽，他是極端愛國主義分子，常對別人說，他隨時都會像衛國戰爭中的英雄馬特洛索夫（Александр Матросов, 1924-1943）一樣飛身堵槍眼，他還積極回應瑞士工作站黨組織的各項決議，積極程度讓人覺得有些過分，但列尊與同事的關係處理得很好，大家都很喜歡他。

一九七八年六月十日，列尊和全家人，包括妻子、女兒和一九七六年出生的兒子亞歷山大突然莫名其妙地失蹤，當格魯烏工作站的同事趕到他家的時候，屋中一片狼藉，空無一人。鄰居說，聽見列尊家半夜傳來男人喊叫聲和女人、孩子的哭泣聲，快天亮時才平靜下來。格魯烏人員經過現場勘查發現，列尊家中細軟未動，其中列尊多年來收集的世界各地錢幣尚在。

蘇聯駐聯合國代表處立即與瑞士政府相關部門取得聯繫，瑞士警方等機構隨即派出人員開始尋找列尊全家的蹤跡。六月二十七日，瑞士國家安全部門正式通知，蘇聯駐聯合國代表處外交官列尊及其家人目前已在英國，並向英國政府申請了政治庇護。

格魯烏瑞士工作站聽罷大驚，方如夢初醒般開始徹查，但始終也未找到原因。確實，格魯烏偵察員列尊神不知鬼不覺地叛逃西方，動機何在？他直到一九九八年，蘇聯解體之後才接受媒體採訪。

列尊首先強調，他叛逃西方與政治無關。他說，一九七八年時，蘇共中央總書記布里茲涅夫有三個特別行政助理，其中一個名叫亞歷山大羅夫（Андрей Александров-Агентов, 1918-1993），其兄弟是格魯高層軍官，少將軍銜，與列尊有一面之交，就托人帶話給列尊，讓他疏通中情局日內瓦工作站站長，開具一份他在日內瓦工作站的假證明。按照格魯烏的慣例，沒有海外工作經驗的高級軍官一般不會再有升遷的機會。這位將軍還想繼續高升，所以才找到列尊讓他協助搞一份假證明，說明將軍曾在日內瓦工作站擔任站長。

列尊覺得事情非同小可，此事不做，全工作站都將得罪將軍，誰都沒有好下場；此事做了，一旦事發，責任人身敗名裂。列尊經過一番內心掙扎後便與工作站站長進行了長談。最後，他對站長保證說，此事不可做，卻也不得不做，一旦出了事，他一個人擔著。他囑咐站長，一旦事情敗露，就把責任推到他一個人身上。日內瓦工作站站長當場感動得熱淚盈眶，只能與列尊緊緊握手，無言以對。

結果事情正如列尊原來的預計，在證明信發往莫斯科三週之後，格魯烏調查組命令日內瓦工作站站長回國述職，說明證明信的情況，列尊也到了抉擇的時刻。

列尊在蘇聯解體後接受傳媒採訪時說，他只有叛逃和自殺兩條路可走，因為他要承擔的責任巨大，終將受到死罪懲罰，最終他還是選擇了叛逃之路。但是他在回憶錄《水族館》中說，他的出走極為倉促，因為他發現假證明暴露之後被人盯梢了，他斷定是克格勃（КГБ）的人，他擔心他們會對他採取極端手段，便提前實施了出逃計畫。

順便說一下，列尊出逃案至今在俄羅斯爭議很大，俄羅斯也有專家學者撰文說，列尊出逃的真正原因，是因為他表哥竊取了烏克蘭國家博物館價值連城的古錢幣，讓他在日內瓦銷贓，事情敗露，列尊才倉皇出逃英國。不過，大多數專家認為此種推斷證據不足，亦不能成為假說。

負責調查列尊叛逃案的日內瓦工作站副站長一級大尉加里寧認為，在列尊叛逃之前，儘管未接到蘇聯克格勃第三局及反偵察局的任何有關資訊，但是，列尊在日內瓦工作期間，與一位英國軍事技術雜誌記者交好，這位記者後被查證與英國情報機構有關，而列尊的真實身分，英國記者也不會不知道，如此判斷，列尊應該是英國感興趣的人，而列尊恰在與英國記者見面不久便出逃了。加里寧還披露，格魯烏日內瓦工作站曾經對列尊下過禁令，不許他再與英國記者見面，但是，為時已晚，而且工作站對後來所發生的事情徹底失控——列尊最終出逃成功。

莫斯科格魯烏總部對列尊出逃的原因卻有另外一番解釋，說列尊是因為在日內瓦和外國男人搞同性戀被英國間諜機構敲詐，因為在蘇聯時代，同性戀被認為是犯罪，可判罪入刑。所以，列尊屬於畏罪潛逃。

一九七八年六月二十八日，英國報刊公佈了蘇聯格魯烏偵察員攜全家叛逃英國的消息，蘇聯當局立即照會英國外交部，要求派代表與列尊見面，還轉交了列尊父母寫給兒子與兒媳的信，那封信當然是在克格勃的授意下寫的。當然，列尊既沒有與蘇聯代表見面，更沒有回復來信。

一九七八年八月，列尊的父親還在蘇聯政府的安排下親自去了一趟倫敦，希望規勸兒子回心轉意，但是，列尊始終也沒露面。此後，蘇聯政府便不再嘗試與列尊以任何方式見面了。

列尊叛逃後，格魯烏日內瓦工作站便遭到嚴厲的整肅，十多名偵查員被找回莫斯科總部接受調查，所有對外工作聯繫與活動全部暫停。一級大尉加里寧說，列尊叛逃英國給格魯烏造成的損失很大，儘管他不能和其他格魯烏的叛逃者相提並論，如波利亞科夫等人。無論如何，列尊都是一個叛國者，所以他最終被蘇聯軍事法庭缺席審判，以叛國罪判處死刑。

列尊在客居倫敦的日子裡，沒少給父親寫信，但他卻從未接到過回信，他認為，那是因為所有信件最終都沒有送達給父親，而是落到了克格勃秘密員警手中。

列尊的父親一九九〇年才收到第一封兒子的來信。其實這根本談不上是一封信，只是個短箋：「媽媽，爸爸，若你們還活著，請回信。」列尊還在短箋的末尾附上了他倫敦的地址。

列尊全家團聚是在一九九三年，那時蘇聯已經解體，獨立後的烏克蘭政府允許列尊父母前往英國倫敦探望兒孫。列尊的父親終於見到了列尊夫妻，還有在大學讀書的孫子亞歷山大和孫女娜塔莉亞。那時，列尊已是一位著名的暢銷書作家，妻子塔季揚娜做他的助手，幫他打字、整理卡片和回復讀者來信。

昔日的蘇聯格魯烏偵察員，搖身一變，成了英國著名作家，當然他是站在反蘇的立場上寫作的，他甚至連姓氏也改成了蘇沃洛夫（Виктор Суворов），與俄羅斯偉大的軍事家同姓，這絕非偶然，且看列尊所寫的作品就不難理解他為何改姓「蘇沃洛夫」：《蘇聯軍事偵察》（Советская военная разведка）、《特種部隊》（Спецназ）。他還出版了暢銷小說《解放者的故事》（Рассказы освободителя）。

列尊最著名的作品莫過於長篇紀實小說《破冰船：誰發動了第二次世界大戰》（Ледокол. Кто начал вторую мировую войну?），這部作品列舉大量證據，說明第二次世界大戰是由蘇聯發動的。他在介紹《破冰船》的創作經驗時說，他在一九六八年參加華沙公約組織出兵捷克斯洛伐克的時候，就萌發了創作這部小說的念頭，於是他便從那時開始有意識地收集資料，為寫書做準備。截止一九七四年，列尊被外派日內瓦的時候，他收集的有關二戰的軍事書籍多達數千冊。

一九七八年，列尊叛逃英國後繼續收集相關資料和圖書，終於在一九八九年寫出了軍事紀實文學《破冰船：誰發動了第二次世界大戰》。那時，冷戰尚未結束，此書只能先在西德，後在英國、法國、加拿大、義大利和日本等國出版。小說發表後，甚為暢銷，媒體上爭論激烈，世界軍事史學家也為此書爭論不休。列尊的《水族館》在很大程度上被視為自傳體作品，他在書中講述了他承擔了罪名，以及叛逃英國的過程。用他自己的話說，是在不適宜的地點和時間，為上級領導做了一件不適宜的事情。當他得知上面已經決定「清除」他的時候，他為了活命，只得遠逃英國。

《水族館》還講到，蘇聯時代格魯烏對外偵察員有兩類，一類是被稱為「虎狼般」的精英偵察員，他們最善於獲取珍貴的情報；再有一類就是庸庸碌碌混飯吃的人，這種人在格魯烏占絕大多數。列尊說，他自己僅僅是格魯烏精英偵察員的幫手。

的確如此，列尊叛逃後，格魯烏內部就有人說，他所接觸的格魯烏工作秘密極為有限，所以他的叛逃不會給蘇聯情報機構造成更大的危害，最多是道義上損失。

一九九三年，蘇聯解體之初，列尊的《破冰船：誰發動了第二次世界大戰》在莫斯科出版，一九九四年俄羅斯又出版了該書的續集《M日》（День-М），一九九六年出版了第三部《最後的共和國》（Последняя Республика）。列尊的三部曲同樣也轟動了俄羅斯，甚至如歐洲一樣，在學術界引起了激烈的爭論。一九九〇年代之後，列尊的其他作品也先後在俄羅斯出版，如《水族館》、《選擇》（Выбор）、《檢查》（Контроль）和《清除》（Очищение）等。

蘇聯解體之後，格魯烏上尉列尊不僅繼續寫書，試圖將他的名字寫入歷史，還接受記者採訪，自詡反蘇鬥士。他雖然被缺席判處死刑，但蘇聯解體，葉爾欽上臺時他卻獲得大赦。葉爾欽的一紙大赦令雖可改變列尊的判決，卻無法改變一個事實：列尊背叛了自己的國家——蘇聯。

埃姆斯　中情局的克格勃內鬼

美國賓夕法尼亞州的艾倫伍德國家監獄（Allenwood）關押過一千零四十四名囚犯，其中，有一名囚犯頗引人注目，他就是大名鼎鼎的蘇俄超級間諜埃姆斯，多年潛伏於中情局（CIA）。他一九九四年被捕時，正年富力強，而二〇一四年獲釋時，卻已是個垂垂老者。

埃姆斯本是中情局的一名處長，卻效忠於蘇聯克格勃（КГБ），他利用手中職權，為其傳遞情報長達九年，後被美國反間機構捕獲，震撼世界。蘇聯解體後，俄國人對埃姆斯依舊念念不忘，俄羅斯《勞動報》（Труд）二〇〇六年三月二十二日載文道：「埃姆斯身分隱蔽，即使克格勃高層，對其所知者，亦寥寥無幾。克格勃為掩護他，曾將對外偵察戰略做出重大調整。此外，埃姆斯乃蘇聯間諜史上所獲酬金最多的特工。」

埃姆斯原本是美國中情局特工，生於一九四一年五月二十六日威斯康辛州河瀑城，世代教師，家境殷實。其祖父曾任河瀑城教師學院院長，此學院乃威斯康辛大學前身。其父亦在該校任教，講授歐洲和遠東史，其母在中學講授英文。埃姆斯在家中排行老大，下面還有兩個妹妹。一九五一年，其父加盟中情局，不久，舉家奉調遷往中情局總部所在地，華盛頓衛星城——麥克林市。埃姆斯之父為何投筆從戎，加盟中情局呢？也許原因有二：其一，埃姆斯老家在外地，而外地人思維較為保守，進入中情局這樣的政府機構工作，是他們始終的追求；其二，其父在一九五〇年代受到麥卡錫主義[13]影響，為了堅持反共立場，捍衛民主理念而進入中情局，乃理想驅動。不管怎麼說，父親當美國情報員的選擇，深深影響了全家，特別是埃姆斯。

一九五一年，老埃姆斯被派往緬甸，從事針對中共的間諜情報活動，直至一九五五年結束任務返回美國，獲得遠東情報專家頭銜，留任中情局總部。埃姆斯那時在讀中學，畢業後考入喬治華盛頓大學就讀歷史專業。一九五九年，埃姆斯大學還沒畢業，並沒有依靠老爹，也進入中情局上班，那時他在局裡不過是個見習職員，轉正後逐漸晉升，最後成為情報分析員，還參與了中情局針對蘇俄和東歐國家所有間諜活動的分析講解、檔案歸類、編碼加密等情報專業工作。埃姆斯由於出道早，所以他在中情局的提升空間比其父親大，他爸爸直到退休，也只混了個中級情報分析員。

可埃姆斯不同，年紀輕輕，就進入中情局，其中定有原因。多年之後，他自己道破天機。那時他還在喬治華盛頓大學念書，純屬一介窮書生，整日為錢發愁。自從在中情局謀到差事後，他便有了固定的進項，雖說薪水不高，卻也能緩解他上學期間的經濟壓力。埃姆斯於一九六七年大學畢業，成績平平，獲得歷史學學士學位，不過，古往今來，學位從來就不是建功立業的法寶，埃姆斯的半生間諜生涯，即是最好的證明。他於一九六七年進入有中情局「殺手訓練營」（Camp Peary）之稱的培訓中心，進行深造，學成歸來後，分配在蘇聯和東歐局工作。埃姆斯在這期間不僅學習了俄語，還掌握了土耳其語。

土耳其語，埃姆斯可不是隨便學的，一九六九年他被派往安卡拉中情局情報站工作，任務是以美國空軍軍官的身分招募蘇聯和東歐其他社會主義國家的特工。但是，埃姆斯卻沒完成這項任務，僅僅招募了兩名現成的土耳其人線人。所以，一九七二年中情局做員工考核的時候，上面給了埃姆斯差評。

埃姆斯悻悻返回美國，繼續留任蘇聯和東歐局，除了做些業務策劃和分析工作之外，就是處理辦公室各類文案，事無巨細，倒也做得嫻熟精准，很快得到上司的認可，他們開始重新評估他的能力。一九七四年年初，上司給埃姆斯佈置了新任務，將他借調至中情局蘇聯和東歐局拉美處工作，那時，蘇聯駐哥倫比亞大使館三等秘書奧卡羅金尼克（Александр Огородник）已被中情局招募為美國間諜，埃姆斯奉命做他的保護人，直到那年十二月奧卡羅金尼克奉召返回

13 一九五〇年起美國共和黨參議員麥卡錫宣稱美國政府已遭共產黨滲透，掀起一股全國性的反共浪潮，在沒有足夠證據下，肆意指控他人為共黨人士，在許多政府部門和大企業進行「忠誠審查」，整肅異己。

莫斯科。埃姆斯這次出色地完成了任務，讓上司和同事刮目相看。兩年後，埃姆斯奉調前往中情局紐約分局工作，具體做的仍是蘇聯和東歐業務。不過，他在紐約分局的工作已是今非昔比。他已經和一些很重要的蘇聯特工合作過，他們就是被中情局策反的大牌間諜，比如聯合國秘書處的蘇聯外交部官員費多連科（Сергей Федоренко）、聯合國負責國際政治問題的副秘書長舍甫琴科（Аркадий Шевченко）等人。埃姆斯的諜報工作經驗日積月累，其手段和技法亦日臻完善。

一九八一年是埃姆斯人生的轉捩點。這年，他奉命作為高級情報員前往墨西哥中情局情報站工作，那時，他和新婚一年的妻子南茜產生齟齬，南茜拒絕與他同往墨西哥，令他始料未及。十月，他只得單身前往就任。孰知，情場失意的埃姆斯，職場也出師不利，他在墨西哥遇到了在土耳其一樣的狀況，中情局為他設定了招募對象：蘇聯克格勃駐墨西哥副主任、偵察員舒雷金（Игорь Шурыгин）。但埃姆斯始終沒有機會下手，最終空手而歸。那時他覺得自己不適合做招募間諜工作，甚至想，也許自己天生就不是做特工的料，他很沮喪，加之婚姻亮紅燈，心緒更加煩亂。

不過，老天公平，一九八二年，埃姆斯與後來第二任妻子卡薩斯在墨西哥結識並相戀。卡薩斯是哥倫比亞人，那時在哥倫比亞駐墨西哥使館任文化參贊。他們是在一次外交酒會上認識的，埃姆斯對她一見鍾情，剛見到卡薩斯，遂對這個安第斯大學的高材生發起猛烈攻勢，很快，他們雙雙墜入情網，不久，卡薩斯答應了埃姆斯的求婚，直到那時，她才知道埃姆斯是中情局特工。那時，卡薩斯一心想嫁埃姆斯，才不管這些，一九八三年埃姆斯屆滿卸任，卡薩斯果斷追隨他去了美國。有關埃姆斯的第二次婚姻，坊間還有一個版本，即埃姆斯先把卡薩斯招募為中情局間諜，然後又愛上了她，所以，他們的關係是從戰友之情演變為男女之愛的。一九八五年八月十日，他們倆登記結婚，卡薩斯不久就取得了美國國籍。

埃姆斯此次墨西哥之行，真是有得有失，但總的來說，結局不錯，他返回紐約，職位不降反升，被任命為中情局蘇聯東歐局反偵察處處長，任命的理由頗為有趣，中情局總監察長西茨（Frederick Hitz）在埃姆斯被捕後，撰寫的《埃姆斯事件調查報告》中說，埃姆斯「腦子靈活，求知欲強，在其研究領域具有自學意識，在其任職務期間，善於充分和有邏輯地將個人思想融入對工作的分析」。

當然，埃姆斯也有不少弱項。首先，經常忘記呈送專案財務報告和工作總結；再者，他經常擅自行動，違反工作條例，甚至與外國人接頭和短期出國辦事時也不跟局裡打招呼，為此多次被警告；其三，他經常丟失機密檔案，他的失密記錄，在中情局名列前茅。比如，一九七六年，他將裝有秘密文件的公事包落在地鐵車廂的座位上。一九八二年，向熱戀中的卡薩斯透露了一份中情局特工名單等；其四，埃姆斯酗酒嚴重，以至於不能正常工作，有時午餐飲酒後竟倒在辦公室呼呼大睡，他的這等醜事，中情局人人皆知。

言歸正傳。埃姆斯當上蘇聯東歐局反偵察處處長以後，接觸蘇聯人的機會多了起來。他最早接觸到的工作對象，是蘇聯克格勃第一總局偵察員尤爾琴科（Виталий Юрченко, 1936-）上校，他於一九八五年七月叛逃來美國，當時審問他的，正是埃姆斯。他在對蘇工作中積累大量蘇聯克格勃方面的資訊，包括體制、管理、財務和幹部的準備與使用，特別研究了克格勃招募和使用別國間諜的要求、方式和獎勵機制等。原來，埃姆斯絕非僅僅是個稱職的對蘇情報分析專家，而且他心裡還一直揣著自己的小心思呢。

那段時間，埃姆斯正準備與哥倫比亞女友卡薩斯登記結婚，成家立業就需要花錢。而那時，埃姆斯恰恰在個人財務上有了麻煩。原來，他的女友卡薩斯婚前揮霍無度，很快債臺高築，欠下五十萬美元巨額債務，無力償還。其實，中情局也待埃姆斯不薄，那時他的年俸是六萬美元，這在當時也算是中等收入了，可他仍舊入不敷出。於是，埃姆斯決意鋌而走險，搞筆大錢，給女友還債，他計畫走的這步險棋，就是秘密背叛中情局，投靠蘇聯克格勃！

埃姆斯除了主觀上有投靠克格勃，準備靠出賣情報掙錢的願望之外，客觀上，他也確實具備瞭解和接近克格勃的機會。一九八二年至一九八三年期間，中情局在滲透克格勃方面漸入佳境，駐華盛頓的克格勃機構已先後有瑪律丁諾夫（Валерий Мартынов）中校和馬托林（Сергей Моторин）上校變節，投靠美方。一九八五年春季，埃姆斯奉命與蘇聯駐華盛頓使館接觸，謹慎地探聽蘇聯對克格勃人員被美方諜報機構招募後的態度。蘇聯使館出面接待埃姆斯的，有資訊參贊吉維爾科夫斯基（Сергей Дивильковский）和裁軍問題參贊丘瓦欣（Сергей Чувахин），正是這位裁軍問題參贊，最終幫助埃姆斯實現了投靠蘇聯之夢。

埃姆斯與丘瓦欣的初次見面，約定在五月花酒店，那裡離蘇聯駐美國大使館很近。埃姆斯事前做了精心的準備。他先寫了一張小紙條，上面寫道：「我是埃姆斯，中情局蘇聯東歐局反偵察處處長，我在紐約的化名為羅賓遜，我需要五萬美元，交換條件是，提供我局最近在蘇聯招募的三名間諜資訊。」埃姆斯把紙條放入一個信封，還附上他從中情局內部電話本撕下的一頁，上面剛好有他的真名和電話，還小心翼翼地在自己名字下面畫了一條線。最後，埃姆斯還在信封上寫道：「克格勃主席安德洛波夫（Юрий Андропов, 1914-1984）收」。之後，他再按工作習慣，把這個信封塞入一個空白信封，準備在見面用餐時，悄然交給蘇聯使館參贊丘瓦欣。

埃姆斯提前走進酒店，在大廳沙發坐了下來，打開報紙，心不在焉地讀著。距預定的見面時間已經過去四十五分鐘，丘瓦欣始終沒有出現，埃姆斯如坐針氈，此時的他，既理解克格勃對他所保持的高度警惕性，又覺得私下與蘇聯人見面機會難得，機不可失失不再來，於是，埃姆斯一不做二不休，迅速離開酒店，拔腿就朝蘇聯大使館跑去。他在使館的正門警衛處，將揣在身上的信封交給了警衛，囑咐他轉交丘瓦欣參贊，隨後，便一溜小跑離開了蘇聯大使館。

埃姆斯回到中情局後立即先發制人，主動向上司彙報了「未經審批的」和未能付諸實現的見面，他說罷事情的來龍去脈，又強調道，擅自外出與蘇聯使館人員見面，是蘇聯使館急於與他商討蘇聯投誠美國人員的問題，而非他想主動與使館搭訕。熟料，埃姆斯這次並沒有挨批，只是被口頭警告，並不許他單獨接觸蘇聯使館人員。

埃姆斯想與蘇聯使館人員見面的行動當然不會停止，只是變換了方式，並且都是在規避了嚴密監控之下進行的，有時埃姆斯如有工作需要非去蘇聯使館，還故意徵得上司同意，並帶上中情局的第三者同往，在蘇聯使館見面的人中當然也絕不會有丘瓦欣參贊。丘瓦欣參贊拿到了使館警衛轉交埃姆斯給的信封，他與埃姆斯秘密成交了那筆五萬美元的生意。照理說，埃姆斯掙了錢，應該是高興的事，可他心裡一直難以平衡，因為他從另外一個秘密管道得知，他賣給丘瓦欣參贊的情報，價值超過百萬美元。

一九八五年四月，埃姆斯正式被蘇聯克格勃招募為間諜，那區區五萬美元雖然數額不大，卻堅定了他繼續走下去的信心。一九八五年至一九八七年間，他向蘇聯克格勃頻繁密送檔案，幾乎奉獻了自己在中情局十來年的工作成績，導致潛伏在蘇聯秘密情報機構——克格勃和格魯烏的二十五名美國間諜精英被逮捕，幾乎就是被連窩端，其中九位美國間諜被執行槍決：

蘇聯克格勃上校比古佐夫（Владимир Пигузов）

蘇聯克格勃中校波列休克（Леонид Полещук）

蘇聯克格勃中校瑪律丁諾夫（Валерий Мартынов）

蘇聯克格勃中校瓦連尼克（Геннадий Варенник）

蘇聯克格勃中校瓦西里耶夫（Владимир Васильев）

蘇聯克格勃少校莫多林（Сергей Моторин）

蘇聯克格勃少校沃龍佐夫（Сергей Воронцов）

蘇聯軍事情報總局少將波利亞科夫（Дмитрий Поляков）

蘇聯軍事情報總局上校斯梅塔寧（Геннадий Сметанин）

其他被捕但倖免於死的，還有蘇聯克格勃中校尤任（Борис Южин）、蘇聯科學院美國和加拿大研究所研究員波塔舍夫（Владимир Поташев）等人，他們之所以免遭槍決，是因為蘇聯總統戈巴契夫（Михаил Горбачёв, 1931-2022）的一紙赦令：「殺幾個，震懾一下足矣。」另有其他一些美國諜報人員知情較早，望風而逃了，如蘇聯克格勃上校戈爾季耶夫斯基（Олег

Гордиевский）、蘇聯軍事情報總局中校鮑罕（Сергей Бохан）和蘇聯內務部軍官伊拉里昂諾夫（Сергей Илларионов）等人。埃姆斯出賣的美國間諜，除了在蘇聯本土的，還有潛伏在東歐其他社會主義國家的，致使中情局在蘇聯近十年所費的苦心瞬間付之東流。美國中情局高層說，埃姆斯變節投靠蘇聯，使得美國在冷戰最酣之時，痛失蘇聯情報來源。

冷戰期間，克格勃偵察員戈爾季耶夫斯基叛逃西方，他到紐約後，對「美國之音」記者說，埃姆斯是克格勃的一座金山，寶藏取之不盡用之不竭，可謂價值連城。那時，克格勃的國際情報，特別是有關北約的情報來源，一是靠東柏林，二是靠埃姆斯，其他潛伏間諜作為都不如埃姆斯。戈爾季耶夫斯基在叛逃美國之前，埃姆斯就發現他與美國情報機構有往來，埃姆斯曾試圖說服克格勃儘早除掉戈爾季耶夫斯基。可是，克格勃還沒來得及動手，戈爾季耶夫斯基已經搶先一步，去了美國。

埃姆斯也是草木凡胎之人，有著七情六欲之軀，他不僅酗酒成性，還患有很嚴重的健忘症，不是去錯接頭地點，就是搞混情報磁片。但埃姆斯為克格勃效力多年，有一點始終不含糊，那就是在錢的問題上。他在瑞士銀行開設了個人帳戶，讓克格勃直接將勞務費打進去。埃姆斯貪欲大，是個購物和消費狂，中情局給的那點工資，哪裡夠他的開銷！他投靠克格勃目的明確，就是賺錢，而蘇聯人也說到做到：只要埃姆斯給「貨」，他們就付款。

據統計，埃姆斯從蘇俄情報機構獲得的勞務費，共計兩百七十萬美元（一說四百萬美元）。一九八五年七月，他給了卡薩斯一個相當豪華的婚禮，婚後，他也盡可能滿足和維持了她奢華的生活方式。她曾驚訝地問埃姆斯：「你哪來這多錢？」埃姆斯淡淡一笑，說那是兒時好友的一片深情厚誼。實際上，埃姆斯明白，為了不斷取得豐厚的回報，就必須不斷出賣情報。他為了與克格勃深入合作，決定爭取更多開拓歐洲情報業務的機會。一九八六年，他奉命學習義大利語，並前往義大利羅馬，出任中情局派駐當地情報機構的主任。一九八八年，埃姆斯從羅馬歸來，中情局成立了新機構，名曰「反偵察中心」，埃姆斯奉命去新機構上班，業務方向有所擴大，除了蘇聯之外，還多了黑海沿岸和巴爾幹半島國家，但他不再擔任蘇聯東歐局反偵察處處長職務，那個處也更名為「中情局克格勃工作組」。但是，由於埃姆斯諳熟蘇聯情況，偶爾也奉命到「中情局克格勃工作組」做臨時顧問，工作一段時間後，再回反偵察中心。埃姆斯照舊將中情局的絕密檔案，包括不在他職權管轄範圍內的情報，悄然傳遞給克格勃，並從中獲利。一九九一年，雖發生了蘇聯解體的重大事件，但他繼續保持與俄羅斯情報部門的合作。

埃姆斯被捕的原因，當然是中情局展開內查的結果，而進行內查的原因，則是一九八五年至一九八七年間蘇聯及東歐國家中情局特工全軍覆沒。而全軍覆沒的根源，一個是埃姆斯賣給蘇聯克格勃大量秘密情報，另一個則是美國特工霍華德（Howard, Edward Lee, 1951- 2002）叛逃蘇聯。蘇聯解體後，蘇聯檔案不斷解密，檔案顯示，中情局特工全軍覆沒，與埃姆斯關係不大，是霍華德提供了特工的名單所致。不過，這已經屬於學術研究範圍的事情，雖時過境遷，可當時，中情局在莫斯科折戟沉沙，苦淚橫流。一九八五年十二月，中情局組成了以局長伍爾西（Robert James Woolsey Jr, 1941-）為首的四人調查小組，發誓力破懸案，可由於組織反偵察中心工作過於忙亂，一九八八年調查工作擱淺，調查組成員對上對下無以交代，只好抄襲搞到的克格勃報告，說蘇聯的中情局間諜網陷落，是被招募人員好大喜功，不按規章辦事導致自我暴露。最後，他們所寫充滿蘇聯觀點的報告呈送白宮，雷根、老布希和柯林頓似乎都見過這封報告，而且讀後都覺莫名其妙，一頭霧水。更滑稽的是，最終，不僅中情局特工全軍覆沒懸案未破，而且埃姆斯居然還被再次重用：他在被中情局測謊儀多次檢測之後，宣佈為「可靠的人」，不久，調入反偵察中心任職。

一九九一年，又有中情局間諜在莫斯科翻車，中情局感覺事情不妙，不敢再掉以輕心。中情局和聯邦調查局組成聯合調查委員會，實施內查，搞了一次「捉鼴鼠行動」。一九九二年三月，調查委員會的「內鬼名單」出籠，中情局共計二十餘人涉嫌與俄羅斯情報機構有染，埃姆斯赫然是榜首。八月，中情局展開對埃姆斯的秘密調查，首先審查他的財務狀況。調查委員會發現，埃姆斯一九八九年從羅馬歸來，家庭支出劇增，花錢大手大腳，他先在華盛頓繁華地段，動用五十四萬元現金購得房產一處，又以妻子之名在其他城市購得兩處住宅，還花費四十多萬美元購得捷豹（Jaguar）豪華汽車一台，他還手握有價證券，價值十六萬五千美元之多。一九九三年五月初，聯合調查委員會佈置警力對埃姆斯進行二十四小時監控，他的電話和電腦均被監控，對其工作和私人外出均進行錄影。

一九九三年九月十五日，聯合調查委員會秘密檢查埃姆斯家的垃圾袋，發現了一張撕碎的明信片，經過技術人員的拼接和鑑定，上面是埃姆斯的筆跡，所寫的內容與他提供給俄羅斯的情報有關。中情局總監察長西茨在給上司的報告中寫道：「經勘驗埃姆斯家垃圾，發現其袋中有密送俄國人的情報，故可作為其從事間諜之證據。」調查委員會在調查期間還發現，一九九三年十一月，埃姆斯去委內瑞拉首都卡拉卡斯公幹，回國後，他銀行的存款就多了八十六萬七千美元，這也被列為埃姆斯涉嫌犯罪的證據之一。

轉眼到了一九九四年年初，聯邦調查局本想放長線釣大魚，讓埃姆斯再表現一段時間，多暴露一些問題，意在擴大調查成果。但他們也擔心，埃姆斯一旦發覺被監視，會隨時潛逃，而且他本應在當年二月底前往莫斯科公幹，與俄羅斯情報部門負責人商討俄美聯合緝毒事宜。箭在弦上不得不發，二月二十一日，聯邦調查局派出數十人，荷槍實彈，包圍了埃姆斯的住宅，他那時與妻小住在麻塞諸塞州東北部的城鎮阿靈頓。埃姆斯剛下班回家，便與其妻在家中被捕，這位中情局的蘇俄內鬼未做任何抵抗，束手就擒。一九九四年四月二十八日，美國法院以間諜罪和偷漏稅罪判處埃姆斯終生監禁。其妻卡薩斯因是埃姆斯間諜罪和偷漏稅罪的同謀，被判處五年零三個月監禁。埃姆斯名下的房產、汽車、有價證券，甚至退休金，均被美國政府沒收，甚至未來他若撰寫自傳、拍攝影視作品和接受採訪的稿費，都要依法充公。埃姆斯瞬間變成了一個無產者，唯一所剩，就是他與卡薩斯留在哥倫比亞的一點財產，美國政府對此無權過問。

埃姆斯東窗事發，驚動了不少大人物，其中包括當時的美國總統柯林頓，他在一次新聞發佈會上說：「埃姆斯事件極為嚴重。」但是，更嚴重的卻是十九年之後，此事有了續集，即埃姆斯中情局同事斯諾登（Edward Snowden）於二〇一三年六月將美國國家安全局PRISM監聽項目秘密文檔，洩露給《衛報》和《華盛頓郵報》，因此遭美國政府通緝，斯諾登急忙搭乘香港飛機逃往俄羅斯避難。

與斯諾登相比，埃姆斯事件更具時代特點，那時蘇聯解體不久，東西方剛剛握手，俄美情報機構合作剛開始搭建互信平臺，埃姆斯案如一顆炸彈，炸毀了合作平臺，兩國之間特殊部門的合作計畫泡湯。蘇聯克格勃對外偵察員科巴拉澤（Юрий Кобаладзе, 1949-）說，他在一九九〇年代曾作為克格勃代表訪問中央情報局，受到第十四任中央情報局局長伍爾西（Robert James

Woolsey Jr, 1941-）禮遇，雙方交談甚歡，可是埃姆斯事件後，不僅俄美情報系統的合作沒了，連伍爾西也受牽連下了台。一九九四年二月二十六日，柯林頓總統為了報復俄羅斯，將俄羅斯對外偵察局（CBP）駐美負責人李森科（Александра Лысенко）驅逐出境。二十八日，俄羅斯總統葉爾欽以牙還牙，也把中情局駐莫斯科主任莫里斯（James Morris）轟回了美國。

埃姆斯東窗事發後，新任中情局局長多伊奇（John Mark Deutch）大搞調查和清洗，中情局工作人員惶惶不可終日，無心工作，去留不定，致使日常工作受到影響。中情局高層也被整得苦不堪言，幾乎全班落馬，悉數免職：

中情局第一副局長斯蒂德曼（William Oliver Studeman）

中情局執行局長雷奧（Hazlewood Leo）

中情局分管業務的副局長戴文（Jack Devine）

中情局分管偵察的副局長馬克　伊欽（MacEachin, Douglas J）

埃姆斯事件已經過去近三十年。有人希望此事煙消雲散，永遠淡出記憶，也有人著書立說，拍攝影視劇，欲道恒言警世。英國作家福賽斯（Frederick Forsyth, 1938-）於一九九六年寫出長篇小說《聖像》（Icon），書中的埃姆斯，是一個為了金錢而投靠蘇聯克格勃的不堪之人。

一九九八年，人們又根據這部小說拍攝了電影《內奸埃姆斯》（Aldrich Ames: Traitor Within，又譯《間諜》），銀幕再現了埃姆斯與克格勃的利益交易。二〇一三年，美國影視公司根據原中情局兩名特工的紀實文學《埃姆斯及其出賣的人》（Circle of Treason: A CIA Account of Traitor Aldrich Ames and the Men He Betrayed），拍攝了微型電視劇，風靡一時。兩位原作者均是後期參加調查與逮捕埃姆斯的特工，電視劇描寫了他們從冷戰高峰直到蘇聯解體，奉命在中情局搜尋俄國內鬼的故事。就在《埃姆斯及其出賣的人》熱映之時，中情局特工斯諾登又實實在在地投向了俄羅斯的懷抱，真令世界大跌眼鏡。

托卡喬夫　提供價值一百億美元情報的雷達工程師

蘇聯雷達工程師托卡喬夫（Адольф Толкачёв, 1927-1986）於一九七八年至一九八五年間為美國中情局（CIA）充當間諜，第一年的年薪就高達二十萬美元，超過當時美國總統的收入。

托卡喬夫一九二七年生於蘇聯哈薩克斯坦共和國的阿克糾賓斯克市，兩歲時隨父母遷入莫斯科，三十歲時娶蘇聯女子娜塔莉亞為妻。其岳父和岳母死於一九三〇年代史達林的大清洗，托卡喬夫因此憎惡蘇聯，這成為他後來投身中情局做間諜的原始動因。

一九五四年，托卡喬夫畢業於蘇聯哈里科夫綜合技術學院，畢業後分配在蘇聯雷達工業部無線電配置研究所工作。由於他工作業績突出，被提拔為該所聯合實驗室總設計師和科學生產聯合公司「同相加速機」的主管。托卡喬夫收入頗豐，月薪高達二百五十盧布，外加獎金和保密補貼，每月薪酬都在三百五十至四百盧布左右，他根本花不完。

一九七九年，蘇聯政府給五十二歲的研究所總設計師托卡喬夫分配了高級住宅，就在莫斯科市中心一幢靠近美國大使館的高層大樓，筆者在莫斯科時還造訪過那棟樓，條件之好難以形容，即使按今天的標準也算奢侈豪華。

但是，蘇聯保密費給得再多，也敵不過美國的洩密費，中情局鑒於托卡喬夫能接近蘇聯國家高級技術機密，決定招募他做間諜。可剃頭擔子一頭熱不行，住在美國大使館之側的托卡喬夫與美國人整天低頭不見抬頭見，他終於在一九七八年決定投靠美國。

從那時起，他便經常借下樓遛狗和散步之際，在使館周圍轉悠，期望搭訕使館的人。托卡喬夫在給美國中情局的密信中寫道，他作為蘇聯持不同政見者，願意幫助蘇聯的敵人獲取秘密技術情報，成為蘇聯著名作家索忍尼辛（Александр Солженицын, 1918-2008）[14]和核子物理學家沙卡洛夫（Андрей Сахаров, 1921-1989）[15]那樣的人。托卡喬夫說，希望通過向美國出賣情報能獲取可觀的金錢（他認為提供的情報極有價值），以便未來工作發生變動時有足夠的經濟條件養老。

其實托卡喬夫早在一九七七年就想跟美國駐莫斯科大使館聯繫，但不知為什麼沒有成功。他那時甚至還跑到酒店和賓館的停車場去尋找美國大使館牌照的汽車，找到以後還往車窗裡塞紙條，說自己是蘇聯國家秘密科研機構的高級研究員，可以向美國情報機構出賣蘇軍雷達機密。托卡喬夫為了向美國人證明自己的身分，還親自帶著一些秘密資料，請美國使館官員前往約定地點拍照。儘管如此，美國人也沒有理他。

關於這個問題，《華盛頓郵報》駐莫斯科的霍夫曼（David Hoffman）有答案。他說，托卡喬夫給美國使館塞紙條的時候，恰是克格勃（КГБ）打擊中情局間諜的高峰時期，中情局駐莫斯科工作站因此損失慘重，不少老牌間諜紛紛落網，他們基本上都是以外交官身分做幌子。中情局莫斯科工作站將托卡喬夫塞紙條的事報告給中情局局長特納（Stansfield M. Turner）。特納認為托卡喬夫是克格勃的誘餌，不是合作者，不能接觸。其理由是，托卡喬夫的秘密雷達資料儘管珍貴，但美國卻不能據此有效地打擊蘇聯空軍。但中情局莫斯科站站長哈薩韋（Gardner Hathaway, 1925-2013）卻反對特納的看法，他力主中情局應接觸托卡喬夫，因為托卡喬夫提供的資訊真實可靠，對美國發展國防有利。

一九七八年二月十六日，就在美國中情局為招募托卡喬夫猶豫不決的時候，托卡喬夫竟然又在莫斯科攔住了美國使館的車子，往車裡投了一封信。無巧不成書，托卡喬夫那天所攔的恰是中情局莫斯科站站長哈薩韋的車。那時哈薩韋剛駛出使館不久，在等紅燈的時候聽見有人敲車窗。哈薩韋妻子搖下玻璃，托卡喬夫將一個信封交到哈薩韋手上，還急切地說：「請轉交大

14 蘇聯哲學家、歷史學家、短篇小說作家，持不同政見者和政治犯。一九七〇年諾貝爾文學獎得主。

15 蘇聯原子物理學家，主導蘇聯第一枚氫彈的研發，被稱為「蘇聯氫彈之父」。他也是人權運動家，反對獨裁專政。一九七五年諾貝爾和平獎得主。

使先生！」便匆匆離去。哈薩韋急忙返回使館打開信封，原來是一封托卡喬夫的親筆信。他說出於安全考慮，不能寫得太多，但他也知道，寫少了中情局不會相信他，會誤以為他是克格勃為中情局下的套。所以，托卡喬夫想了一個與中情局聯絡的巧妙方法，他先將自家座機號碼的前五位數（莫斯科的電話號碼為七位數）在信中報給中情局，一個星期之後，他再手持寫著後兩位電話號碼數的小木板，在約定的公共汽車站等候中情局特工。中情局特工只需開車經過那個公車站，記清小木板的兩位數字，並按照信中所提供的前五位電話號碼進行拼接，即是托卡喬夫家的電話，再按約定時間給他打電話，通話前切記驗證接電話的人是否托卡喬夫本人。

中情局特工按照信中時間前往公車站，果然看見托卡喬夫手持木牌站立著，他們立即驗證了電話號碼。托卡喬夫在中情局驗證他親筆信的當口，又給美國使館送了一封信，他在信中叮囑說：「我家電話號碼你們已經清楚，即請來電，若是男性來電，請自報俄國名字尼古拉，若是女人就說是卡佳。」果然，中情局很快就給托卡喬夫打了電話，但托卡喬夫不知道這不是因為他的請求生了效，而是因為中情局莫斯科站站長哈薩韋對他能提供偵測飛機超低空飛行的雷達系統的情報發生了興趣。

一九七八年三月五日晚上十點，已經下決心為美國中情局工作的蘇聯雷達工程師托卡喬夫家的電話突然鈴聲響起，來電話的是中情局莫斯科工作站的特工基舍爾。他們的通話被中情局錄音，多年之後，這一份錄音被《華盛頓郵報》駐莫斯科記者霍夫曼披露：

托卡喬夫：喂。

基舍爾：您好，我是尼古拉。

托卡喬夫：（短暫沉默）您好，尼古拉。

基舍爾：我終於給您打通電話了。我收到您的信件。謝謝。我們對您的來信感興趣，稍後聯繫您。

托卡喬夫：我九日出差去梁贊，週六與我聯繫不便，最好週日聯繫我（沉默，托卡喬夫似乎還想說什麼，但沒說出口）。

基舍爾：好的，再見。

托卡喬夫：再見。

托卡喬夫就這樣聯繫上了中情局特工。基舍爾一週之後再度致電托卡喬夫，讓他將藏在莫斯科市中心一家商店電話亭裡的手套取走，托卡喬夫立即照辦。手套裡藏了不少東西：一個二十頁的密碼本，一張加密表，兩個用英文填寫了收件人的信封，裡面還塞了英文信，兩張密寫紙，以及用俄文小字密密麻麻寫的、如何使用加密手段撰寫情報的說明，以及如何遞送情報等諸多細節安排，外帶一些托卡喬夫需要回答的實驗室和雷達設計方面的問題，最下面則是一個裝有五百盧布的信封，這是他從美國中情局所獲得的第一筆獎金。

托卡喬夫對五百盧布很不滿意，他給中情局寫信抱怨說：「你們所支付的那點小錢，要麼說明我的情報沒價值，要麼就是你們對我不信任。」中情局聽罷問他要多少，他張嘴要五萬盧布，見中情局猶豫不決，就說以後酬金不足六位數就不做。一九七九年五月一日，中情局總部批准了托卡喬夫六位數酬金的請求。不久，中情局致電莫斯科工作站，決定先支付卡喬夫三十萬美元。誰知托卡喬夫聽罷仍不滿意，他對基舍爾說，中情局聽錯了，他說酬金不是六位數，而是數字後面帶六個零。基舍爾聽罷當場拒絕，並說中情局有史以來還從未支付過數額如此之大的酬金。托卡喬夫這才放棄了他「數字後面帶六個零」的酬金要求。

一九七九年，托卡喬夫開始為中情局工作。他在六年的時間裡，一共出賣了數十份蘇聯絕密技術情報，包括米格飛機最先進的電控和躲避雷達監測系統。托卡喬夫被捕後在供詞中寫道：「我用賓得士（Pentax）相機將國家實驗室的絕密檔案拍攝在三十五毫米的膠捲上，再帶回家用膠帶黏在椅子底下，尋機再將這些檔案轉交美國中情局特工。」托卡喬夫在生活方面不顯山不漏水，平時上下班開一輛破舊的拉達牌（Lada）轎車，週末在郊外小住，他家只有一幢搖搖欲墜的小別墅，與普通的蘇聯人無異，所以他從未引起過別人的懷疑。

托卡喬夫通過出賣情報不僅掙到了數額可觀的美元，還有西方的藥品、搖滾樂錄影帶和禁書。他在長達六年的時間裡掙得七十九萬七千盧布，當時折合約二百萬美元。一九八〇年五月十日，中情局簽署了托卡喬夫的酬金決定：一九七九年支付二十萬美元，以後每年支付三十萬美元。基舍爾將這個決定告訴了托卡喬夫，最後還加了一句：「你現在掙的比美國總統還多。」中情局將托卡喬夫的獎金存入美國銀行，承諾他可以隨時支取。這筆錢，托卡喬夫除了動用小部分在歐洲買珠寶外，幾乎沒有花過。

托卡喬夫出賣的蘇聯絕密技術情報，為美國軍事科技發展起到了重要作用。一九八五年十月，美國記者庫謝維奇在《華爾街日報》撰文指出，托卡喬夫提供的絕密情報價值連城，不僅使美國研發戰機躲避雷達監測系統的時間縮短了十七個月，在某些領域甚至縮短了五年，而且還節省了高額的研發經費。中情局剛開始與托卡喬夫接觸時並未認清其價值所在，後來才猛然醒悟，托卡喬夫是美國二十世紀最寶貴的間諜，美國軍方的估算結果顯示，托卡喬夫的情報價值一百億美元，足夠美國空軍研發機構研究多年。而且中情局與托卡喬夫的合作，也堪稱國際間諜史上的典範。

俄羅斯克格勃歷史研究學者索科洛夫及克格勃中校兼《獨立軍事評論》主編阿塔曼年科承認，托卡喬夫給蘇聯國防事業造成的損失超過二十億美元。他們從間諜研究的專業角度評價說，托卡喬夫堪稱超級間諜。

一九八五年六月九日，是托卡喬夫黑暗的一天。那天，他駕著他那輛破舊的拉達牌（Lada）轎車，從莫斯科州的多羅尼諾村小別墅返回莫斯科市內。就在那條路上，克格勃阿爾法（Альфа）特別行動小組副組長、克格勃中校札伊采夫（Владимир Зайцев）帶領警員們撤下一張抓捕托卡喬夫的大網。

阿爾法特別行動小組的警員們先在托卡喬夫必經之路——林間小路的八公里處，偽造了一個車禍現場，調派了急救車、工程車、警車等前來救援，其實救援人員都是阿爾法抓捕小組成員，營造了一個很逼真的現場。札伊采夫事後回憶說，當時他對整個抓捕小組叮囑最多的話，就是抓捕動作要穩准狠，千萬別給嫌犯反抗和自殺的機會。蘇聯解體後公開的抓捕現場錄影顯示，「交通員警」攔住了托卡喬夫的轎車，讓他下車到警車去查驗駕照。他走出轎車，將皮夾子放進上衣口袋，隨後朝警車走去，還伸手摸了摸下巴。說時遲那時快，他身後突然閃出一個阿爾法小組特工，右手鎖喉，沒容托卡喬夫反抗，特工又用左手將一團棉布塞進托卡喬夫嘴裡。接著又有兩名阿爾法特工跳出來，緊抓托卡喬夫的雙手，再出兩人，抬起他雙腿，將托卡喬夫反剪雙手抬進了警車裡。阿爾法小組成員在警車裡七手八腳扒光了托卡喬夫，生怕他私藏武器和毒藥。他們找了半天一無所獲，便又給他穿好衣服。與此同時，幾名阿爾法小組警員也將托卡喬夫妻子娜塔莉亞押上另一輛警車揚塵而去。

第一個審訊托卡喬夫的，是蘇聯克格勃主席切波利科夫（Виктор Чебриков, 1982-1988）。托卡喬夫承認向中情局提供檔案，但是拒絕回答是蘇聯雷達的絕密檔案，直到克格勃在他家和別墅找到證據，他才徹底低頭認罪，開始配合調查，以期從輕處理。托卡喬夫還檢舉自己的新聯絡人——中情局特工斯托姆鮑赫，他的公開身分是美國駐蘇聯使館二秘。克格勃根據托卡喬夫提供的見面位址，利用中情局尚不知道托卡喬夫被捕的短暫間歇，命克格勃軍官什希金（Виталий Шишкин）帶人前去抓捕。由於什希金與托卡喬夫長得有幾分相似，便由他喬裝打扮，假冒托卡喬夫與斯托姆鮑赫接頭，最終什希金生擒了中情局特工斯托姆鮑赫，從他身上搜出了中情局的微型密寫即溶紙、五部微型攝影機、幾本反蘇圖書和準備支付給托卡喬夫的十萬盧布。當年曾經參加過審判的柯拉斯尼科夫（Рэм Красильников）回憶說，斯托姆鮑赫在審訊的時候，拒絕回答任何問題，只要求見美國大使，後來斯托姆鮑赫被蘇聯政府驅逐出境。

托卡喬夫到底被誰出賣？這個問題至今在國際間諜研究界仍爭議頗多。《華盛頓郵報》駐莫斯科記者霍夫曼曾說，出賣托卡喬夫的是中情局特工霍華德（Edward Lee Howard, 1951-2002），他曾是中情局負責對接托卡喬夫的連絡人，中情局還擬派他前往莫斯科工作站配合托卡喬夫工作，替換已經撤離的基舍爾。但是霍華德在美國中情局總部表現不佳，因侵吞財產和吸毒被中情局解雇，霍華德一怒之下於一九八五年投奔蘇聯克格勃，還給克格勃開出一長串中情局臥底蘇聯的名單，托卡喬夫赫然在上。霍華德投奔克格勃後，居住在莫斯科，被蘇聯員警保護起來，可他還是在一次車禍中喪命。蘇聯克格勃根據霍華德所開出的名單，在國家重點保密部門布控排查，對托卡喬夫擔任領導職務的科學生產聯合公司「同相加速機」展開了秘密調查。

克格勃對外偵察部門偵察員達馬什金（Игорь Дамаскин），退休後寫了克格勃國際行動系列作品，他對托卡喬夫一案有獨特的解讀。他認為，托卡喬夫是被中情局另一位蘇聯間諜埃姆斯所出賣。埃姆斯是克格勃打入中情局十年的臥底，他一九九四年被捕後供認，曾將中情局在莫斯科數十名特工的名單交予克格勃，其中就有托卡喬夫。一九八五年夏初，克格勃開始對托卡喬夫進行全面監控，動用拍照、攝影、竊聽等各種手段，對其工作和生活的細節都進行監督。托卡喬夫被捕後，克格勃統計，托卡喬夫出賣給中情局的檔案資料，共計有聯合實驗室和科學生產聯合公司「同相加速機」五十四份秘密圖紙和專案書、八千多份絕密檔案的圖片。

一九八六年六月十六日，托卡喬夫的案子移交蘇聯最高法院軍事法庭秘密審理，時間延宕整整一週。蘇聯解體以後，公開了一些托卡喬夫庭審的影像資料，看來當時允許全程錄影。影片顯示，托卡喬夫在人證和物證面前無話可說，陪審團的三位蘇聯將軍都認為所有證據確鑿，指出托卡喬夫從一九七八年以來就開始與美國間諜機構合作，直到一九八六年六月，在中情局的指揮下從事對蘇聯的間諜活動，向美國提供了蘇聯空軍主要發展方向的絕密檔案，其中包括蘇聯戰略巡航導彈飛行反射系統、無線電電子遏制技術和蘇聯國家飛機識別體系的絕密檔案，他們都認為托卡喬夫犯有叛國罪。

托卡喬夫在庭上交代完犯罪事實後，請求政府手下留情，免他一死。但是六月二十三日，最高法院認定托卡喬夫罪大惡極，仍判處其死刑，並沒收其全部非法所得。一九八六年九月二十四日，托卡喬夫被執行槍決。托卡喬夫的妻子娜塔莉亞也因犯包庇間諜罪，被判處三年有期徒刑。

恰普曼　當代「燕子」

蘇聯時代，一些在克格勃（КГБ）工作的女偵察員經過職業訓練，依靠色相完成任務，她們被稱作「燕子」。今日，蘇聯已不存在，克格勃無所依附，可是，換湯不換藥，俄羅斯國家安全機構還在，偵察員還在，「燕子」當然也在。俄羅斯美女恰普曼（Анна Чапман, 1982-）就是當代俄羅斯安全機構放飛英美的一隻「燕子」。

恰普曼一九八二年生於蘇聯伏爾加格勒市，曾在美國以商人的名義從事間諜活動，二〇一〇年七月，她被美國安全機構捕獲，經調查，她的確為俄國間諜，多年來在美國秘密搜集情報。同年七月八日，美國將她與其他九名俄國間諜一同遣送俄羅斯，換回四名被俄羅斯逮捕的英美間諜。

恰普曼婚前姓氏為古先科（Кущенко），但其出生地也有另一個版本，乃是蘇聯烏克蘭的哈里科夫市，這種說法，似乎與她的烏克蘭姓氏比較吻合，其母（Ирина Кущенко）是一所中學的數學教師，其父（Василий Кущенко）名義上是蘇俄外交官，常年駐巴布亞紐幾內亞、肯亞和辛巴威等國的俄羅斯大使館工作，但實際上，他是一名高級偵察員，這點恰普曼也不避諱，經常在人前講起。二〇一一年，恰普曼在美國出事後，時任俄羅斯副總理的伊萬諾夫（Сергей Иванов, 1953-）對記者說，他曾跟恰普曼的爸爸是同事，看著她長大。伊萬諾夫邊說邊用手比劃著：「那會兒她就這麼高，還是個小丫頭呢！」心直口快的記者馬上追問道：「據說您曾在克格勃供職，恰普曼的爸爸是您那時的同事嗎？」伊萬諾夫沒有正面回應，只是說：「她爸爸現在還在那個部門工作。」

恰普曼的原籍是伏爾加格勒，一九九六年至一九九七年間，父母由於工作關係，調去莫斯科，她便跟著奶奶過生活，在當地一所美術學校上學，稍晚她才去莫斯科與父母同住。一九九九年，她中學畢業，進入俄羅斯各民族友誼大學（РУДН）經濟學系讀書。恰普曼二〇〇一年暑假到英國旅遊，在一個美妙的黃昏，結識了風度翩翩的電影錄音師阿列克斯・恰普曼（Alex Chapman），不久倆人雙雙墜入愛河。翌年，阿列克斯追到莫斯科，他們隨即登記結婚。那一年，恰普曼剛滿二十歲，大學還沒有畢業。後來，英國《每日郵報》（Daily Mail）記者曾經採訪恰普曼的密友，問及恰普曼大學未畢業即結婚的秘密。密友說，恰普曼告訴她，嫁給阿列克斯的真正目的，是為了獲取英國國籍。

恰普曼婚後繼續上學，阿列克斯即在莫斯科陪讀，放棄了英國電影公司錄音師的職業，在莫斯科做英文教師，直到恰普曼大學畢業，他們方攜手共返倫敦。不久，恰普曼對外宣稱，他們夫妻在倫敦開辦了一家公司，名為「南方聯盟」（Southern Union），他們的業務就是坐在家裡的電腦前，通過互聯網為常駐英國的辛巴威人往家鄉匯款。恰普曼公司的匯費比起英國銀行便宜很多，客戶紛至遝來。她說，自二〇〇二年至二〇〇五年，她公司的轉帳金額高達數百萬英鎊。但是，恰普曼後來在美國被捕後，總部位於愛爾蘭首都都柏林（Dublin）的「南方聯盟」公司將她告上法庭，總經理名叫薩各丹（Steve Sugden），對英國《衛報》（The Guardian）透露說，恰普曼盜用其公司的名義，從事非法營運，並且展示了恰普曼簽名的「南方聯盟」公司檔案，指出檔案全是偽造，並要求相關機構追查。英國諜報機構「軍情五處」（MI5）也在恰普曼東窗事發之後宣佈，恰普曼涉嫌偽造「南方聯盟」公司檔案和洗錢。

原來，恰普曼隨丈夫二〇〇二年來到倫敦後，根本沒有開辦過什麼公司。當年五月至七月，她先在英國一家私營航空公司（NetJets Europe）打工，她在個人簡歷中寫道，在這家公司，她專門從事對俄租售私人飛機業務，經過調查，這也是謊話，她只不過在這家公司短期出任對俄業務經理助理的顧問，她的那份工作根本就是無關緊要的，所以，不到三個月，她就辭職了。八月份，她又在巴克萊銀行（Barclays Bank）做見習生，在此期間，她與丈夫阿列克斯產生齟齬，阿列克斯發現他的俄羅斯太太特別追求奢華生活，日常消費極高，他根本難以滿足，由此導致他們之間摩擦不斷。二〇〇五年，恰普曼夫婦開始分居，並在二〇〇六年離婚。

恰普曼風姿綽約，其美貌懾人心魄，離異後，很快便開始在富豪圈中周旋，其中包括瑞士銀行家和美國大老闆，其中還包括著名俄羅斯寡頭別列佐夫斯基（Борис Березовский, 1946-2013）等人。恰普曼的情商指數高達一百六十以上，她儘管年輕，卻具備情場與商場博弈的資本，四年的倫敦生活，更為她最終涉足諜海打下基礎。

二〇〇六年，年輕貌美的莫斯科小姐恰普曼生活奢華，開銷巨大，其英國丈夫阿列克斯無力招架，遂與之離異。據莫斯科《公報》（Ведомости）披露，恰普曼返回俄羅斯後，開辦了一家房地產公司，對外宣稱開公司的啟動經費是她把從倫敦帶回來的高檔首飾抵押當鋪所得。還說，她的公司運作初期，財務上捉襟見肘，她連生活費都投入了運營。那時，她感到莫斯科的生活與倫敦相比，簡直冰火兩重天。

其實，這回恰普曼又撒了謊，她開公司所用的費用哪裡是什麼典當了首飾的錢，而是一家很有來頭的、從事國際企業投資的國家企業給她秘密撥款二十五萬盧布（折合約一萬美元），供她註冊公司。那時，恰普曼雄心勃勃，逢人便誇誇其談，說她要當莫斯科房地產界的老大，一方面，她與莫斯科最著名的國際傳媒《共青團真理報》（Комсомольская правда）簽約，利用傳媒拓展房源的優勢，註冊了其公司相應的房地產銷售網；另一方面，她還出席了「第三屆莫斯科冒險論壇」，在俄羅斯年輕企業家的圈子裡製造影響。

然而，恰普曼的心思似乎並不在商業上，她的房地產公司也並未產生相應的影響力，截止二〇一〇年夏天，恰普曼的房地產網站日訪問量不足九百人，特別是她陷入間諜案醜聞後，公司的生意更加冷清。俄羅斯「英特網生活」（Liveinternet）商業網的專家說，恰普曼網路銷售模式設計幼稚，極不專業，與廣告商和投資商的專業期待相去甚遠。果然，她的公司僅運營了很短的時間，不僅未見有實力的廣告商登門，反而連《共青團真理報》也不願與她合作，恰普曼簽約承諾給報社的每年八萬盧布（折合約三千二百美元）的廣告費也泡湯了。她媽媽出面替她打圓場說：「我閨女的錢都打了水漂。」她還說，恰普曼成立公司一年後，便有意賣掉它。

實際上，恰普曼根本無意賣掉公司，相反，她還於二〇一〇年遠行美國紐約，註冊了一家經營華爾街摩天樓房地產的網站。美國老牌關注創業公司的科技資訊平臺（Tech Crunch），研究了恰普曼的網站之後，得出的結論竟然與當年俄羅斯「英特網生活」的幾乎一樣，外加英文表述錯誤百出。時隔一年，恰普曼的美國房地產網站就真的關門大吉了，原因很簡單，她因涉嫌間諜罪而被捕。美國安全部門指責說，恰普曼不僅利用房地產生意作掩護，而且在美國註冊時代風險投資公司（TIME Ventures），廣為結識俄羅斯富豪，為俄羅斯國家情報部門調查國內資金流失美國狀況，及其俄羅斯業主在美國註冊公司，再返回俄羅斯經營的情況。

恰普曼雖是短期赴美，可很快就引起安全機構的重視，甚至跟蹤調查。美國國安人員發現，恰普曼來美後，曾多次在多個公共場所（多達十餘處）使用筆記型電腦發送可疑郵件。特別是她在靠近紐約聯合國總部的地方，與俄羅斯辦事處的工作人員互通加密郵件，並發送簡訊聯繫。二〇一〇年六月，一位自稱叫羅曼的俄羅斯人致電恰普曼，自我介紹說他是恰普曼在美國的保護人，希望面談。羅曼在見面時，要求恰普曼為另外一位俄羅斯秘密間諜制作假護照，這突如其來的一幕，引起了恰普曼的警覺，不久，她終於斷定，自己早已置身於美國國家安全機構的監控之下。

二〇一〇年六月二十六日，恰普曼愈感事態不妙，情急之下，她用手機直接與父親和他在紐約的朋友通話，告知他們與羅曼見面以及假護照的事情，並說了「暴露在即」之類的話。父親及其朋友都力勸恰普曼盡力避免再與羅曼聯繫，將做好的假護照交與紐約警察局，並儘快自首。恰普曼立即照辦，二十八日，恰普曼被捕，隨後，根據她的供詞，全紐約俄羅斯間諜網數十名成員悉數被捕，給他們羅列的罪名是，與俄羅斯聯邦對外情報機構合作，刺探美國國家核武器機密，以及搜集美國政府對伊朗的外交政策和中情局（CIA）及國會領導人的資訊。中央情報局認為，這是自蘇聯解體之後，俄羅斯對外情報機構在海外所遭受的最重大的損失。

翌日，二十九日，俄羅斯聯邦外交部長拉夫羅夫（Сергей Лавров）嚴詞譴責，說美國抓捕恰普曼，是對俄羅斯政治和外交挑釁。俄羅斯內務部亦公開撰文指出，美國安全機構逮捕的不是俄國間諜，而是守法良民。但美方堅稱，他們破獲了恰普曼從俄羅斯對外偵察局（СВР）領受任務的加密資訊，證明了恰普曼是俄羅斯派遣的國家間諜。美方還出示了恰普曼未完成的任務證據，以及她所得到的在美生活和工作的相應條件，如汽車、住房和銀行帳號等資訊。二〇一〇年七月八日，恰普曼及其他被捕的俄羅斯籍同案，均承認為俄羅斯間諜機構效力和在美國犯有間諜罪，被沒收全部資產和錢款，之後被驅逐回俄羅斯，換回四名美國和英國被俄羅斯逮捕和關押的俄裔間諜。

事後得知，恰普曼及全紐約俄羅斯間諜網被美方搗毀，事出有因：恰普曼在美國執行俄羅斯對外偵察機構的任務時，恰有該機構的間諜波傑耶夫（Александр Потеев）叛逃美國，他知道恰普曼及其間諜網的不少行動計畫，就是他向中情局出賣了恰普曼及俄羅斯紐約間諜網。二〇一一年六月二十七日，莫斯科軍事法院確定波傑耶夫犯有間諜罪，判處他二十五年監禁。

出賣恰普曼的波傑耶夫至今仍潛逃美國，而俄羅斯對歸來的美女間諜恰普曼則毀譽參半，不過，她才不理會這些，現在，恰普曼成了俄羅斯著名電視主持人，先後主持了《恰普曼的秘密世界》（Тайны мира с Анной Чапман）和《恰普曼和她的男人們》（Анна Чапман и её мужчины）等節目，成為俄羅斯目前最火爆的間諜真人秀專題。現在，作為電視明星的恰普曼收入甚豐，她的資產早就超過了當年她試水房地產和在美國當間諜的所得。

普京　童年時代的克格勃情結

二〇〇〇年，普京第一次當選總統，聖彼德堡旅遊部門開闢了一條市內獨家旅遊路線，取名為「環遊普京之地」，聯票價格約為一百美元。參觀景點有普京的老家，它位於聖彼德堡巴斯科夫胡同，十二號樓。有關普京老家的旅遊專案很滑稽，有當年漆黑的樓門入口，小普京就是在那裡嚇得魂飛膽喪；還有骯髒不堪的貨櫃式的垃圾箱，普京第一次在那裡和野孩子打架……等等。但是，不久莫斯科就來了指示，下令停止「環遊普京之地」的規劃，理由是：嚴禁企業利用國家元首賺錢。

這樣，普京老家，聖彼德堡市巴斯科夫胡同十二號樓又重返寧靜。不過，總是有些人不甘寂寞，不厭其煩地跑來打聽普京童年那些事，樓裡的居民也為其所累，現在他們只要一聽來者是打聽這事的，便把腦袋搖得像個撥浪鼓，連聲說：「我們從來沒聽說過普京家以前住在這兒！」

居民雖這麼說，可是事實就是事實，普京小的時候確實住在巴斯科夫胡同十二號樓。

巴斯科夫胡同十二號樓是一座史達林時期蓋的四合天井式宿舍樓，建於蘇聯偉大衛國戰爭之前。戰爭期間，十二號樓被蘇聯列寧格勒防禦帶空軍指揮部徵用，所以巴斯科夫胡同在戰爭中遭到了德軍戰機的狂轟濫炸，半座樓都被摧毀了。戰後出生的孩子，都愛在巴斯科夫胡同十二號樓的廢墟上玩耍。

一九四〇年代後期，巴斯科夫胡同十二號樓修繕復原，那時蘇聯正值戰後經濟恢復期，普京父親，弗拉基米爾・斯比利東諾維奇在工廠做工，他每週上六天班，掙錢養活全家。普京出生的時候，全家住在十二號樓四層一間房子裡，窄小而擁擠，總共也就二十平方米，日子過得也比較拮据。普京家沒有熱水和廁所浴室，普京小的時候，一週洗一次澡，是父親領他去附近的一個公共浴室洗澡，普京長大以後還清楚地記得，那家澡堂子名叫「涅克拉索夫浴室」。

那時候，十二號樓家家戶戶都有開窗的習慣，從春天一直開到秋後，不遇壞氣候，就不關窗，所以每家每戶的生活都是公開的，毫無秘密可言。

普京家樓下的院子是個賊窩，經常聚集著一群流氓、痞子、無賴和騙子在鬼混，都是從別的居民社區跑來的，他們邊遊蕩，邊尋找犯事的機會。之所以說賊窩，是因為每次普京家附近的涅克拉索夫市場有商販丟了肉，員警最後總是在巴斯科夫胡同十二號樓起獲贓物或者抓到嫌犯。連當時年齡不大的普京都知道，要想在市場得手，首先要找好逃跑路徑，唯一安全可靠的出路，就是先拐進十二號樓，穿過天井院子，跑到後院，爬過地下室的天窗就進到了開拓者胡同，之後，竊賊就可以放心大膽地開溜了。

普京就是在這樣的社區裡長大的。史達林時期的蘇聯孩子，與世界很多國家同時代的孩子一樣，崇尚強者，酷愛鬥狠，普京家樓裡的孩子也常打架鬥毆，出格的事情也時有發生。十二號樓院子裡的孩子按年齡分成幾個圈子，發號施令的都是十六、七歲左右，歷經列寧格勒大圍困的半大小子，普京這樣年齡的小孩子根本無權進這個圈子。那時，普京身材矮小，體格也不強健，鬥狠不是他的強項，不過，他從小心眼多，精於觀察。首先，他待人接物比較主動；其次，他善於依附強者，借他人的力量保護自己，少受欺負。

普京家院子裡的孩子王叫西德洛夫，所有孩子都聽他的，都想拍他的馬屁。後來，西德洛夫年齡大了，有了新的圈子，就離開了普京他們，不久他成為列寧格勒一家犯罪集團的頭領，指揮竊賊偷竊市場的食品被捕，蹲了監獄，再往後便音信全無了。

那時，柔道和桑勃式摔跤（SAMBO）[16]剛剛引進蘇聯，普京爸爸的工廠體育俱樂部也開了訓練班，普京就去報名練功，他覺得，自己太弱小，沒有功夫，只能一輩子受欺負。不過，柔道和桑勃式摔跤卻不能改變普京的性格，他的小學同學回憶說，普京上小學之後，他的性格

16 又稱俄羅斯柔道或俄羅斯防身術，曾經是蘇聯的國技。

「不可思議地閉塞和自我」。

那時，普京在學校沒有朋友，他成了班上最複雜和最難以捉摸的人。普京從不參加班上和年級的活動，也不與人講真心話，他只想有朝一日做老大：誰在十二號樓的院子裡欺負過他，普京發誓饒不了他。他說，學好跆拳道和摔跤，目的是為了復仇，而不是後來媒體上說的那些冠冕堂皇的理由。看得出來，普京從小就知道他要什麼，並且知道自己做事的目的，而且不達目的不罷休。

普京這麼想，不無道理。因為十二號樓的孩子一直遵循「狼群法則」，即長幼有序，年幼的，要無條件地服從和尊崇年長的。年幼的普京被灌輸了這樣的理念：這個世界，只有兩種人，一類治人，一類治於人。大多數人都「治於人」，他們在老大的指揮棒下，為了生存無休止地奔波。普京希望改變自己的命運，可那時他卻無能為力，因為他只是個跟班。有一回，普京回家跟爸爸哭訴，說院子裡有個流氓頭欺負他，普京爸爸脾氣暴躁，聽罷，怒火中燒，衝下樓去把那流氓頭臭揍一頓。回到家，爸爸對普京氣哼哼地說：「有本事下回自己解決！」據普京自己回憶，從這以後，他便決心學好武術，自己保護自己。

十二號樓有個孩子經常欺負普京，他叫柯西列夫。普京當選總統之後，柯西列夫還跟人講起，他小的時候欺負過身材弱小的普京。他托人帶話，想跟已經成為俄羅斯總統的普京見個面，為小時候的事情道歉，可是他不知道，這在俄羅斯是根本不可能的，最終他也沒見到小時候欺負過的普京，於二〇〇五年孤獨地死去。巴斯科夫胡同十二號的老鄰居們都去參加了柯西列夫的葬禮，惟有普京沒去。

十二號樓也有跟普京要好的小朋友，比如說，巴格達諾夫。如今，巴格達諾夫已經退休在家，住在聖彼德堡郊外的一所公寓裡，他一直閉口不談小時候和普京的事。有人問他，他就說，普京都當上總統了，小時候那些事都是陳芝麻爛穀子，就算了吧。最近，巴格達諾夫被記者逼得無奈，才爆了一點料出來。他說，大約六七歲那一年，有一天，他正跟小朋友在院子裡玩，一位叫馬露霞的阿姨領來一個個子很小的男孩，對他們說：「孩子們，這是我兒子普京，讓他跟你們一起玩吧，千萬別欺負他啊！」原來這個女人就是普京的媽媽，她的全名是瑪利亞・伊萬諾夫娜・普京娜，她總對普京的安全憂心忡忡，怕院子裡的流氓欺負他。平時，她上班的時候，不是把普京放在幼稚園，就是委託院子裡值班室的老大爺看管。

普京媽媽在十二號樓孩子心中是個慈善的女人，她總是和顏悅色地和人講話，把家裡的餡餅慷慨地與孩子們分享。不過普京爸爸的脾氣實在不敢恭維，全樓都知道他很暴躁。但是，普京爸爸在廠裡做鐵工，下班的時候經常帶些機械零件回來，帶著普京和巴格達諾夫一起自製兒童車，這是他們最開心的時刻之一。

普京小時候最愛的書，是美國小說家馬克吐溫的小說《湯姆歷險記》。普京和巴格達諾夫在一九五〇年代後期一起讀完了馬克吐溫一八七六年發表的這部小說，竟然幻想去當蘇聯克格勃（КГБ）間諜，做一個英雄偵察員。不久，普京覺得機會來了，他在十二號樓在被水淹沒的地下室裡發現了一顆戰爭時期遺留下來的未爆炮彈。普京決定把它撈起來交給政府，竟然大著膽子，潛水下去把炮彈撈了上來，送到了警察局。此後，普京的威望在孩子們中間提高了不少。不過，蘇聯員警並不看好普京的壯舉，巴格達諾夫說，普京當時把炮彈往警察局的桌子上「咣當」一放，嚇得員警瞠目結舌，隨後四散奔逃，普京卻高聲問他們道：「怎麼樣，員警叔叔，你們說，我今天會上報紙嗎？」員警緩過神來，大聲斥責普京是小亡命之徒，竟敢抱著炮彈闖警局。晚上，普京爸爸下班，聽說此事，狠狠地揍了他一頓。

普京童年的惡作劇遠不止這些。他還帶著巴格達諾夫等人，背著家人，夜宿樹林，害的家長們四處尋找。普京媽媽找到他之後，把他抱在胸前，喃喃地說：「上帝保佑，你還活著！」隨後，她抱著普京抽泣了一宿。

誰想到，普京並未到此收手，他還有更大的鬼把戲。普京一直幻想當蘇聯克格勃間諜，他經常和小夥伴說，要想當英雄偵察員，就得吃得了苦。於是，他就帶著幾個小夥伴，大冬天脫光了衣服，又是鑽雪堆，又是雪地打滾，最後他們都得了感冒，普京自然又少不了挨他爹一頓臭罵。普京玩得最過分的，就是開春時，帶著幾個孩子下到剛開凍的涅瓦河裡，在浮冰上玩一種遊戲，看誰在隨波逐流的冰塊上堅持的時間最長，最後沒掉到河裡的人即為勝者。當然，普京和孩子們都曾多次掉進冰冷的河水裡。

時間可以改變一切，卻不能改變普京想當間諜的願望。那時，普京冬天喜歡戴一頂帶護耳的紅軍軍帽，穿著他父親的軍服。一九六八年拍攝的蘇聯諜戰片《盾與劍》，是他最愛的電影之一。巴格達諾夫說，這部電影普京看得如醉如癡。小夥伴們看完電影後說，普京額前的短髮與電影主人公的很相似，普京聽了，當時就發誓終生不剪額髮。

普京他們不知從哪兒聽說，十二號樓裡住著一個退役克格勃軍官，他就帶著巴格達諾夫去登門求見，還軟磨硬泡地讓軍官講間諜故事。軍官被磨得沒有辦法，就帶著普京他們去了一座公園，看到一張長椅，他就順嘴給孩子們編了一個用口香糖在長椅上做記號，傳遞情報的故事。說者無意，聽者卻大大地動了心，普京聽完故事後，竟然每天都去公園，前後左右在長椅邊搜尋，想找出情報的蹤跡，可見他從小對當間諜多麼癡迷啊。

當小朋友們隨著年齡增長逐漸放棄長大當間諜這一幻想後，普京依舊念念不忘。有一次，普京獨自一人跑到列寧格勒的克格勃大廈，一本正經地問警衛人員：「怎麼才能在你們這兒上班？」警衛說：「要學習好。」於是，此前學習不怎麼樣的普京，真的開始刻苦學習了。普京說，他上學期間不止一次去過國家安全委員會（克格勃）大廈。他中學畢業之後，又去了一次，他問大廈警衛室的幹部：「念完中學，可以在這裡工作嗎？」幹部回答說，不行，還要念大學，最好是讀法律專業。就這樣，普京考入了列寧格勒國立大學法律系讀書。

有些事，就是命中註定。普京大學還沒畢業，克格勃派人去法律系招募新人，他們對法律系主任說，我們想要一個學習好，不好色也不酗酒的畢業生，你們有嗎？主任說，有，他叫普京。克格勃說，你們讓他好好學習，取得好成績，畢業後來我部報到。就這樣，普京直到畢業，成績一直不錯，不喝酒，不抽煙，也不泡妞，畢業之後，普京被克格勃第一局正式錄用，他的夢想成真了。

後來巴斯科夫胡同十二號樓，普京的那些老鄰居們，因為拆遷四散，搬家去了別的地區居住，一九九〇年代以後，除了個別人還與普京保持聯繫之外，普京一九九〇年代做官後，特別是二〇〇〇年當選總統之後，大家便不再往來了。

聖彼得廣場的槍聲

一九八一年五月十三日，羅馬教宗若望・保祿二世（Pope John Paul II, 1920-2005）在梵蒂岡聖彼得廣場被槍擊，身負重傷。

保祿二世一九二〇年五月十六日生於波蘭，自一九七八年至二〇〇五年四月二日出任羅馬天主教第二百六十四任教宗。

一九八一年五月，波蘭同鄉日奇科夫斯卡婭攜丈夫前來梵蒂岡探望保祿二世；九日，他們參加由保祿二世在梵蒂岡花園（Giardini Vaticani）主持的彌撒；十二日，他們又參加了一個為歡迎波蘭雅蓋隆大學到訪而舉行的彌撒活動。日奇科夫斯卡婭明白與保祿二世會面可能刺激波蘭政府，甚至可能回國後有麻煩，但她和丈夫卻不在乎，只想儘快見到保祿二世和參加十三日下午五時在聖彼得廣場的朝聖大會。

由於保祿二世那幾日的行程安排很緊，所以十三日前，日奇科夫斯卡婭和丈夫沒來得及與保祿二世見面，因為教宗被安排與法國著名遺傳學家路易（Jérôme Jean Louis Marie Lejeune）醫生及其妻子共進午餐。

十三日下午十五時，保祿二世在鐘樓門洞裡登上一輛敞篷車，緩緩駛向聖彼得廣場。按計劃，敞篷車應繞場兩周後停在聖彼得大教堂門口臨時搭建的臺子旁，保祿二世再登臺向廣場上的朝聖者佈道。那時，保祿二世面帶慈祥的微笑，緩緩地向朝聖者揮手致意，他的敞篷車沿著木柵欄圍出的通道，緩慢地朝廣場開去。有些教徒將他們的孩子舉過柵欄，讓保祿二世賜福，他便微笑地接過孩子為他們祝福。

十七時十三分，敞篷車朝使徒宮青銅大門駛去，保祿二世將一個祝福完畢的小女孩交還給父母。日奇科夫斯卡婭和丈夫正站在彼得廣場另一角，遠望著人群聚集的廣場。突然他們聽到了槍響，一群受驚的白鴿撲棱棱地飛向高空，日奇科夫斯卡婭和丈夫頓覺不妙，他們跟著朝聖的人群一起朝槍響的地方跑去。日奇科夫斯卡婭和丈夫怎麼也擠不到前方，後來他們見到了當時正站在離敞篷車不遠處木柵欄旁的一位朝聖者，他告訴他們說，他看見木柵欄後面人群第二排有人突然舉起一把手槍（後經偵查那是一把九毫米的勃朗寧手槍），衝著保祿二世開槍。第一顆子彈擊中保祿二世手背後打入他腹部，第二顆子彈僅擦傷了保祿二世的肘部，飛出去打傷了兩名朝聖者（事後得知是美國人）。

保祿二世中槍後倒在敞篷車上，手上和身上鮮血直流，警衛、秘書和其他人一擁而上，有的用手保護他的頭，有的替他止血，也有人搜尋槍手。好在廣場上不遠處停著幾輛救護車，警衛揮手招它過來，眾人趕快將渾身是血的保祿二世抬進去，救護車拉著警笛風馳電掣般地開走，以最快速度穿過暮色中的街道，開到四英里外的義大利羅馬城的傑梅利醫院。

說救護車風馳電掣般地開走毫不誇張，從槍擊現場到醫院四英里的路程，一般汽車要開二十五分鐘，但載著保祿二世的救護車僅用八分鐘就開到了。保祿二世一路清醒，默默地祈禱。剛將他抬進搶救室，他便昏厥過去，眾人驚慌不已。這時，梵蒂岡教廷打來電話詢問情況，大家都不知如何作答。醫護人員先將保祿二世送往十樓他平時住院用的單間病房，醫生檢查發現他的脈搏漸漸衰弱，血壓迅速下降，情況危急，便將他立即轉往九樓手術室。眾人神情慌張，顯得手忙腳亂，保祿二世的蒙席（高級管家）德齊維什（Stanis aw Dziwisz, 1939-）見狀趕緊在一旁指揮大家各司其職。

保祿二世被送到傑梅利醫院的時候，外科首席專家克魯契提正在另一家醫院參加會診，他接到院長電話，立即駕車穿越整個羅馬城返院，一路闖了數個紅燈。他下車後衝進醫院大廳，電梯旁早有人在等候，直接將他帶領到九樓手術室。等候在那裡的護士和助理們立即幫克魯契提換上手術服，克魯契提抽空匆匆洗了手。這時，手術室裡傳來助理醫生大聲報告血壓指數的聲音：「血壓八十／七十，直線下降！」

克魯契提醫生走進手術室時，麻醉師已經為保祿二世做了全身麻醉，手術即刻可以開始。

克魯契提切開保祿二世腹腔，發現腹腔大量出血，他事後回憶說：「腹腔全是血，我覺得無從下手。」克魯契提費盡周折找到了出血點，採取措施止了血。保祿二世的血壓便開始回升，脈搏也相對穩定了。這時，醫生們的情緒才稍許穩定一些，克魯契提在保祿二世腹腔內發現了貫通傷，由於槍彈射入腹腔後運行軌跡不規則，傷口呈現出無序的狀態。克魯契提仔細檢查後，發現保祿二世腹腔內共有八處傷口，他立即做清理和縫合，最後還截去了二十公分小腸……

克魯契提處理保祿二世的傷口用了五個小時，而整個搶救他的生命過程為十個小時，此後，克魯契提才審慎地下結論：保祿二世生命特徵趨於穩定，其主動脈、重要臟器和脊椎均未受傷。德齊維什聽罷興奮祈禱說，教宗是被神蹟所救。保祿二世甦醒後便為受傷者祈禱和原宥殺手，他說：「我要為向我開槍的兄弟禱告，真心實意地寬恕他。」他並不知曉殺手何許人也，但對他而言，殺手是誰無所謂，寬恕最重要。

晚上八點，發佈了第一篇新聞稿，報導保祿二世遇刺搶救的過程和結果。聖彼得廣場上還聚集著數千名朝聖者，他們在保祿二世遇刺送醫後一直不願離開，忐忑地等候著醫院的消息。朝聖者聽完新聞後並未釋懷，因為消息僅說保祿二世「傷情已基本穩定」，他們想得到詳情。

一群來自波蘭的朝聖者在廣場保祿二世的聖座之側，豎立了一幅黑聖母像（Black Madonna）。原來槍擊發生，保祿二世被急救車拉走後，朝聖者立即按照波蘭宗教習俗將這幅隨身攜帶的聖像放置於此，人們看到黑聖母聖像背後有畫師題詞：「願聖父之聖母拯救我於無所不在之罪惡。」半夜一點傳來消息說，保祿二世的手術很成功，狀況正在好轉。廣場上的人們開始祈禱，直到清晨六時才告一段落。

保祿二世遇刺過程中也確有神蹟發生。保祿二世本人說，殺手用一隻手開槍殺他，卻有另一隻手將子彈擋開。這不是一句妄言，回看一下電視畫面，便不難發現，殺手阿加（Mehmet Ali A ca, 1958-）是近距離開槍，有一顆子彈射入了保祿二世腹部。醫生說，它貼著主動脈幾毫米處擦過，既未傷及脊椎也未損壞神經中樞。偵查人員後來在汽車上找到了第一顆子彈，它先打穿保祿二世的右手再貫穿其腹部，最後打進汽車地板裡。第二顆子彈擦傷保祿二世肘部後又打傷了兩位美國朝聖者。

保祿二世從十三日晚至十六日在傑梅利醫院重症監護病房住了四天，十七日在床上做了彌撒，當天，保祿二世對聚集在聖彼得廣場的朝聖者發表錄音講話。十八日，他從重症病房轉到普通病房，醫生檢查後確認傷情穩定並擬定了治療方案。克魯契提醫生在治療期間，還邀請了美國、西德、法國、西班牙和波蘭的醫學專家前來傑梅利醫院會診，使國際治癒槍傷的寶貴經驗得以用在保祿二世治療上。

五月二十日，醫院剛宣佈保祿二世已無生命危險，他就高燒不退，達到攝氏三十九點五度，讓醫生心中蒙上陰影。二十七日，保祿二世不適加劇，不僅發燒，還伴有胸疼和呼吸困難，幾日後有所緩解。醫生不同意保祿二世六月六日返回梵蒂岡使徒宮，參加六月七日的君士坦丁堡大教堂落成一千六百年和以弗所大教堂落成一千五百五十年典禮，最多只允許他在陽臺上對聖彼得廣場上的朝聖者發表五分鐘演說。醫生還建議他將兩座教堂落成儀式講話製成錄音播放。果然，保祿二世六月十日至二十四日出現了嚴重狀況：病毒感染、高燒不退。最終，他又被送回醫院治療。

殺手阿加是一九五八年生人，是土耳其「灰狼」恐怖集團成員，一九七九年就有殺人前科，被捕後越獄潛逃，隱名埋姓周遊十幾個國家，被缺席判處死刑，直到一九八一年他刺殺保祿二世才又被捕。阿加後被判處二十六年有期徒刑，直到二〇〇〇年六月十三日，被義大利前總統錢皮（Carlo Azeglio Ciampi, 1920-2016）特赦。二〇〇六年，阿加被押解至安卡拉，為他一九七九年殺害一名土耳其記者而服刑十年。不過，他的律師卻說，不管阿加身在何處都會遭遇危險，因為他知道太多有關刺殺保祿二世的內幕。

保祿二世不僅寬恕了殺手阿加，還於一九八三年親自到獄中與他單獨做了一次秘密對話，為時二十分鐘。他倆的談話內容至今不詳，保祿二世二〇〇五年去世後，對話內容遂成永恆的秘密，但此次對話被世人稱作「人性的楷模和偉大的懺悔」，因為，殺手阿加在談話後不久即受洗成了天主教徒。保祿二世還多次呼籲希望赦免阿加，他在其著作《交談不妄千年》一書中說，阿加是被利用之人，背後另有推手。二〇一〇年一月十八日，殺手阿加出獄，他做的第一件事就是給位於羅馬的保祿二世的墓碑獻花。新聞媒體和出版社也紛至遝來，採訪和稿約不斷，媒體總是對內幕充滿了好奇，阿加也乘機開出七百萬美元稿酬的高價。

一九八〇年代正值蘇美冷戰巔峰，梵蒂岡教宗保祿二世雖不問政治，但其波蘭的出身背景卻使他難以中立——他不僅來自蘇聯社會主義陣營的盟國，他還同情華勒沙（Lech Walesa, 1943-）領導的波蘭團結工聯，蘇聯對他恨之入骨，克格勃（КГБ）主席安德洛波夫公開說，保祿二世是蘇聯的敵人。

根據美國中情局（CIA）檔案披露，克格勃一直計畫暗中除掉保祿二世，但因為蘇聯一九七九年出兵阿富汗使其聲名狼藉，不便對保祿二世採取公開行動。一九八一年五月十三日，保祿二世遇刺，國際情報專家曾斷定，主謀來自蘇聯集團，美國雷根總統後來正式宣佈，假如該情報確鑿，美國將斷絕與蘇聯及其盟國的外交關係。但法庭調查並未發現與蘇聯有關的證據，這場國際之爭才暫時平靜。兩年之後，殺手阿加招供說，保加利亞的國家安全機構是刺殺保祿二世的組織者，還為他提供了武器和經費。此言一出，西方輿論大嘩，人們又將目光轉向了蘇聯克格勃，誰都知道，保加利亞的國家安全機構唯蘇聯克格勃是從。

根據阿加的交代，保加利亞駐羅馬航空公司職員安東諾夫（Сергей Антонов）等人被捕，法庭經過一年調查無果，被捕者最終宣佈無罪，當庭釋放，說明保加利亞與保祿二世遇刺並無關係。二〇〇二年，保祿二世訪問保加利亞，公開表達了對保加利亞國家與人民的情感，很有在國際舞臺上為保加利亞正名之意。時光荏苒，世界天翻地覆，保加利亞在刺殺保祿二世的案件中將自己摘得乾乾淨淨，莫斯科至今也說不清克格勃與此案的瓜葛。

最近十餘年，國際上還出現了各種保祿二世遇刺案的假說與傳聞，如黑手黨、共濟會和西方間諜機構涉嫌參與保祿二世刺殺案的說法，令人眼花繚亂。蘇聯解體後，前克格勃軍官伊萬諾夫接受國際傳媒採訪時說，克格勃和中情局都曾插手此案，事件故而撲朔迷離，真相難辨。伊萬諾夫還披露說，克格勃檔案披露，一九八一年五月十三日，保祿二世乘車前來聖彼得廣場與朝聖者見面時，他身邊的保鏢，除了公開的，還有教會秘密指派的若干安保人員，他們當天都脫掉法衣換上了便裝。檔案記載，就在保祿二世為朝聖者祝福的時候，人群中有兩個人朝保祿二世身邊擠去，這個兩人均為土耳其「灰狼」恐怖組織成員，一位叫阿加，另一位是謝利克（Bekir Çelenk, 1934-1985）。他們倆人的分工是，阿加朝保祿二世開槍，謝利克向他投手榴彈。阿加在距保祿二世五米之處開了槍，但謝利克因恐懼被朝聖者當場擒獲或打死，沒敢動手。

再說，蘇聯確實歷來對梵蒂岡懷有恐懼，這可從一九四〇、五〇年代流傳的一個段子反映出來：史達林憂心忡忡地問外交部長莫洛托夫：「羅馬教宗的兵力有幾個師？」莫洛托夫對史達林說：「一個師也沒有，可是他坐擁天主教十億教徒，全球擁有一百六十六個駐外機構，二千多個修士使團，堪比蘇聯對外偵察機構，教宗的影響力深達歐洲諸國的基督教民主黨，那裡天主教教徒多達兩億八千萬人。」

有關檔案透露說，自梵蒂岡出現了波蘭裔教宗後，蘇聯的擔心與日俱增，他們將保祿二世視為顛覆與瓦解社會主義陣營的頭號敵人。蘇共主管意識形態的政治局常委蘇斯洛夫（Михаил Суслов, 1902-1982）一九八二年去世，臨死前留下遺言：「對於進步世界來說，最大的危險莫過於梵蒂岡的十億天主教徒妄圖顛覆社會主義制度。」那時，克格勃波蘭工作站站長巴甫洛夫（Виталий Павлов）中將向克里姆林宮報告，保祿二世對莫斯科充滿敵意，利用傳教和佈道在教徒面前譴責蘇聯，他的反蘇言論得到了大多數波蘭人的支持。

蘇聯解體後，波蘭國家安全局高級偵察員達斯季奇披露，克格勃曾經策劃過二十多次刺殺保祿二世的行動。一九八〇年，克格勃譯電員舍依莫夫（Виктор Шеймов）叛逃美國，他對中情局交代說，他在克格勃華沙工作站工作的時候，曾經參與克格勃主席安德洛波夫給波蘭工作站站長巴甫洛夫密信的解碼工作，信中命令巴甫洛夫搜集保祿二世的個人資訊，還命令克格勃偵察員想方設法（亦可通過中間人）接近保祿二世。美國解秘檔案顯示，安德洛波夫這份密電不僅發給了華沙工作站，還發給了羅馬、柏林、布達佩斯、布拉格、布加勒斯特、貝爾格勒和索菲亞等工作站。美國研究學者認為，克格勃下令直接或者間接地接近保祿二世，目的就是為了行刺。前克格勃官員和美國研究學者一致認為，提議和策劃刺殺保祿二世的，就是蘇共高層領導人蘇斯洛夫。

故事到此並未結束。二〇〇五年，殺手阿加突然在獄中供認，策劃刺殺保祿二世的是梵蒂岡教廷的義大利紅衣主教及聖座秘書卡薩羅利（Agostino Casaroli, 1914-1998）。阿加說，雇主支付他五萬美元酬金，並提出要求，開槍時不可將保祿二世斃命，只求將其擊傷即可。分析人士說，這是卡薩羅利代表教廷設計的一道苦肉計，目的是掩蓋羅馬教廷的黑色帳目醜聞，他們想靠槍擊轉移視線，同時保持和提升教宗威望。卡薩羅利當然也考慮過風險，假如阿加失手殺死保祿二世，教廷便通過法庭將其定性為異端仇殺，將罪責歸咎於阿加。

但是，二〇〇六年三月二日，義大利媒體公佈了國會保祿二世刺殺案調查委員會的報告摘錄，調查委員會主席、國會議員古贊基（Paolo Guzzanti, 1940-）也對媒體發表談話，稱義大利國會認為，前蘇聯克格勃第一總局檔案處處長米特羅欣（Василий Митрохин, 1922-1992，他已於一九九二年叛逃英國）提供的情報最為準確：一九八一年五月十三日刺殺保祿二世，是由蘇共高層策劃，克格勃具體實施的。

鋤奸追殺令叛國變節者大逃殺

蘇俄安全諜報機構在懲處缺席審判的叛徒方面，很有手段，就是跨境追殺，也不新鮮，蘇俄間諜叛逃史上都有記載，偵察員斯米爾諾夫（Андрей Смирнов）是契卡（ЧК）派駐芬蘭的臥底。一九二二年初，他得知小弟弟因為私藏財產被蘇俄政府鎮壓，母親及二弟遠逃巴西，他一氣之下投奔了芬蘭情報機構，將蘇俄在芬蘭的間諜網名單和盤托出。蘇俄政權缺席判處斯米爾諾夫死刑。一九二四年，斯米爾諾夫前往巴西與家人團聚時被擊斃，後經巴西警方調查，斯米爾諾夫是被蘇俄派出的殺手幹掉的。一九二五年，蘇俄駐澳大利亞工作站偵察員雅羅斯拉夫斯基（Владимир Ярославский）叛逃德國，試圖從那裡聯繫和投靠英國情報機構，當年八月他在德國美因茨的一家咖啡館，被蘇俄格別烏（ОГПУ）特工毒殺。

一九三〇年一月，蘇聯格別烏中東工作站偵察員阿卡別科夫（Георгий Агабеков）在工作期間結識了一位年輕貌美的英國姑娘，遂藉著向她學習英文之際求愛。之後姑娘給他介紹英國大使館武官，阿卡別科夫不僅向英國武官透露了真實姓名和職業，還透露了蘇俄秘密偵察機構的資訊，但英國使館以為阿卡別科夫是設圈套刺探消息，並未予以理睬。阿卡別科夫後來又嘗試與英國情報機構建立關係，也未如願。直到五月，英國情報機構才開始與阿卡別科夫聯繫，正式向他索要簡歷。六月，他熱戀的英國姑娘去了巴黎，阿卡別科夫隨即叛逃法國，他在巴黎對國際媒體宣稱，他是在蘇聯政府逼迫下當間諜，目前正處在格別烏的追捕中。一九三一年，他在柏林出版了《國家政治保衛局：俄國的秘密恐怖》（ОГПУ: русский секретный террор），招致四百多名蘇聯間諜在伊朗被捕，其中四人被槍決，二十七人被判刑。史達林聞訊大怒，下令對阿卡別科夫進行肉體消滅。一九三四年，蘇聯格別烏的第一次暗殺行動失敗。阿卡別科夫一九三六年給蘇聯政府寫懺悔信，希望戴罪立功，洗刷叛國投敵之恥辱。但格別烏對他的悔悟置之不理，殺手最終在阿卡別科夫的巴黎住所內將其擊斃，後拋屍於法國和西班牙邊境的山澗裡。

一九三七年，蘇聯內務人民委員部偵察員克里維茨基（Вальтер Кривицкий）叛逃荷蘭，一九三八年他輾轉去了美國，並配了保鏢以防不測。一九四一年，蘇聯當局派出殺手將其在美國一家賓館的客房內爆頭。一九三七年蘇聯內務人民委員會特工博列茨基（Игнатий Порецкий）在法國背叛蘇聯，內務人民委員會派出殺手，前往巴黎暗殺博列茨基。最終，博列茨基夫婦均爆頭而亡。一九四二年歐洲抵抗組織「紅色合唱」（Красная капелла）特工巴爾特被德國蓋世太保逮捕，後被招募，並在東歐國家效力於納粹間諜機構，後被缺席判處死刑。一九四五年春天，巴爾特逃往美國，被美國逮捕後轉交蘇聯國家安全人民委員會，巴爾特在蘇聯被槍決。

一九五一年蘇聯國家安全部駐芬蘭和美國偵察員海瀚年（Reino Häyhänen, 1920-1964）逃往美國駐法國使館尋求政治庇護，並出賣了英國情報部門的蘇聯克格勃（КГБ）臥底阿貝爾。一九六四年海瀚年死於克格勃製造的車禍。一九五三年蘇聯軍事情報局格魯烏（ГРУ）中校偵察員波波夫變節投敵，成為中情局在蘇聯軍事情報局格魯烏的臥底，成為格魯烏第一位投靠中情局的軍官。波波夫向美國和奧地利情報部門出賣了蘇聯在奧地利和東德的戰略計畫。波波夫中校一九五八年十二月被克格勃秘密逮捕，一九六〇年一月被槍決。一九六二年，蘇聯克格勃第二總局第七處上尉偵察員諾先科（Юрий Носенко）滯留瑞士不歸，後投靠美國情報機構，出賣了二名蘇聯秘密偵察員，還透露蘇聯克格勃在美國駐莫斯科使館安裝竊聽器。之後中情局（CIA）派遣諾先科到德國工作。一九六三年，蘇聯最高法院缺席判處諾先科死刑。諾先科後被任命為中情局顧問，一九八〇年代末退休。蘇聯對外偵察員利亞林（Олег Лялин）一九七一年被英國軍情五處招募，將蘇聯克格勃倫敦工作站的活動計畫、克格勃在英國情報網名單和盤托出，後來他雖然被蘇聯法院判處槍決，但他最終卻躲過了法律懲處，在英國一直活到一九九五年才壽終正寢，國際間諜史專家認為，利亞林未被蘇聯特工追殺是個奇跡。

蘇聯軍事情報局格魯烏少將波利亞科夫（Дмитрий Поляков, 1921-1988）一九六五年投靠美國中情局，為其效力二十年，出賣了十九名蘇聯秘密偵察員、一百五十名外國間諜以及一千五百名格魯烏和克格勃軍官，可謂罪行累累。他還向美國透露了中蘇兩國分歧的戰略情報，為後來美國與中國外交關係的恢復打下基礎。他還將蘇軍新式導彈裝備情報遞交美方，使美國一九九一年發動海灣戰爭時得以有效摧毀伊拉克蘇製導彈。一九八五年，美國中情局的克格勃臥底埃姆斯出賣了波利亞科夫，他於一九八六年被捕，被蘇聯最高法院軍事法庭判處死刑，一九八八年執行槍決。國際間諜史專家認為，波利亞科夫是中情局招募的最成功間諜。

蘇聯格魯烏駐丹麥工作站上校偵察員戈爾季耶夫斯基（Олег Гордиевский），一九七四年被英國情報機構招募。他一九八〇年被格魯烏總部召返回莫斯科，參與制定蘇聯克格勃在英國、斯堪的納維亞半島、澳大利亞及亞洲地區的工作計畫，他得以深入接觸和掌握格魯烏絕密檔案。一九八四年，蘇聯總統戈巴契夫訪問英國，之前的蘇方外訪部署，英國情報機構統統掌握，這全要歸功於戈爾季耶夫斯基。一九八五年，中情局蘇聯東歐處處長埃姆斯叛變成為蘇聯克格勃間諜，出賣了戈爾季耶夫斯基，克格勃立即對他實施嚴控，但戈爾季耶夫斯基憑藉多年間諜工作經驗，巧妙騙過監控人員，利用晨練作偽裝，只穿運動短褲，手拎塑膠袋，便得以離開莫斯科，成功逃往英國。一九七八年，格魯烏日內瓦工作站上尉偵察員列尊是一位效力於英國情報機構的特工，東窗事發前夕，舉家逃往英國，後成為暢銷書作家。格魯烏東京工作站站長列夫欽科（Станислав Левченко）自一九七五年起外派日本工作。格魯烏總部一九七九年命其返回莫斯科，但他拒不從命，留日不歸，被中情局招募，將克格勃日本偵察員悉數出賣。一九八一年蘇聯最高軍事法庭缺席判處列夫欽科死刑。列夫欽科至今仍在美國，是俄文報紙《新俄羅斯言論》（Новое русское слово）的編輯。

一九八二年，蘇聯對外偵察局（СВР）派駐伊朗的秘密偵察員庫奇契金（Владимир Кузичкин）因秘密檔案丟失無法交代，遂畏罪前往英國駐德黑蘭使館尋求政治庇護。他向英國人出賣了蘇聯秘密情報，使克格勃支持的伊朗人民黨覆滅。庫奇契金後被蘇聯最高法院缺席判處死刑。一九八六年克格勃殺手前往英國追殺庫奇契金未果。一九八八年至一九九一年，庫奇契金曾分別致函戈巴契夫和葉爾欽，懺悔往日罪過，希望得到寬恕，允許他返回俄羅斯，但沒有得到任何回復。

蘇聯最傳奇的變節者，莫過於尤爾琴科（Сергеевич Юрченко）。他原是蘇聯對外偵察局駐義大利工作站偵察員，一九八五年，他在羅馬投靠中情局，後被送往美國，不僅出賣了蘇聯先進軍事設備的情報，還供出了潛伏在歐洲的十二名蘇聯間諜。之後，他突然跑去蘇聯駐美國使館，聲稱他在羅馬被中情局特工綁架，強迫服下精神藥物，在藥物作用下被迫招供。他被送回蘇聯後榮獲「榮譽契卡工作人員」獎章。一九九一年，他從對外偵察局退休。研究專家認為，尤爾琴科是最成功的雙面間諜。

蘇聯對外偵察員瓦連尼克（Геннадий Вареник）從一九八二年開始以塔斯社記者的掩護身分在德國波昂工作，一九八七年投靠美國中情局，供出了隱藏在德國政府內的三名蘇聯特工，同年，他被克格勃誘騙至東柏林槍殺。一九八五年，格魯烏中校偵察員巴蘭諾夫（Вячеслав Баранов）被派遣到孟加拉工作，一九八九年他被美國中情局招募，提供了蘇聯格魯烏行政編制圖及在孟加拉的蘇聯偵察員姓名及分佈情況。一九九二年，他返回蘇聯後企圖利用假護照逃往維也納，在莫斯科機場出境時被捕。一九九三年，他被判處六年有期徒刑，一九九九年刑滿釋放。一九九八年六月四日，莫斯科內務部員警莫伊謝耶夫（Валентин Моисеев）與韓國駐莫斯科使館的特工人員接觸，遞送情報，涉嫌賣國，莫伊謝耶夫被捕後全盤招認，被判處四年六個月有期徒刑及沒收個人財產。

俄羅斯對外偵察員斯克利帕里（Сергей Скрипаль）二十世紀九〇年代後期在國外出差期間，被英國軍情六處招募，後斯克利帕里返回俄羅斯，直至退休，一直在為英國情報機構工作，並常年獲得英方支付的相應報酬。斯克利帕里於二〇〇六年被捕，獲刑十三年。俄國偵察員特列季亞科夫（Сергей Третьяков）一九九五年被派駐紐約工作，是俄羅斯聯邦對外偵查局紐約工作站副站長，公開身分是聯合國俄羅斯使團一等秘書，一九九七年特列季亞科夫舉家叛

痛擊　德羅亞羅納克，1941

逃美國，他也成為中情局特工，出賣了俄羅斯與伊朗的核武研究計畫，二〇〇三年特列季亞科夫在美國猝死，醫生診斷是心臟病突發，但是專家說，特列季亞科夫死於他殺。

前蘇聯克格勃官員利特維年科（Александр Литвиненко）是克里姆林宮車臣政策的批評者，二〇〇〇年流亡英國。二〇〇六年十一月一日，利特維年科在倫敦千禧年酒店（Millennium）和前同事盧戈沃伊（Андрей Луговой）見面喝茶，不久發病，二十三日夜間利特維年科死亡。利特維年科死後，法醫在他體內發現大量放射性元素釙二一〇。可見，雖然蘇聯已解體，除惡務盡的肉體消滅方式不再提倡，但假如需要，俄國人斬草除根那一套玩得依舊嫻熟。

俄羅斯也有變節者嘲笑法律判決。二〇〇二年六月二十六日，莫斯科法院因叛國罪，判處前蘇聯克格勃將軍卡盧金（Олег Калугин）十五年有期徒刑，但是卡盧金將軍當時已經遠離俄羅斯，他給莫斯科軍事法庭寫信說，他想寫一份交代材料，可是不會郵寄給法官，而是贈送俄羅斯間諜博物館，昭示參觀者。卡盧金早在一九九〇年便被指控洩露國家機密，遭到逮捕，還被蘇聯總統戈巴契夫和克格勃主席克留奇科夫（Владимир Крючков, 1924-2007）剝奪了軍銜和榮譽稱號。一九九一年蘇聯發生震驚世界的「八一九事件」[17]後，蘇聯政府又將卡盧金的軍銜和榮譽稱號歸還給他，這就更加助長了卡盧金對俄羅斯法律的蔑視。

一九九二年，俄羅斯總理蓋達爾（Егор Гайдар, 1956-2009）和國防部長格拉喬夫（Павел Грачёв）決定將蘇聯間諜衛星所拍攝的部分圖片，移交格魯烏太空偵察中心進行甄別，將非絕密的部分圖片轉賣國外機構，為國家賺取外匯。這些圖片十分珍貴，國外早有傳聞，西方國家期盼已久，照片價格不菲，每張不少於二千美元。格魯烏負責圖片甄別和對外銷售的是上校沃爾科夫（Александр Волков）。他在格魯烏服役二十年，雖然沒有直接參與海內外偵察行動，卻是一位公認的宇航技術偵察專家，在這方面有多達二十項發明專利，所以請他負責照片的甄別及外銷，也不是沒有道理。

以色列駐俄羅斯大使館反恐和禁毒顧問狄耐爾（Ruwen Dinel, 1956-2016），是上校沃爾科夫的買家之一，這位狄耐爾明面上是以色列使館顧問，暗地裡卻是以色列安全機構摩薩德（Mossad）特工。格魯烏對狄耐爾的背景是清楚掌握的，所以格魯烏領導曾經提醒沃爾科夫減少與狄耐爾的見面次數和見面時間。沃爾科夫與狄耐爾有業務進行得不錯，沃爾科夫按計劃向他出售蘇聯衛星在伊拉克、伊朗、敘利亞和以色列上空拍攝的圖片，狄耐爾按規定向格魯烏太空偵察中心財務處支付圖片費。沃爾科夫與狄耐爾在工作之外也有私人交往，因此他沒少受到領導的批評。

一九九三年，沃爾科夫上校從格魯烏退役，之後當上了「蘇聯資訊衛星」公司（Совинформспутник）的副總經理，業內人士介紹，此公司是蘇聯解體前後唯一有格魯烏背景的貿易公司，其基本業務就是向以色列銷售蘇聯間諜衛星拍攝的照片。當年在格魯烏做圖片遴選和銷售的沃爾科夫，手裡掌握著蘇聯衛星照片資源，而狄耐爾持續對這類照片感興趣，於是，沃爾科夫便有了與狄耐爾繼續合作的機會。他們不過是將政府對政府的交易變成了私人生意。更何況，沃爾科夫還得到了格魯烏太空偵察中心主任首席助理斯波雷舍夫（Геннадий Спорышев）的大力支持。不久，斯波雷舍夫也退役，加盟「蘇聯資訊衛星」公司一起做買賣。

17 一九九一年八月，蘇聯政府內部上層官員企圖發動政變，要廢除戈巴契夫的蘇聯共產黨中央委員會總書記兼蘇聯總統職務，並收回各加盟共和國權力。此次政變在短短三天內便告失敗。

沃爾科夫就在這個當口，將從格魯烏太空偵察中心獲取的七張絕密衛星照片——以色列重要城市：特拉維夫、貝爾謝巴、雷霍沃特和海發，悄悄賣給了狄耐爾。

儘管沃爾科夫和斯波雷舍夫都已退役，但他們之所以還能順利繼續做圖片生意賺錢，全仰仗格魯烏太空偵察中心現役中校特卡欽科（Владимир Ткаченко）的大力幫忙，因為他是太空偵察中心最有權力接近間諜衛星照片的人，於是，沃爾科夫和斯波雷舍夫也將他拉進了「蘇聯資訊衛星」公司，成為重要的「業務夥伴」。

實踐證明，特卡欽科確實有本事，他前後向沃爾科夫提供了二百零二張絕密衛星圖片，沃爾科夫將其中一百七十二張賣給了狄耐爾，僅這一筆交易便獲利三十萬美元，沃爾科夫將其中三萬二千美元分給了特卡欽科，斯波雷舍夫也得了一千六百美元的勞務費。

但好景不長，「蘇聯資訊衛星」公司很快就被俄羅斯國家安全局（ФСБ）盯上了，一九九五年九月，秘密員警在沃爾科夫家安裝了竊聽器，獲悉了他的行蹤。十二月十三日，國家安全局收網，沃爾科夫在莫斯科地鐵白俄羅斯站被捕，他當時正在與狄耐爾交接十幅絕密照片，事後經俄羅斯國家安全局證實，那是俄羅斯間諜衛星拍攝的敘利亞照片。結果，沃爾科夫被刑拘，狄耐爾則被釋放，俄羅斯政府宣佈其為「不受歡迎的人」，兩天後被驅逐出境。俄羅斯國家安全局同時拘捕了「蘇聯資訊衛星」公司的斯波雷舍夫，以及格魯烏太空偵察中心的特卡欽科以及二名同事。

當時，所有被捕的人都面臨被起訴叛國罪，可莫斯科軍事法庭的偵查過程卻格外麻煩，沃爾科夫堅稱事前不知道所提供的衛星照片屬於絕密，以色列是俄羅斯的戰略夥伴，而薩達姆・海珊（Saddam Hussein）[18]是恐怖分子，所以，為了支援以色列打擊伊拉克恐怖主義，體現國際主義合作精神和人類的正義感，他們才將照片賣給狄耐爾。法庭最終也　給沃爾科夫定罪，只將從他那兒抄出的三十五萬美元充公了事。斯波雷舍夫在被捕後立即認罪，承認倒賣絕密衛星照片給摩薩德，但法庭鑒於斯波雷舍夫並未給俄羅斯國家安全造成威脅，便給斯波雷舍夫定了個洩露國家機密罪，判處有期徒刑兩年。

至於格魯烏太空偵察中心現役中校特卡欽科，他被指控向摩薩德出售國家絕密照片。他在莫斯科軍事法庭調查初期先承認有罪，但一九九八年初他又在開庭時當堂翻供，拒不承認對他的指控，說偵察員對他進行誘供，目的是為了讓他證明狄耐爾有罪，以便最終將其驅逐出境。特卡欽科說，他是為了幫助國家才被迫承認自己有罪。莫斯科軍事法庭拖延了兩週，直到一九九八年三月二十日判決特卡欽科三年有期徒刑。

18 伊拉克政治家、軍人、獨裁者，一九七九年至二〇〇三年任伊拉克總統。

這樁奇異案件終於落幕。它的判決結果出乎人們預料：同為當事人，有人受到審判，有人則免於起訴。特卡欽科的律師說，沃爾科夫之所以逃過法律制裁，是因為他是俄羅斯國家安全局在摩薩德的臥底，他表面上出售國家絕密照片撈錢，實際在實施國家安全部門的計畫。難道說，沃爾科夫的被捕，真的為他在摩薩德的臥底工作加了分，增添了以色列對他的信任？

俄羅斯另外一樁間諜變節案也很離奇，主人公是俄羅斯對外偵察局（СВР）上校偵察員、蘇聯紅星勳章獲得者波傑耶夫（Александр Потеев, 1952-2016）。波傑耶夫在蘇俄國家安全機構工作三十餘年，他在二十世紀七〇年代以蘇聯駐外使館外交官為掩護，在蘇聯克格勃「天項」（Зенит）特別行動小組任職，活躍在阿富汗戰場，後來他又作為克格勃第一總局成員在世界多國工作過。一九九五年，他曾以蘇聯大使館工作官員為掩護身分，在美國工作，後又在駐紐約聯合國總部俄羅斯使團工作。

波傑耶夫在美工作期間，被美國中情局成功策反，招募為間諜。二〇〇〇年波傑耶夫受命返回莫斯科，被任命為俄羅斯對外偵察局「C」局（即秘密派遣處）副局長，直接領導第四處（美國處）工作，管理向美國派遣的俄國秘密間諜。

波傑耶夫全家計畫叛逃是在二〇〇二年，根據俄羅斯《新報》（Новая газета）的報導，波傑耶夫為了叛逃美國，主動申請到第四處工作，以方便獲取美國相關資訊，為最終叛逃美國做準備——他開始將家人向美國轉移，二〇〇四年，他將妻子送往美國，同一年，女兒大學畢業後立即聯繫了一家美國技術諮詢公司並且前往工作。他兒子在莫斯科「俄羅斯國防出口公司」上班，本不願意出國，但是他告訴兒子，叛變投敵早晚敗露，走為上策，他兒子聽罷只得放棄工作，二〇一〇年遠走美國。

就這樣，從二〇〇二年至二〇一〇年，他家三口人相繼前去美國，但國家安全局非但對此不聞不問，而且波傑耶夫還繼續當著對外偵察局「C」局副局長，照常接觸大量絕密檔案和指導潛伏在美國的外派俄羅斯偵察員工作。波傑耶夫叛逃前，俄羅斯對外偵察局曾準備給他加官晉級，但卻遭波傑耶夫拒絕，因為他擔心升遷之前，對外偵察局人事部門會對他進行全面調查，那樣他被美國招募之事便會露陷。

二〇一〇年六月，波傑耶夫申請去美國探親，得到批准後，他使用假護照取道俄羅斯、烏克蘭和德國，最終叛逃美國。

波傑耶夫成功叛逃，俄羅斯備感震驚。時任俄羅斯總理普京也是克格勃出身，聽了波傑耶夫叛逃一事非常氣憤，他說：「波傑耶夫早晚被釘上十字架。」波傑耶夫到美國後先下手為強，立即向中情局提交了俄羅斯在美間諜網最新名單，中情局飛快出手，將十名俄羅斯間諜逮捕後驅逐出境，其中包括著名的俄羅斯色情女間諜，「燕子」恰普曼。二〇一一年五月三日，莫斯科軍事法庭缺席審判波傑耶夫上校，十六日，法庭宣判波傑耶夫犯有叛國罪和臨陣脫逃罪。六月二十七日，波傑耶夫被判處二十五年有期徒刑，剝奪上校軍銜和國家榮譽，整個審判過程是秘密的，從未對外公開過。

叛國者波傑耶夫是否逃脫了真正的審判？普京最近在一次公開講話中說，俄羅斯不會再像蘇聯那樣，跨境追殺逃亡的變節分子。要知道，那些曾經參與追殺的克格勃特工，後來也都被另外一些特工殺害。普京反對冤冤相報，他說，叛國者早晚自掘墳墓。據觀察，俄羅斯懲處叛國者的尺度遠小於蘇聯時代。目前對變節者的懲處，已從蘇聯解體前慣用的極刑和追殺，降低為有期徒刑和沒收財產。

克格勃超級部隊秘史

一九六九年正是蘇聯國力不斷上升，國際擴張日益加劇之際。三月十九日，根據蘇聯部長會議（Совмин）指示，克格勃（КГБ）組建了一支秘密部隊，以完成蘇共所授予的超級任務，這支秘密部隊的細節及其所作所為，直到二〇一五年前後才部分曝光。因為這支部隊在蘇聯解體後依舊改頭換面地存在，近兩年，退伍老戰士逐漸浮出水面，儘管保密條例仍在生效，但他們已經與社會開始有所接觸，他們的故事也開始流傳起來。這支克格勃超級部隊就是鮮為人知的克格勃「改進軍官編制訓練隊」（Курсы усовершенствования офицерского состава，以下簡稱「訓練隊」）。世人看罷不禁要問，為何令人聞聲喪膽的克格勃組建新機構，要給它起個如此不倫不類的名字？那是因為，克格勃知道世上沒有不透風的牆，所以他們給這個超級部隊起了個中性名字，意在保密。

「訓練隊」是蘇聯二戰之後第一次將作戰部隊納入國家安全機構。蘇聯不願高調給它命名，除了上面所說的原因之外，蘇聯還想在實戰中秘密檢驗「訓練隊」的功效。二戰結束後，世界政治格局發生改變，蘇聯認為，國家僅靠大規模軍隊作戰解決國際政治爭端的時代已經結束，而美國推崇的特種部隊境外秘密戰，機動靈活，速戰速決，值得仿效。蘇聯克格勃高層說，「訓練隊」的宗旨就是準確選擇目標，進行定點打擊。經過培訓的克格勃超級戰士，可以奉命在國與國發生戰爭行為的時候，秘密前往執行任務，事前和事後均不聲張。例如，「訓練隊」的戰鬥隊員於一九七九年十二月二十七日突襲阿富汗前總統阿明（Hafizullah Amin），先將其圍困在喀布爾郊外行宮，最終將其殺死，史稱「風暴三三三」行動。「訓練隊」戰士均屬於克格勃特殊偵察員，他們的行動是為配合蘇聯正規對外偵察和特種部隊提供援助。

「訓練隊」所領受的任務非同尋常，高度專業，完成與否取決於入選戰鬥隊員的素質。第一批「訓練隊」的教師是當時蘇聯最有工作經驗的克格勃精英，他們選擇隊員的標準，就是選擇在職特工中的高手。一九六九年，時任最高蘇維埃主席團主席布里茲涅夫和克格勃主席安德洛波夫，也對組建「訓練隊」大力支持。

「訓練隊」的總指揮為博亞林諾夫（Григорий Бояринов, 1922-1979）上校。他一九四一年畢業於蘇聯斯維爾德洛夫步兵學校（Свердловское военное пехотное училище），衛國戰爭期間僅為蘇聯紅軍迫擊炮排排長，一九四二年在蘇聯內務部邊防營服役，曾在紅軍狙擊手學校當過校長，還組建和領導過紅軍特別破壞分隊，端掉過義大利師的師部，後來出任蘇軍邊防軍參謀長。博亞林諾夫一九五三年畢業於蘇聯國家安全委員會軍事學院（МГБ），一九五九年畢業於蘇聯伏龍芝軍事學院（Военная академия имени М. В. Фрунзе）。一九六一年他開始在捷爾任斯基高級紅旗學校（Высшая Краснознамённая школа имени Ф. Э. Дзержинского，目前易名為「俄羅斯安全局學院」）任教。他自一九六九年之後受命出任「訓練隊」最高指揮官，一九七九年，博亞林諾夫被克格勃派往阿富汗，率領「澤尼特」特別小分隊突擊前總統阿明行宮，博亞林諾夫在戰鬥中陣亡。

上述提及的「澤尼特」特別小分隊，即是蘇聯「訓練隊」的八個特別小分隊之一，其餘還有「澤尼特」二號特別小分隊、「格羅姆」特別小分隊、「卡斯卡特」特別小分隊、「卡斯卡特」二號特別小分隊、「卡斯卡特」三號特別小分隊、「卡斯卡特」四號特別小分隊、「奧美卡」特別小分隊。博亞林諾夫上校的「訓練隊」所用師資，均為克格勃專家，或在戰鬥中曾建立戰功或者榮獲勳章的戰鬥部隊軍官，一句話，所用師資都是邊實踐邊教學的軍人。

其實，克格勃成立「訓練隊」，並非蘇共首創，而是冷戰時期受歐美啟發。早在「訓練隊」出現十多年前，歐美就已經組建了多個特別戰鬥分隊，在國際衝突中屢建功勳，之後，蘇聯才急起直追。之後，蘇聯竟然後來者居上，不僅成立了「訓練隊」這樣的特別作戰部隊，而且克格勃學校也如雨後春筍在蘇聯各地成立。其中一個很重要的原因，蘇聯高層希望趁著蘇德戰場上下來的紅軍特工尚在，利用他們極為豐富的作戰和諜報工作經驗，為冷戰服務。果然冷戰過程中，紅軍的經驗沒有浪費，全都奉獻給了克格勃的發展。

克格勃的「訓練隊」創建之初，隸屬於蘇聯克格勃紅旗高等學校（Высшая краснознаменная школа КГБ СССР），那時授課教師和前來上課的學生，幹部身分均屬於克格勃第一局（Первое главное управление КГБ СССР）。二十世紀七○年代以後，由於「訓練隊」所培訓的幹部執行的都是極為秘密的偵察任務，所以，他們的業務歸屬為克格勃第一局的「C」處，即特別行動處。「訓練隊」的基地位於莫斯科郊外的巴拉希哈（Балашиха）小城克格勃訓練基地內，當年蘇聯紅軍第一批特種偵察員即是從這裡出發，上前線執行秘密任務的，其中包括紅軍女偵察員卓雅（Зоя Космодемьянская），她在莫斯科郊外執行破壞任務時，被德軍俘獲，後遭處死。著名的英裔蘇聯間諜阿貝爾就曾經在此任教。巴拉希哈克格勃訓練基地在二戰之後還曾經是克格勃一○一間諜學校舊址，曾經培養了蘇聯整整一批對外精英偵察員。

「訓練隊」的主要培訓科目，都是理論與實踐相結合，起初各種課程為時一個半月。開始時，「訓練隊」官兵在一起培訓，後來，他們加強了對軍官的培訓，才開始分開訓練，軍官不與戰士在一起，還延長了軍官的培訓時間，從一個半月延至三個月。「訓練隊」第一批學員為六十人，他們都成為後來蘇聯克格勃特種部隊的骨幹。隨著集訓的深入，「訓練隊」每年招收兩批學員，所有學員的集訓時間均延長至五個月。克格勃一○一間諜學校注重對學員的戰術培訓，其中很重要的一項訓練，就是培養學員在嚴峻的形勢下，深入敵後從事偵察和破壞活動，其主要課程有：情報偵察、目視觀察、技術觀察、散佈虛假情報、偽造檔案、秘密管道轉場、戰術性或物理性進入複雜目標、目標的物理或技術防禦特點及其攻克手段、佈雷與破壞活動、國外和自製爆炸物的清除方式、國產與進口武器的使用、肉搏戰、在極端條件下操作交通工具、各種通訊工具和加密技術、野外建立基地方式、極端條件下的生存方式、克服自然與人為障礙的方式、建立自主機制的精神意志品質的心理準備、為直升機和小型航空器登陸打造平臺，以便海空陸戰隊的登陸作戰以及作戰部隊在戰鬥地區的安全保證等。

在克格勃而言，國際恐怖主義不是一個新詞，蘇聯早在二十世紀六〇年代後期便開始應對國際恐怖突發事件。一九七二年九月五日，巴勒斯坦恐怖分子持槍襲擊慕尼黑奧運會以色列運動員駐地，殘酷殺戮震驚世界，也使得「訓練隊」加大了針對國際突發事件的訓練，他們增加了培訓課程，如反恐和反極端主義集團的特殊作戰教程。克格勃高層將「訓練隊」的培訓期延長至七個月，還增加了「高山反恐作戰」等補充培訓專案等。「訓練隊」還應克格勃高層的指示進行了公開演練，克格勃副主席札哈羅夫（Виктор Захаров）中將親自到場觀摩。克格勃要求「訓練隊」在反恐演練中，加強學員在山地和空降作戰中的心理素質訓練，實踐證明，這些對日後他們在阿富汗作戰起到了有效的作用。「訓練隊」培養學員的年代恰是冷戰高峰，所以其所培養的學員後來很多都編入「澤尼特」和「卡斯卡特」特別小分隊，進入阿富汗執行克格勃特別任務。學員在執行任務的過程中，亦有目的地觀察和發現教學與實戰的脫節之處，隨時回饋給分隊與總部指揮員，以便提高「訓練隊」的教學水準。

早在蘇德戰爭期間，蘇聯克格勃就已組建過類似「訓練隊」的機構，比如在戰爭爆發第三天，蘇聯內務部便奉命組織了摩托化特別旅，編入蘇聯著名偵察員蘇多普拉托夫（Павел Судоплатов）中將指揮的第四遊擊分隊，該旅在敵後曾大顯神通，給予德軍有效打擊。一九五五年，又在該旅的基礎上成立了克格勃第一局第十三特別分隊。

另外，關於「訓練隊」的指揮官，一九七九年，「訓練隊」指揮官博亞林諾夫在阿富汗進攻前總統阿明官邸的戰鬥中陣亡後，一級上衛、蘇聯英雄稱號獲得者卡茲洛夫（Эвальд Козлов）曾代理指揮；一九八三年後，戈洛夫（Сергей Голов，1941-）正式出任「訓練隊」指揮官，他也曾參與過進攻阿明官邸的戰鬥。戈洛夫對克格勃特種部隊的發展起到過關鍵作用，蘇聯解體前，「訓練隊」易名為蘇聯「信號旗」（Вымпел）克格勃特勤中心（Центр специального назначения КГБ СССР），蘇聯解體後易名為「俄羅斯國家安全局特勤中心」（Центр специального назначения ФСБ России），現在則是俄羅斯國家安全局阿爾法（Альфа）特工分隊。

上面說到的蘇聯克格勃「信號旗」特勤中心，於一九八一年八月十九日在「訓練隊」的基礎上組建，其主要成員均為「訓練隊」畢業生，他們都是具備國際作戰經驗的特勤戰士，諳熟多門外語外國情學，徒手格鬥和火器射擊很是精通，還有高超的跳傘與潛水技術。一九九三年十月，戈洛夫上校奉總統葉爾欽之命，率俄羅斯國家安全局特勤中心的戰士參與攻打俄羅斯政府辦公大廈白宮。戈洛夫退役後，特勤中心轉入俄羅斯國家內務部管轄。

原「信號旗」特勤中心培養的學員來自蘇聯不同國家，蘇聯解體後，他們便各回各家。喬治亞前總統謝瓦爾德納澤（Эдуард Шеварднадзе, 1928-2014）曾分別在一九九五年八月二十九日和一九九八年二月九日遭到兩次暗殺，喬治亞有證據顯示，組織者為國家安全局局長基奧爾卡澤（Игорь Гиоргадзе, 1950-），他也是蘇聯克格勃「訓練隊」的畢業生。「訓練隊」教師們聞訊後紛紛站出來為基奧爾卡澤辯護，可是在各種利益相互糾葛的前蘇聯，誰能確保昔日訓練有素的克格勃特工不會墮落為今日爭權奪利的工具？

克格勃的甜蜜誘惑——燕子與烏鴉

《聖經》的《士師記》書中講了這樣一個故事，猶太人士師參孫身體中凝聚著上帝賜予的神力，他不僅可以徒手擊殺雄獅，還可隻身與以色列之敵非利士人戰鬥，甚至可用一塊驢腮骨擊殺一千個敵人。然而人性自有弱點，參孫背棄以色列律法和父母的勸戒，不僅娶了非利士女人為妻，甚至嫖妓。於是，非利士人利用女人大利拉色誘參孫，在床笫間套參孫的話。她獲取了制服參孫的秘密，為非利士人通風報信，告知他們如何捆綁和制服參孫，最終竟使得叱吒風雲的參孫做了非利士人的階下囚。可見，通過色誘獲取情報，自古有之，非新鮮事也。

太陽之下，本無新事。蘇聯解體之後，克格勃（КГБ）檔案大量解密，克格勃所培養的「烏鴉」與「燕子」等色情間諜的內幕也逐漸曝光。我們看到，昔日的蘇聯偵察員不僅善於在看不見的戰線上真刀真槍地廝殺格鬥，也善於床笫之間柔情似水地色誘，可謂為獲取情報無所不用其極。早在一九一七年十二月二十日，蘇維埃政權便根據列寧的指示，成立了全俄肅反委員會（ВЧК），簡稱「契卡」（ЧК），旨在採取非常措施打擊針對蘇維埃的顛覆和破壞活動，懲戒消極怠工和投機倒把等不法行為，以鞏固新生的政權。契卡在開展工作初期，便針對蘇維埃政權的敵人制定了色誘計畫，那時契卡廣泛招募妓女加盟，除此之外，女演員和女運動員也被契卡強迫與工作目標對象進行床上交易，為紅色政權套取情報。還有一些廠礦企業的技校教師也加盟進來協助工作，這些為契卡工作的女性之所以承諾參與，有些人是因為受到蘇維埃愛國主義思想影響，還有些人是出於對紅色政權和紅軍的恐懼。她們中間業績優異者，後來被送往克格勃學校做了教師。據悉，一九四一年，貝利亞出任蘇聯國家安全機構總政委後，常派人到國家安全部門的女間諜圈子裡為自己挑選情婦。克里姆林宮的蘇共領導人也差人光顧「契卡」女諜選妃，他們更感興趣的，是有歌星或芭蕾舞星背景的女特工，一方面，她們政治上可靠，另一方面，她們性技巧嫻熟，容易滿足選妃者的欲望。

言歸正傳，眾所周知，蘇聯時代不允許開設妓院，但是，出於工作需要，蘇俄國家安全部門在蘇聯主要城市的高級賓館內均開設了「工作用房」，為其「烏鴉」與「燕子」提供工作便利。在蘇聯國家安全部（МГБ, 1946-1953）和蘇聯部長會議下屬國家安全委員會（克格勃）時期，在酒店開設「工作用房」逐漸形成規模和體系，以至於後來蘇聯幾乎所有大中城市的賓館和酒店都開設有國家安全部門的專屬房間，克格勃內部將其稱為「軍事妓院」（Salon Kitty），該詞不是蘇聯的發明，乃源自納粹隨軍慰安所。

其實就今天看來，克格勃敲詐的方式很老套，無非就是「燕子」將「工作對象」領進酒店，翻雲覆雨之時，秘密員警假扮女方丈夫，按計劃突然闖入房間，大吵大鬧，摔椅子，砸桌子，甚至動手打人，在這關鍵時刻，治安民警如期而至，假裝出手救援驚魂未定的「工作對象」，至於現場做不做筆錄，帶不帶回警局問話，克格勃事前都有安排。有時候，警察局局長也會親臨「捉姦」現場，假裝安撫「姦夫」，撕掉民警的現場筆錄，態度溫和地說服他與政府合作。實際上，酒店房間的每個角落早已密佈攝影鏡頭和錄音設備，所以，無論「工作對象」配合不配合克格勃，敲詐的證據都很充分，克格勃才不怕他們不認帳。二十世紀五〇年代，克格勃不僅在蘇聯國內幹得卓有成效，在緬因河畔的法蘭克福也取得了突破，一名代號為「利季婭」的漂亮德國女人被克格勃發展成「燕子」，從西德政府機構工作人員，甚至北約高級軍官那裡套取了情報，後來，有關西方的情報源源不斷地通過東德輾轉交到莫斯科克格勃總部。「利季婭」也立功受獎，被克格勃晉升為上校。

隨著形勢的發展，蘇聯不僅在喀山建立了專門培訓「烏鴉」與「燕子」的克格勃學校，還逐漸將視線轉向蘇聯國內的各種選美、歌唱和舞蹈等文藝大賽的佼佼者，凡被選中的俊男靚女，經過政治表現、身體素質和社會關係的初選，再由生理學和心理學專家組成的專門委員會進行嚴格的「性誘惑力」檢驗，之後再進行專業培訓和實戰演練，通過對不同國家和種族人群的直接接觸，深入體驗世界各地的文化與習俗，培訓課程最終才告完成。

一九五九年，克格勃派遣英俊瀟灑的美男子偵察員沃隆諾夫斯基出任蘇聯駐美國紐約聯合國總部工作人員，色誘和招募美國大明星瑪麗蓮・夢露，使其為克格勃效力，意在接近美國總統甘迺迪，那時瑪麗蓮・夢露與甘迺迪之戀已是世界茶餘飯後的談資。蘇聯克格勃主席舍列賓曾親自向蘇共中央政治局的主要領導赫魯雪夫、米高揚、蘇斯洛夫和葛羅米柯等人報告，沃隆諾夫斯基是克格勃選中的「烏鴉」，是通過色誘手段獲取情報的專業偵察員。他被選中前往美國工作，事前曾經過嚴格的審核和培訓。史學家指出，瑪麗蓮・夢露被克格勃「烏鴉」沃隆諾夫斯基誘惑，可能向蘇聯提供了甘迺迪總統的重要情報。

一九六七年，蘇聯招募英裔探長西蒙斯（John Symonds）為克格勃偵察員，目的是在摩洛哥首都拉巴特獲取英美情報。西蒙斯決計以色相勾引英美駐拉巴特使館女性外交官，以求在床第之間獲取重要情報。西蒙斯探長風流倜儻，談吐幽默，且是性愛高手，克格勃給他的工作代號是「柔情羅密歐」。英美使館高傲的女職員們在他性愛的猛烈攻勢下，紛紛投降，有價值的情報也源源不斷地流向克格勃。

其實，現實版的羅密歐應對西方使館高傲的女職員時，並不輕鬆，西蒙斯後來回憶說，他每次與她們上床之前，必狂飲一通威士忌，借助酒精之力，裝出一副激情勃發的樣子。其次，女職員都是如狼似虎的年齡，西蒙斯在床第之間與她們周旋，既需要高超的技巧，也需要聰明與智慧。後來，克格勃鑒於他在工作上連連得手，便將他派往原社會主義國家陣營的保加利亞進行專門培訓。克格勃鑒於他功勳卓著，便給他安裝了十二顆金牙，以便讓他在女人面前更加「性感」。二十世紀七〇年代後半期，蘇聯克格勃為了獎勵西蒙斯的工作業績，安排他三次前往蘇聯旅行，享受社會主義勞動英雄的待遇。當時蘇聯克格勃主席安德洛波夫也對他的工作能力讚歎不已，還希望有機會與他見面交流。

一九七〇年代末至八〇年代初，克格勃專門組建了招募間諜的色誘中心，代號為「克拉麗莎」（clarissa）。一九八〇年代曾在蘇聯克格勃檔案部擔任主任的米羅申科（Дмитрий Мирошенко）說，克格勃「克拉麗莎」中心招募了很多俊男靚女，還有不少心理學家和性病理學家參與工作。克格勃對新招募的學員承諾高薪和未來優越的生活條件，但命令他們必須按照國家特勤機構的要求完成訓練科目及執行派遣任務。「克拉麗莎」中心的男女學員在訓練時，首先需克服常人的羞怯和靦腆，男女生結對實戰操練，其中包括參照圖片與錄影進行性變態培訓。此外，「克拉麗莎」中心的教練還為學員組織同性戀派對，並將派對全程錄影，組織學員反復觀看，指出問題並在以後的演練中加以改正，目的是為了讓學員在未來工作實踐中高品質完成特殊任務。中心的心理學課程，主要以佛洛伊德精神分析學理論為基礎，學校招收莫斯科有名的妓女，強迫她們對克格勃未來的「烏鴉」與「燕子」進行「業務培訓」。

最近，前「克拉麗莎」中心女學員奧柯桑娜在俄羅斯接受媒體採訪時說：「我們當時被告知，我們是克格勃戰士，身體是戰鬥武器，我們處於革命戰鬥的最前線。我們要學會毫不害臊地誘惑敵人，隨時準備與組織選中的任何一個男人上床。」另一位學員柳德米拉說：「我們對被選中的工作對象，都進行了詳細分析，包括其性取向，以免他在工作過程中脫鉤。我們儘量製造偶遇來結識工作對象，並以直接勒索和敲詐告終。教官告訴我們，與工作對象攤牌時需用友好態度告訴他：你沒有別的選擇，只有與克格勃合作這一條路可走。」

當然，克格勃在這方面也有不成功的實例。那是在「克拉麗莎」中心成立之前，一九六一年六月，印尼總統蘇卡諾（Bung Sukarno, 1921-2008）應赫魯雪夫之邀前來莫斯科訪問。蘇卡諾天性好色，克格勃奉命利用他的人性弱點做文章。克格勃在蘇卡諾前來莫斯科所乘坐的蘇聯航空公司的飛機上，安排了幾位迷人的蘇聯空姐，她們按計劃在飛機上挑逗蘇卡諾，跟他眉來眼去，蘇卡諾果然上鉤。蘇卡諾在飛機落地後，主動邀請空姐們到他下榻的酒店狂歡。他哪裡知道這一切都是克格勃的精心安排，蘇聯特工早就在他房間大鏡子旁邊安裝了錄影鏡頭，將狂歡的場面全部拍下，而且用的都是美國進口的彩色膠片。克格勃將膠片沖洗出來，畫面效果絕佳。克格勃把蘇卡諾請到一間放映廳向他展示，並期待蘇卡諾慌作一團，痛哭流涕地哀求與蘇聯政府合作。孰料，蘇卡諾看完電影，竟然喜形於色，還請克格勃多給他幾部電影拷貝，好讓他帶回國放映。蘇卡諾當時說：「我的人民將為他們有這樣的總統而感到自豪！」在場的克格勃聽罷，幾乎全部暈倒。

史塔西（Stasi）是克格勃戰後一手扶植起來的東德國家安全機構。舒爾茨（Gerhard Schulze）是史塔西的老偵察員。他講述了這樣一段往事：克格勃曾經與史塔西聯手，對歐美政府部門的女秘書們發動色誘攻勢，史稱「秘書攻勢」（Наступление на секретарш），「克拉麗莎」中心曾經派出眾多身懷絕技的蘇聯和東德的俊男靚女，前往西德參與行動，目標直指在政府部門工作的四十歲以上的單身女秘書。為何要選定這個目標呢？因為這些女人年老色衰，已鮮有俊男主動勾引，所以她們生活孤獨，苟且度日，可仍心有不甘。「克拉麗莎」中心的「烏鴉」很快就接近目標，誰知不消幾個回合，「烏鴉」竟敗下陣來。原來，老女秘書絕非等閒之輩，見有俊男主動勾引，竟毫不示弱，她們見機會難得，竟也激情應戰，床笫間愈戰愈勇，所以最後竟逼得克格勃「烏鴉」敗下陣去。不過，「烏鴉」雖在床笫間失意，但卻從單身女秘書那裡撈到了實實在在的情報。

但在美國，事情就非克格勃想像得那麼順利了。克格勃起初試圖色誘美國總統卡特（Jimmy Carter, 1924-2024）的國家安全事務助理布里辛斯基（Zbigniew Kazimierz Brzezinski, 1928-2017）。「克拉麗莎」中心絞盡腦汁往布里辛斯基身邊派遣「燕子」，不斷試探他的口味，甚至還派遣同性戀人員接近布里辛斯基，均未成功，此後克格勃加大工作力度，竟派遣了一位女變態狂前去，也未奏效，最終只能放棄計畫。克格勃打造的「克拉麗莎」中心還曾打過羅馬天主教第二百六十四任教宗、梵蒂岡城國國家元首約翰・保祿二世的主意。根據克格勃檔案記載，這位波蘭裔天主教教宗的身邊一度被蘇聯克格勃的「烏鴉」與「燕子」包圍，只是公開的檔案裡沒有透露他們後來是否得手。

一九九一年蘇聯解體，克格勃也不復存在，但冷戰時期克格勃首創的「烏鴉」與「燕子」的工作方式，卻在二十一世紀被不少國家特勤部門發揚光大，也被不法團夥借用來實施犯罪。在欲望高度膨脹的二十一世紀，人類似乎比克格勃時代更難抵禦誘惑，也更容易墜入「甜蜜的陷阱」。

蘇聯安全諜報機構的毒藥

二〇一七年二月十三日，北朝鮮前領袖金正日長子、人民軍大將軍銜、原朝鮮國家保衛部海外部門負責人、朝鮮勞動黨中央委員會宣傳部指導員、朝鮮國家公共安全部負責人、朝鮮電腦委員會主席金正男，在馬來西亞吉隆玻機場被兩名女性毒殺，世界輿論譁然，研究機構也開始追尋國際病毒製劑和毒藥的研發與使用歷史。

其實，蘇聯各個時期的國家安全機構都曾致力於研發病毒製劑和毒藥，用於打擊國內外敵對勢力，維護國家安全和穩定。蘇聯解體後，前克格勃（КГБ）中將蘇多普拉托夫（Павел Судоплатов）發表了一些披露蘇俄國家安全機構內幕的專著，如《特別行動。一九三〇年至一九五〇年盧比揚卡和克里姆林宮》（Спецоперации. Лубянка и Кремль 1930-1950 годы）以及《偵察與克里姆林宮》（Разведка и Кремль）等。蘇多普拉托夫在書中披露，蘇聯病毒製劑和毒藥實驗室運行期間，曾用蘇聯克格勃盧比揚卡監獄囚犯做活體實驗，消息傳出，舉世震驚。

蘇俄秘密研發病毒製劑和毒藥，始於布爾什維克奪取政權之初的一九二一年。那時蘇多普拉托夫是蘇俄國家安全機構的偵察員，他經歷了蘇聯各時期的國家安全機構，從國家政治保衛局（格別烏；ГПУ）、內務人民委員部到國家安全人民委員會等重要轉換時期，曾參與史達林所下達暗殺蘇共前領導人托洛茨基等多項重大行動。一九五三年史達林死後，他即被捕，被判處十五年有期徒刑，直到一九九一年蘇聯解體他才獲釋。他的回憶錄不僅寫出他個人生命的滄桑，也涉及不少蘇俄秘密研發病毒製劑和毒藥的問題。

蘇聯著名病毒專家卡札科夫教授（Игнатий Казаков, 1891-1938）是俄國病毒製劑和毒藥實驗室創始人，這間實驗室神秘莫測，因為危險和保密的雙重原因，能進入其中的人寥寥無幾。布爾什維克奪取政權後，卡札科夫教授的實驗室很快即被蘇聯內務人民委員部下屬國家政治保衛局（格別烏）收編，布爾什維克給這個實驗室派駐的第一屆主任，就是國家政治保衛局副局長兼特別處處長梅任斯基（Вячеслав Менжинский）。蘇俄早期秘密員警高官雅戈達（Генрих Ягода, 1891-1938）出任保衛局局長期間，也很關注實驗室工作。蘇維埃政權為保密起見，直到一九三五年一直未將實驗室隸屬於國家安全機構，而是掛靠在科學院全俄生物化學研究所。一九三五年，雅各達重建病菌和病毒實驗室，任命內務人民委員部謝列勃良斯基少校為實驗室主任，首次將實驗室歸建於蘇聯內務人民委員會特殊小組，由內務人民委員和國家安全總局局長雅戈達直接領導。

一九三七年十二月十四日，內務人民委員會逮捕了卡札科夫教授，並以托派集團同黨的罪名槍決。當年，實驗室正式由全俄生物化學研究所移交內務人民委員部，後歸建內務人民委員部國家安全總局第十二局，即特種技術局。那時第十二局已經成了毒物和細菌研發的專門技術部門，接手病毒製劑和毒藥實驗室的，是內務部第一副部長福林諾夫斯基（Михаил Фриновский, 1898-1940）。後來，他兼任實驗室臨時主任沒多久，就任命由麥蘭諾夫斯基（Григорий Майрановский, 1899-1964）正式出任實驗室主任。

一九三八年，內務人民委員部部長謝列勃良斯基在「大清洗」中被捕，實驗室工作被迫宣告暫停。謝列勃良斯基在位三年，實驗室所做的最大的一件事，就是研發了殺害托洛茨基的毒藥，但研發結果至今未知其詳。自一九三八年開始，蘇聯國家安全機構歷經多次調整，至一九四六年，特種技術局最終歸建國家安全委員會（克格勃）。根據前克格勃中將蘇多普拉托夫（Павел Судоплатов, 1907-1996）的回憶，早在一九三〇年代政治保衛局（格別烏）時期，蘇聯曾將病毒製劑和毒藥實驗室秘密命名為「X實驗室」，其秘密任務就是研發病毒和毒藥，且用活人做實驗。實驗室的具體位址就在莫斯科市中心，盧比揚卡監獄後面的沃爾索諾菲耶夫胡同（Варсонофьевский переулок）。

話說一九三七年八月，麥蘭諾夫斯基出任病毒製劑和毒藥實驗室主任，他的公開身分是蘇聯衛生人民委員部衛生保健化學研究所毒物學研究所所長及全蘇實驗醫學研究所毒物研究所主任。秘密員警麥蘭諾夫斯基一九四三年晉升為上校，獲得醫學博士學位。蘇多普拉托夫中將說，麥蘭諾夫斯基及其研發小組的所有試驗，都是根據克格勃的計畫來實施和完成的。一九三八年，病毒製劑和毒藥實驗室歸建國家安全委員會（克格勃）後，麥蘭諾夫斯基秘密員警上校的身分也逐漸公開，至一九五〇年，他的實驗室成為蘇聯恐怖國家機器的化身，那時已經有大量傳言流行於市，說麥蘭諾夫斯基根據高層命令，研發了世界最具殺傷力的毒藥，並用盧比揚卡監獄關押的犯人做實驗。蘇多普拉托夫中將後來在其回憶錄中證實：「麥蘭諾夫斯基的病毒製劑和毒藥實驗室，用活人做實驗始於史達林時代。正因為如此，一九五一年，他被捕了。」

但是，筆者查遍所有官方資料，麥蘭諾夫斯基被捕，並非是因為他用活人做病毒製劑和毒藥實驗，而是因為非法藏有毒藥，以及參與蘇聯猶太復國主義集團，企圖顛覆蘇聯國家政權和謀殺史達林、蘇聯國家安全部負責審理此案的副部長留明（Михаил Рюмин）。但是由於留明之後也被查處撤職，實驗室其他被捕人員又對麥蘭諾夫斯基私藏毒藥一無所知，最終法院判處麥蘭諾夫斯基有期徒刑十年。出獄後，蘇聯政府嚴禁麥蘭諾夫斯基在莫斯科居住，他只能遷往外地。

麥蘭諾夫斯基在史達林死後未被殺頭，算是福大命大，因為他和實驗室的同事所研究的毒藥，實際上是按照史達林的指示，在一九三七年至一九四七年間用於消滅蘇共黨內外異己分子。他所實施的殘酷的活體實驗，也非個人的決定，乃是赫魯雪夫和克格勃高層的指示，所以說，他後來被整肅，純粹是當了蘇共集團內部鬥爭的替罪羊。蘇多普拉托夫中將說，蘇聯國家安全機構的病毒製劑和毒藥實驗室，直接為克格勃的幾次毒殺行動提供毒藥，克格勃檔案都有記載。比如，瑞典建築師、商人、外交官瓦倫貝格（Raoul Wallenberg）是二戰期間最知名的愛心人士。一九四四年夏季，他從納粹佔領的匈牙利首都布達佩斯拯救出數千名猶太人。一九四五年一月十七日，蘇聯軍隊包圍並攻佔了布達佩斯，以涉嫌間諜活動為名將瓦倫貝格拘留，押送至蘇聯莫斯科盧比揚卡監獄。一九四七年七月十七日，瓦倫貝格死於監獄內，有證據顯示，他是被麥蘭諾夫斯基的毒藥毒死的。

著名沙俄軍官、俄羅斯社會聯盟主席（председатель Русского общевоинского союза）庫捷波夫（Александр Кутепов, 1882-1930）在布爾什維克奪取政權後遠走巴黎，卻遭到蘇聯國家政治保衛局（格別烏）的追殺，追殺行動代號是「托拉斯行動」。一九三〇年一月二十六日，庫捷波夫在巴黎街頭遭遇三名假冒的員警攔截，要他跟他們坐進小轎車裡查驗證件。庫捷波夫感覺不對，試圖拒絕，三名假冒員警立即動手將庫捷波夫往汽車裡強拉硬拽，庫捷波夫激烈反抗後猝死在汽車裡。隨後，假冒員警將庫捷波夫的屍體藏匿起來。

蘇聯隨即發佈消息稱，庫捷波夫在蘇聯境內乘坐游輪旅行時突發心臟病死亡。直到蘇聯解體，克格勃檔案解密，人們才瞭解到，庫捷波夫謀殺案的主使，就是蘇聯國家政治保衛局（格別烏）國外局第一處處長謝列勃良斯基，以及政治保衛局反偵察處處長普濟茨基（Сергей Пузицкий, 1895-1937），巴黎街頭的三位假冒員警則是蘇聯政治保衛局特工。俄羅斯作家雷巴斯（Святослав Рыбас, 1946-2019）在其紀實文學《庫捷波夫將軍》（Генерал Кутепов）中披露，庫捷波夫的遺體被蘇聯特工草率地埋葬在巴黎郊外一位俄國非法移民家庭的院子裡。但另一位曾參與暗殺的克格勃特工弗拉索夫在蘇聯解體後說，庫捷波夫是被他們幾位特工劫持到莫斯科盧比揚卡監獄之後弄死的。但是遠在巴黎的俄羅斯社會聯盟，卻有另外的調查結論：庫捷波夫是被押送到莫斯科，關押多年之後，被病毒製劑和毒藥實驗室的毒藥毒死的。

一九四七年，蘇聯烏克蘭共和國天主教羅姆札大主教（Теодор Ромжа, 1911-1947），被蘇聯國家安全部派遣的護士注射了麥蘭諾夫斯基提供的毒藥致死。故事是這樣的，蘇共烏克蘭第一書記赫魯雪夫不滿羅姆札大主教的影響力不斷增強，赫魯雪夫和烏克蘭國家安全部門負責人薩夫琴科（Сергей Савченко, 1904-1966）致函史達林和蘇聯國家安全部部長阿巴庫莫夫（Виктор Абакумов, 1908-1954），強調羅姆札大主教參加烏克蘭民族獨立運動，蠱惑人心，嚴重威脅地區社會穩定，請求以此為罪名，幹掉羅姆札大主教。不久，史達林批准了此項計畫。最初，暗殺計畫定在一九四七年十月二十七日實施，秘密員警準備在羅姆札大主教前往教區途中動手，但是行動因故失敗了。薩夫琴科一計不成，再生一計，他製造了一場車禍。羅姆札大主教雖然受了重傷，卻未致命。他被送進醫院後，對守護在身邊的教會神職人員說：「為天主和教會流血，無上榮光。」顯然他已經預感車禍乃謀殺之始，不久他果真死於醫院。

蘇多普拉托夫證實羅姆札大主教住院後一週，烏克蘭國家安全部門負責人薩夫琴科和莫斯科病毒製劑和毒藥實驗主任麥蘭諾夫斯基，奉命前來羅姆札大主教住院的城市烏日格勒（Ужгород），實施毒殺計畫。他們曾親口告訴蘇多普拉托夫，他們乘坐專車抵達基輔時，還受到赫魯雪夫親自接見。薩夫琴科兩天之後向赫魯雪夫報告，行動準備完畢，赫魯雪夫聽罷立即下令動手。麥蘭諾夫斯基向當地國家安全部人員（一位醫院護士）提供了一隻裝有箭毒的小玻璃瓶，護士將毒藥混在治療針劑裡，注射進羅姆札大主教身體……

另一樁著名的毒殺案，就是保加利亞作家瑪律科夫（Георгий Марков, 1929-1978）毒殺案件。一九七八年九月七日，僑居倫敦的瑪律科夫外出上班，正當他越過公共汽車站候車人群，走向自己停在不遠處的轎車時，人群中有個人的雨傘尖瞬間刺中了他的腿部。瑪律科夫感到一陣刺痛，帶傘的人低聲致歉後便匆匆離去。第二天，瑪律科夫開始嘔吐和發燒，隨即被送往醫院救治，但為時已晚，他在死前說出了雨傘的事。瑪律科夫死後屍檢結果表明，瑪律科夫被雨傘頂端的金屬帽擊中後，金屬帽裡暗藏注射器，毒針瞬間將蓖麻毒推入了他的身體。

蘇聯克格勃第一總局卡盧金少將（Олег Калугин, 1934-）對瑪律科夫毒傘案比較瞭解。他移民美國後曾撰寫回憶錄《第一總局：我三十二年來針對西方的偵察和間諜行動》（Первое главное управление. Мои 32 года в разведке и шпионаже против Запада），他說計畫在倫敦刺殺瑪律科夫的幕後主使，乃是保加利亞共產黨第一書記日夫科夫（Тодор Живков, 1911-1998）。一九七八年日夫科夫親手制定毒殺計畫，並請求蘇聯克格勃支持，將致命毒傘交給保加利亞國家安全機構。卡盧金少將特別說明，毒傘裡的蓖麻毒正是麥蘭諾夫斯基領導的克格勃X實驗室研發的。

克格勃對外偵察局老兵協會主席維利奇科（Валентин Величко）上校說，瑪律科夫毒殺案乃克格勃特種技術部所執行的海外肅清政敵任務之一。卡盧金少將在一九九一年四月接受莫斯科「自由」（Радио «Свобода»）電臺採訪時就說，一九七八年他領導的克格勃第一總局有一項很重要的任務，就是清除逃亡國外的反蘇份子，殺害瑪律科夫的毒藥，就是他讓其副手戈魯別夫（Сергей Голубев）聯繫X實驗室提供的。一九九三年，前克格勃退役上校戈爾季耶夫斯基（Олег Гордиевский, 1938-）也證明，戈魯別夫曾親自前往X實驗室，獲取殺害瑪律科夫的毒藥。人們在蘇聯解體之後才知道，克格勃獲取的毒藥，是提供給保共總書記滅口用的。

二〇〇五年英國傳媒報導，使用毒雨傘刺殺保加利亞作家瑪律科夫的，是定居丹麥的義大利裔雇傭殺手，名叫古利諾（Gullino）。根據美國《時代週刊》（The Times）報導，二〇〇五年，英國瑪律科夫被害案調查小組已經進駐保加利亞，旨在調查事件真相，但直到二〇一三年，他們也未獲得有價值的材料，更沒有找到與殺手古利諾相關的任何資料，他們只得將調查期限再延長五年。

克格勃執行的海外肅清政敵任務，還包括一九七九年在阿富汗毒殺最高領導人阿明。那時，阿明發動政變殺害了政敵塔拉基，自任阿富汗國家領導人，因而觸犯了蘇聯在阿富汗的利益。一九七九年十二月十三日，蘇聯決定對阿明採取肅清行動，克格勃特種兵塔雷波夫（Миталин Талыбов）喬裝打扮進入阿明行宮，買通阿明的廚師長，準備在阿明的晚餐中下毒，警惕性極高的阿明僥倖逃過一劫，但阿明的女婿誤食了阿明的晚餐，當即中毒昏迷。阿明猛然醒悟，立刻組織軍隊抵抗蘇聯特種部隊進攻，但克格勃特種部隊迅速攻入行宮，殺死了阿明。

蘇聯克格勃病毒製劑和毒藥實驗室的實驗，並未因麥蘭諾夫斯基被捕而停止，甚至活人實驗也在照常進行。史達林死後，一九五〇年代後期至六〇年代，赫魯雪夫執政時期繼續研發病毒和毒藥，一九七〇年代停滯時期的布里茲涅夫和嘗試進行「新思維」的戈巴契夫時期亦然。時至今日，俄國的毒殺事件依舊時有發生，俄羅斯聯邦安全局偵察員利特維年科（Александр Литвиненко, 1962-2006）因在車臣問題上批評總統普京而遭通緝，二〇〇〇年他偕同妻兒以政治庇護為由申請移居英國。二〇〇六年十一月一日，利特維年科在與俄羅斯來的安全人員會面後，感覺身體不適，不久後入院治療。根據醫院診斷，利特維年科被下了超量釙毒。他於二十三日不治身亡。這個故事是否告訴我們，無論時代怎樣變遷，國家領導人如何更迭，俄國病毒製劑和毒藥實驗室的工作都從未中斷過？

間諜市場經濟學

話說，第二次世界大戰時納粹德國最大的情報頭目，莫屬第三帝國的黨衛隊旅隊長兼員警少將舒倫堡（Walter Friedrich Schellenberg, 1910-1952），他不僅是第三帝國保安局第六處國外政治情報處處長，而且也是希特勒最信任的軍事安全部部長。舒倫堡特別欣賞日本在二戰時期情報工作經驗，他認為值得德國借鑒。他在其回憶錄中說，日本駐瑞典斯德哥爾摩使館武官、日本情報機構特派員小野寺信大佐，在二戰進程的關鍵時期，積極組織國際名流聚會，國際政治經濟文化資訊交流頻繁。舒倫堡說，小野寺信表面上所邀請的來賓都是各行各業的名流和交際明星，實則都是來自納粹德國、蘇聯、義大利、法國、英國等國的間諜同行。他們所做的，即是利用日本使館的酒會，刺探和交易各種情報。這就是小野寺信的創舉，亦即利用國際情報俱樂部的方式，使日本獲得更多的戰略資訊。舒倫堡認為，日本人在推杯換盞之間，就輕而易舉地得到了納粹德國以高昂經費和人工成本獲得的同等價值情報。

國際情報俱樂部是日本情報機構對國際情報流通和商品化的貢獻。國際情報交易中心所交易的情報，據說可信度高達百分之七、八十以上。俱樂部的意義，其一完成了情報交易，其二也檢驗了世界多國間諜的專業能力。舒倫堡總結道：日本的情報人員工作精細、準確，專業化水準高；蘇聯情報機構工作積極主動，除了情報準確率高之外，還有很強悍的理性分析和邏輯思維特點；相比之下，英國那時的情報工作有些落後，情報不確定因素多，且準確度性備受質疑。對英國情報機構的差評並非空穴來風，就在那個時期，「劍橋五傑」，即五名來自劍橋大學的英國特工，因為信仰共產主義，被蘇聯招募。他們是：伯吉斯，供職英國情報機構反間特工和英國外交部；馬克林，供職英國外交部；菲爾比，供職英國情報機構和軍情五處及軍情六處；布蘭特，供職英國情報機構反間特工和國王喬治六世顧問；克恩克羅斯，供職英國外交部和軍事偵察機構。

「劍橋五傑」盡顯蘇聯諜報機構業績的輝煌，也透露英國這方面管理之懈怠。後來，儘管「劍橋五傑」逐一敗露，大多數人遠遁莫斯科尋求庇護，但他們仍不愧為世界間諜史上最偉大的間諜，所創造的輝煌至今無人企及。同時，「劍橋五傑」的故事也提出了一個有趣的問題，即國際情報機構的間諜們緣何置生死於度外，或歸命投誠，或明知此乃不歸之路卻仍要慷慨而赴呢？

假如說，二戰結束之後，促使間諜鋌而走險，投誠另一方的因素，是因為東西方意識形態不同、價值觀迥異和世界觀相悖而對立的話，那麼，冷戰結束後，促使間諜投誠的主要原因，則是利益誘惑。英國情報機構曾說，二〇〇〇年之後，他們在招募情報人員時，已經鮮少從意識形態入手與工作對象談條件，而是直接切入勞動報酬的主題。美國情報機構也說，如何以最低成本獲取最高酬勞，已成為新時代間諜入行時首先考慮的問題。各國間諜機構都明白，即使這個行業中最堅定的理想主義者，都無法抗拒金錢的誘惑。這就是日本間諜小野寺信的理念，也是國際情報俱樂部當年創辦的基礎，以及變相存在至今的理由。當然，既然情報可以納入市場經濟，品質就要分出三六九等，價格體系亦應呈多樣化建立。世界間諜史上，有間諜僅僅提供情報，有特工選擇歸屬投誠，亦有被稱為雙面或多面情報高手者，他們遊刃多方，雖然如履薄冰，有時甚至命懸一線，卻因收入不菲，而一意孤行。

且看大名鼎鼎的中情局（CIA）的蘇俄間諜埃姆斯，他身為中情局蘇聯處處長，卻外通蘇俄，倒賣美國情報，獲取暴利，最終於一九九四年被美國聯邦調查局（FBI）偵破，成為世界間諜史上的大案。埃姆斯為蘇俄效力九年，得到了蘇聯克格勃（КГБ）有史以來對外國歸順間諜的最大獎賞——兩百五十萬美元獎金，平均每月收入兩萬四千美元，是冷戰時期獲利最多的美裔蘇聯間諜。有趣的是，埃姆斯有掙錢的命，卻沒有花錢的福，他被捕時，除了買了些房產和汽車外，還有相當豐厚的存款在銀行未及消費。最後，除了他和妻子在哥倫比亞的些許財產，他們在美國的資產和房產悉數被沒收。

美國中情局高級幹部尼科松（Harold James Nicholson, 1950-），一九五〇年生於美國空軍飛行員家庭，他從一九九四年至一九九六年十一月間，向俄羅斯情報部門出售美國國家安全防禦資訊，還與俄羅斯特工在東南亞國家見面，遞交情報，並從俄國人手裡獲得獎金。尼科松一九八〇年進入美國中情局工作，主要從事對外偵察，曾在柬埔寨和日本等亞洲國家從事間諜活動。一九九〇年，出任中情局駐布加勒斯特主任，一九九二年，又被中情局總部派往雅加達工作。一九九四年，尼科松與妻子之間齟齬不斷導致離異，財產被妻子悉數捲走，尼科松經濟條件惡化，生活幾近崩潰。

同時，尼科松不滿工作安排，認定上峰派他前去馬來西亞工作，是對他變相降級，終日鬱鬱寡歡，遂導致他於一九九四年春開始接近俄國情報機構，伺機出賣情報，換取金錢，改善生活。尼科松本想效仿同事埃姆斯，補缺上位，頂替鋃鐺入獄的埃姆斯，成為俄羅斯在中情局的新「內鬼」，踏上快速致富之路，沒成想卻弄到與埃姆斯同樣的結局。

尼科松為了獲得俄國情報部門高額回報，向俄羅斯情報部門出賣了很多重要情報，其中包括一九九四年美國在俄羅斯的間諜網名單，他為此便獲得兩萬八千美元獎金。一九九五年六月，尼科松藉口休假前往東南亞，與俄國情報機構見面，又獲獎金兩萬四千美元。誰知好景不長，正當尼科松準備爭取更大利益時，他開始露餡了。原來中情局內鬼埃姆斯案件告破之後，中情局制定了對中高層幹部和普通特工的監管制度，其中一項措施是接受例行測謊檢查。尼科松一九九五年十月的檢測不合格。此外，他按照法律定期申報的個人收入中，被指有七萬三千美元來路不明，引起中情局上層對他的懷疑。一九九六年六月，尼科松與俄羅斯間諜在新加坡秘密會面，被中情局全程跟蹤錄影。十月，尼科松落網，罪名是向俄羅斯販賣情報，並非法獲利十二萬美元，被法院判處二十三年監禁，其子作為同黨也被捕入獄。

尼科松一案可以看出，他身為中情局中層幹部，為蘇俄情報機構招募後，工作兩年所得勞務費十二萬美元，平均每年為六萬美元，每月為五千美元。這個收入與埃姆斯當年從蘇聯得到的兩百五十萬美元，平均每月收入兩萬四千美元的額度相比，相去甚遠。

美國還有一位大名鼎鼎的蘇俄間諜，就是美國聯邦調查局軍官漢森（Robert Philip Hanssen, 1944-2023）。他生於一九四四年，一九七六年加入聯邦調查局，一九八三年調入蘇聯研究部工作，一九八五年被蘇聯克格勃招募，隨後，他向克格勃出賣了大量情報，如美國對蘇聯實施電子偵察計畫、美國聯邦調查局在蘇聯駐美新建使館地下秘密修建隧道和實施監控、莫斯科克格勃中的蘇美雙面間諜名單等極有價值的情報。

蘇聯解體之後，漢森繼續為俄羅斯情報機構工作，直到二〇〇一年事發被捕，他共為蘇俄工作十五年。漢森從蘇俄得到的酬勞分為現金六十萬美元，轉帳八十萬美元，共計一百四十萬美元，每月為八千五百美元。克格勃還饋贈他蘇聯產鑽石若干。

漢森愛錢，但很謹慎，他囑咐克格勃儘量少付現金，謹防留下蛛絲馬跡。他所獲利一百四十萬美元，幾乎等同於他那些年在聯邦調查局工資收入的總和。他被捕後說，他沒有向俄國人牟取暴利，他所掙的勞務費恰如其分。

美國軍事間諜上校特羅費穆夫（George Trofimoff, 1927-2014），一九六九年就被任命為美國駐德國紐倫堡軍事偵察小組組長，後被蘇聯駐德國教會內的克格勃策反，招募為間諜，為蘇聯做間諜長達二十五年，向蘇俄情報機構出賣美國大量重要情報，如美國對蘇聯及華沙公約組織防禦力量的分析與應對預案和相關照片等。特羅費穆夫僅從這一重要情報即獲得獎金九萬德國馬克，因其他情報獲利二十五萬德國馬克，共計三十四萬德國馬克，折合每月還不到一百美元。當然，蘇聯克格勃為了補償他，授予他一枚蘇聯紅旗勳章。

美國中情局特工皮茨（Earl Edwin Pitts），生於一九五三年，他從一九八七年至一九九一年給蘇聯克格勃提供情報，時間長達五年。蘇聯解體，俄羅斯物是人非，他被迫與俄國情報機構斷了合作。他在投靠蘇聯的五年中，平均每個月獲得三千七百美元犒賞。

蘇聯克格勃很精明，他們除了招募美國情報機構的高級軍官為其服務之外，一九六〇年代還發展美國低端情報人員為其工作，目的是花小錢辦大事，看來蘇俄特工行業早有經濟眼光。

美國國家安全局小職員利普卡（Robert Lipka, 1946-2013），於一九六四年至一九六七年借調到美國國家安全局華盛頓總部工作，出任低級職員，負責銷毀過期文件。一九六四年，利普卡被克格勃招募，工作至一九七四年，為蘇聯整整工作十年。他根據指令，將美國國家安全局給美國白宮的每週和每日工作報告悉數複製並提交給莫斯科，這些情報中包括美軍調動和部署的圖片與資料。最終，利普卡十年來總共獲得克格勃兩萬七千美元獎金，平均每年兩千七百美元，每月僅得二百二十五美元，實在少得可憐。

美國國家安全局另外一個小職員布恩（David Sheldon Boone, 1952-），自一九八八年至一九九一年為蘇聯克格勃效力，提供秘密情報超過六百頁，其中包括美國偵察到的蘇聯境內核武器分佈情況等。布恩一九九八年在美國被捕，被判處二十四年監禁，罰款五萬二千二百美元。而布恩在做蘇聯間諜的四年裡，共獲得克格勃獎金六萬美元，平均每年一萬五千美元，每月一千二百五十美元。布恩的收入雖高於利普卡，可他仍屬間諜裡的低收入階層。他被捕後透露，首次向蘇聯駐華盛頓大使館遞交情報的勞務費，僅得三百美元。

收入低的間諜不僅美國有，俄羅斯亦然。俄羅斯國家安全局上校斯克里巴爾（Сергей Скрипал, 1951-）從一九九〇年代中期至二〇〇四年，效力於英國軍情六處十年，於二〇〇六年八月九日被捕，被俄羅斯法院判處十三年監禁。工作期間，他總共收到英國人所付酬勞十萬美元，每年一萬美元，每月八百三十美元，這個錢僅夠支付莫斯科當時一個月的房租。

俄羅斯國家安全局中校韋亞爾科夫（Игорь Вялков），自二〇〇四年起效力於愛沙尼亞（Эстония）情報部門十年，僅獲得獎金一千美元，每年一百美元，每月折合約八美元，聽上去像蘇聯笑話。

俄羅斯國家安全局對外反偵察局（Управление внешней контрразведки）札波羅什斯基（Александр Запорожский, 1951-），一九九四年被任命為對外反偵察局美洲處副處長，從事對拉丁美洲國家的反偵察工作。他於一九九七年退伍，移民美國，遂被美國情報機構招募，工作七年，二〇〇一年在莫斯科被捕，被判監禁十八年。札波羅什斯基效力美國期間，共獲得勞務費五十萬美元，每年七萬美元，每月六千美元，這在當年的俄羅斯算是高薪，但他比為蘇聯當間諜的埃姆斯的收入還是差很多，可比中情局的蘇聯特工皮茨好很多，可謂比上不足比下有餘。

世界很多國家對間諜罪量刑都很嚴厲。蘇聯在冷戰時期所逮捕之間諜，幾乎均判處槍斃；美國則會判處終生監禁。現在，情形稍有緩解，然嚴酷依舊，俄羅斯現在間諜罪的量刑為十五至二十年監禁，美國亦然。

一般來說，俄美間諜在投入工作之前，均會與雇主協商後路，包括意外補償費、養老金或退休金等。俄羅斯對此諱莫如深，無公開訊息。中情局方面雖有一些資訊，但也極為有限。筆者僅僅查到一例美國對有過貢獻的間諜所做的補償，或許有點說服力。蘇聯對外偵察局（CBP）中校波列舒克（Леонид Полещук, 1938-1986）在一九八〇年代被中情局招募為美國間諜。一九八五年，中情局的蘇聯內鬼埃姆斯出賣了波列舒克，後者在莫斯科被捕，被判處死刑，秘密執行槍決，埋葬地點至今未通知家屬。死者兒子小波列舒克一九九〇年代是俄羅斯《獨立報》記者，他在蘇聯解體後竭力追查父親的埋葬地，但俄羅斯安全部門一直拒絕提供資訊。一九九七年，美國安全機構與小波列舒克秘密取得聯繫，之後安排他全家移民美國。美國人說，他們沒有忘記為了美國國家利益而犧牲的老波列舒克。

相比之下，早年的蘇聯克格勃算是有情有義。比如，他們就銘記著蘇聯英國裔偵察員「劍橋五傑」的功勳，在關鍵時刻沒有拋棄他們。本文所提到的伯吉斯馬克林，在遭到英國情報部門懷疑後，經過克格勃秘密營救，於一九五一年五月二十五日成功潛逃莫斯科，他們之後均被授予蘇聯克格勃上校軍銜。一九六一年一月二十三日，蘇聯政府高調宣稱，批准菲爾比在莫斯科政治庇護。菲爾比不僅被接納為克格勃的英國顧問，還被授予了將軍軍銜，月薪五百盧布，並榮膺多枚蘇聯獎章和勳章，其中包括至高無上的列寧勳章。

結語：親人彼此也窺視

二〇一三年八月一日，美國中央情報局技術分析員斯諾登因為向《衛報》和《華盛頓郵報》洩露了美國國家安全局關於PRISM監聽項目的秘密文檔而遭通緝，飛往俄羅斯尋求政治庇護。這件事說明兩個問題：第一，冷戰雖已結束，而間諜戰卻從未停休；第二，蘇聯雖已解體，間諜戰角逐雙方依舊是美俄。

說來有趣，一九九〇年柏林圍牆被推倒後，首先為前途擔憂，怕丟了飯碗的，就是東西方國家的間諜，他們要不害怕被清算，要不擔心被遺棄，一些西方國家甚至還提出今後各國可以撤銷安全機構，聲稱世界從此再不供養特工。

一九九七年十一月九日，義大利反偵察機構領導人巴代利將軍（Admiral Gianfranco Battelli，一九九六至二〇〇一年出任義大利反偵察機構主席）在羅馬主持六國間諜機構首腦會議，世界間諜們達成共識：間諜機構不解散，間諜人員不退休。俄國與會的是克格勃（КГБ）最後一任主席謝巴爾申（Леонид Шебаршин, 1935-2012），他在會上的一席發言使全場為之震驚。他說，現在世界對間諜的認知大錯特錯，因為間諜不是冷戰的產物。間諜對國家有益，因為它既可預見衝突，也可避免對抗，所以，安全機構不僅不能撤銷，還要大力發展。在場的世界間諜大佬聽完後均點頭稱是。謝巴爾申最後意味深長地說：「我們雖為盟友，但是間諜行為也是不可避免的，因為我們經常抑制不住自己的好奇，想方設法地獲取他人隱私，就像親人之間也難免也會做點窺探一樣。」

二〇〇一年，美國紐約發生「九一一」恐襲慘劇，其最直接結果，就是刺激了全球間諜機構的勃興，使人們從迷戀高科技防禦，轉而求助於傳統的間諜特工體系，以捍衛人類生存安全和打擊恐怖主義。「九一一」慘劇雖發生在美國，但全球間諜體系均在此後全速啟動。高度重視政治、經濟和技術間諜的發展，目前已成為當下世界很多國家的發展戰略。既然間諜事業將一如既往地發展，那麼，就讓我們以克格勃間諜為例，對他們為理想與價值觀而奮鬥獻身的過程，做一番歷史的回顧吧。

古往今來，間諜通常被認為是以情報換取金錢的職業，儘管這麼解釋過於庸俗，可那些靠計件工作吃飯的間諜，確實是這樣養家糊口的。那些搞到國家高層機密或者竊得重要科技情報而發了財的間諜，也大有人在。比如原蘇軍總參謀部情報局格魯烏（ГРУ）工作人員片科夫斯基，用蘇聯核彈的機密檔案給自己換回二十五萬美元的報酬，這筆錢說多不多，說少不少，除去通脹的因素，今天所值不到一百萬美元。片科夫斯基原為格魯烏上校，一九六三年因充當英美間諜，向華盛頓提供情報而被捕，並被剝奪軍銜，後被蘇聯軍事法院軍事法庭判處槍決。劍橋大學國際關係和間諜史研究專家安德列（Christopher Maurice Andrew, 1941- ）說，片科夫斯基是當時蘇聯情報機構中的英美間諜，也是蘇聯最有成效的西方間諜。作家舍傑爾與傑里亞賓還寫了一本歌頌片科夫斯基的書，名為《拯救了世界的間諜》（Шпион, который спас мир）。

假如片科夫斯基是蘇聯頭號英美間諜的話，那麼，第二名非戈爾季耶夫斯基（Олег Гордиевский, 1938-）莫屬，他堪稱是蘇聯最大的雙面間諜——克格勃和英美間諜。戈爾季耶夫斯基曾是蘇聯克格勃第一總局上校，一九七四年他被英美秘密招募，代號「喝彩」（ovation），一直為雙方效力至一九八五年。

故事還得從一九五六年赫魯雪夫在蘇共二十大的報告說起，他揭露了史達林的罪行，並批判他搞個人崇拜，這使得戈爾季耶夫斯基心目中的蘇聯形象徹底崩潰。戈爾季耶夫斯基一九六二年畢業於莫斯科國際關係學院，後在克格勃第一總局的「非法活動局」工作。戈爾季耶夫斯基自曝，他來此處工作的目的，是為了出國，因為在那個年代一般人出國難於上青天。他最初在蘇聯駐丹麥大使館領事處工作，內部身分是克格勃偵察員。戈爾季耶夫斯基在境外工作期間，知道不少諸如蘇聯出兵鎮壓布拉格之春的內幕，所以他對蘇聯政府深感失望。一九七三年，戈爾季耶夫斯基升任克格勃丹麥情報站副站長，一九七六年任站長。一九八二年，戈爾季耶夫斯基以蘇聯駐倫敦使館外交官的身分為掩護，出任克格勃倫敦站站長。

一九八五年三月，美國中情局（CIA）特工埃姆斯被克格勃招募，他向克格勃提交了一份世界各地英美情報機構間諜名單，克格勃看後大吃一驚，戈爾季耶夫斯基的名字赫然在上面！一九八五年五月十九日，他被以回國述職為名召回莫斯科。二十七日，克格勃與他進行了長達五個小時的談話。戈爾季耶夫斯基徹底否認他是英美間諜，克格勃鑒於證據不足，暫將他釋放，留在國內考察。戈爾季耶夫斯基身為間諜，悟性極強，他深知身分暴露是早晚之事，於是決定潛逃西方。一九八五年七月十九日，戈爾季耶夫斯基在英國情報機構的策應下，先前往列寧格勒，再潛入蘇芬邊界地區，藏身於英國外交官的汽車後備箱中，成功逃出蘇聯。一九八五年九月，英國外交部根據戈爾季耶夫斯基所提供的情報，驅逐了三十一名外交官身分的蘇聯克格勃人員。蘇聯為了報復英國，將二十五名英國駐莫斯科大使館工作人員和新聞記者，轟回了倫敦。

一九八五年十一月十四日，蘇聯法院缺席審判戈爾季耶夫斯基，終審判處他死刑並罰沒財產。戈爾季耶夫斯基通過外交管道給蘇聯政府遞信，希望不要斷絕其妻子和兩個女兒的生路，但遭蘇聯政府拒絕。一九八九年，戈爾季耶夫斯基的妻子再次上書有關部門，聲明她此前對戈爾季耶夫斯基的所作所為，特別是逃出蘇聯，概不知情。蘇聯政府最終批准同意取消罰沒戈爾季耶夫斯基的財產，但維持對他的死刑判決，直到蘇聯解體後依舊沒有取消。一九九一年戈爾季耶夫斯基的妻子帶著孩子前來倫敦與丈夫團聚，然而好景不長，沒過多久，他妻子便提起離婚訴訟，最終帶著孩子離他而去。

戈爾季耶夫斯基雖情場失意，但卻職場得意，他不僅受到美國總統雷根的召見，而且英國首相柴契爾夫人在二〇〇七年六月還親自向他頒發了大不列顛國王伊莉莎白二世聖米哈伊爾和聖喬治勳章，表彰他為英國國家安全做出的貢獻。戈爾季耶夫斯基晚年致力於著書立說，他的回憶錄《下一步是槍決》（Следующая остановка—расстрел）已在俄羅斯出版，他將自己塑造成拯救蘇聯的英雄。他的理由是，一九八三年北約舉行「八三優秀射手」（Able Archer 83）軍演時，曾企圖藉機對蘇聯進行核武攻擊，幸虧他及時報告蘇聯政府，才得以及時制止，否則後果不堪設想。但俄國書評家認為，戈爾季耶夫斯基所披露的史料缺乏證據，可信度備受質疑。二十世紀六〇年代的蘇聯克格勃主席謝米恰斯特內（Владимир Семичастный, 1941-）說，戈爾季耶夫斯基給蘇聯國家安全所造成的災難，遠比他所說的所謂「功績」大得多。

俄羅斯安全機構簡史（代後記）

總參謀部反偵察部及其它（一九〇三—一九一七）

二十世紀初，俄羅斯帝國反間諜使命是由武裝力量中的特殊編制——憲兵獨立團（OKЖ）完成的，它也是俄羅斯近代第一支政治員警部隊。

一八九六年，俄羅斯軍官格里姆（Анатолий Гримм, 1859-1916）向德意志帝國和奧匈帝國的情報機構出賣情報，給俄羅斯造成重大損失。一九〇三年一月，俄羅斯國防大臣庫羅派特金（Алексей Куропаткин, 1848-1925）啟奏俄羅斯皇帝尼古拉二世，假如俄羅斯所制定的「完美無缺的戰略計畫」無法對敵實施保密，就等於廢紙一張。因此，祈望皇上恩准俄軍承擔嚴格保守軍事秘密之使命，謹防出賣俄軍情報的間諜活動。因為，俄羅斯此前發生過不少向外國機構出賣軍事情報的間諜事件，一直未能遏制。庫羅派特金說，戰爭一旦爆發，敵國特工的間諜活動勢必極大損害帝國利益。庫羅派特金懇望組建軍隊反偵察機構——「偵察部」。

尼古拉二世很快准奏。偵察部部長由軍事活動家和憲兵獨立團的拉夫羅夫（Владимир

Лавров, 1869-?）擔任。偵察部職能部門人少而精：除了拉夫羅夫，還有七名對外監視特勤，一名信使特勤，二名情報搜集特勤，二名情報傳遞特勤，以及九名招募來的內部特勤。偵察部隨後多次改組，數次易名，最終確定的稱謂是總參謀部反偵察部。

一九〇八年，各軍區司令部情報部在基輔舉行會議，決定反間諜工作應由憲兵獨立團和邊防警衛部門在情報部門監督下進行。然後，機構間特別委員會提議在聖彼德堡設立兩個反偵察部，在華沙、基輔、維爾納、伊爾庫茨克和弗拉基沃斯托克（符拉迪沃斯托克）設立一個反偵察部。

一九一一年六月，俄羅斯軍事機構又在聖彼德堡市、聖彼德堡地區、莫斯科、維倫斯科耶、奧德薩、華沙、基輔、梯弗利斯、塔什干、伊爾庫茨克和哈巴羅夫斯克（伯力）設立了反偵察部。從一九〇九年到一九一四年，所有城市和地區的反偵察機構均由總參謀部軍需辦公室領導，其最高領導人為蒙克維茨少將（Николай Монкевиц, 1869-1926）。

第一次世界大戰爆發後，俄羅斯帝國創建了總參謀部中央軍事登記總局，這是俄羅斯最高統帥的反間諜部門，還成立了前線司令部、陸軍和軍區的反間諜分局。一九一七年，俄羅斯爆發二月革命，憲兵獨立團被廢除，可是反間諜機構卻保留下來。七月十七日，臨時政府為陸海軍反間諜機構規定了權利和義務，並明確了反情報機構的架構。那時，俄羅斯共有三十九個反間諜分支機構。

十月政變之後，以前成立的俄羅斯軍事偵察部門保留下來。一九一八年一月一日，蘇俄將內部軍區司令部所屬的和現役軍隊的反間諜部門重新命名為「軍管部」，後於一九一八年四月廢除。一九一八年五月至六月，蘇俄在西部邊境的司令部和部隊中設立反間諜部門。一九一八年下半年，這些部門劃歸革命軍事委員會野戰司令部管轄。一九一八年十二月十九日，軍官部和特別軍事委員會，併入蘇俄的「全俄肅清反革命及怠工非常委員會」（ВЧК）。

「全俄肅清反革命及怠工非常委員會」（ВЧК，簡稱「契卡」，一九一七—一九二二）

一九一七年十二月六日，蘇俄政權的人民委員委員會（Совет народных комиссаро）鑒於反布爾什維克的工人可能舉行大罷工，列寧為保證以「最有力的革命措施」打擊和鎮壓罷工，要求捷爾任斯基創辦「用非常手段同一切反革命分子作鬥爭的機構」。於是，「契卡」應運而生，列寧提名捷爾任斯基為「契卡」主席。

七日，捷爾任斯基便在人民委員委員會上發表就職報告。他說，「契卡」的首要打擊目標有三個：其一，是鋪天蓋地的反動出版物；其二，是試圖捲土重來的「反革命政黨」；其三，是窮凶極惡的破壞和顛覆活動。可見，捷爾任斯基麾下的「契卡」，不僅僅要在全國範圍內消滅反革命和怠工行為，首要任務就是要整肅蘇俄知識份子。「契卡」還負責管理監獄、搜查、逮捕、拘禁、驅逐、取消食品配給卡、公佈人民公敵名單等具體懲治措施的實施。所有這一切，都深得列寧贊同。

一九一八年二月，「契卡」人員獲得了「生命處置權」，標誌著「紅色恐怖」的爆發。他們根據捷爾任斯基的「祖國處於危險之中」的命令，可以在犯罪現場，無需請示和報告，直接開槍射殺他們認為的「罪犯」。八月，蘇俄各州、紅軍內部，甚至鐵路部門都成立了「契卡」分部，全面貫徹實施捷爾任斯基在七日報告中規定的任務。「紅色恐怖」開始在全國蔓延。

一九二〇年十二月，「契卡」成立外國部（ИНО），由達維多夫（Яков Давыдов, 1888-1938）出任部長。這預示著「契卡」的利爪開始伸向海外。外國部的宗旨，就是要消滅「境內外的敵方特工、投機者、暴徒、流氓、反革命煽動者、德國間諜，以及所有與白軍組織、陰謀和與反革命叛亂有關的人」。

俄羅斯聯邦蘇維埃社會主義加盟共和國
內務人民委員會國家政治保衛局（一九二二—一九二三）

俄羅斯當代歷史學家列昂諾夫指出，一九二一年至一九二二年之間，「契卡」鑒於蘇俄國內向「新經濟政策」轉型，便進行了內部重組，並更名為「國家政治保衛局」（ГПУ）。一九二二年二月六日，俄羅斯聯邦蘇維埃社會主義加盟共和國中央選舉委員會通過法令，撤銷「契卡」，並在俄羅斯聯邦內務人民委員會下成立國家政治保衛局。

需要說明的是，「國家政治保衛局」在很長一段時間裡成為蘇聯國家安全機構的代名詞，宣傳意味很強，在蘇聯海內外出版的俄語媒體中曾被廣泛使用。法西斯德國於一九四〇年拍攝了紀錄片《國家政治保衛局》，在這部影片裡，國家政治保衛局的所作所為，連納粹分子都自歎不如。在他們眼中，蘇聯的國家政治保衛局是死亡、驚慌和惶恐的同義詞。

蘇聯人民委員委員會
統一國家政治保衛局（一九二三—一九三四）

蘇聯中央委員會主席團於一九二三年十一月十五日通過法令，在蘇聯人民委員委員會之下建立統一國家政治保衛局（ОГПУ），並批准了《蘇聯統一國家政治保衛局及其機構條例》。在此之前，加盟共和國的政治保衛局均各自獨立，各加盟共和國內務部人民委員被解除了確保國家安全的職責。

一九二四年五月九日，蘇聯中央執行委員會主席團通過法令，擴大了統一國家政治保衛局打擊盜匪的權利，規定它的行動隸屬於蘇聯統一國家政治保衛局以及員警系統和刑事調查單位。這一法令，極大地拓展了統一國家政治保衛局的法外鎮壓權。

一九三〇年代，統一國家政治保衛局深度介史達林的大清洗運動。它在參與清洗蘇聯自治共和國內務委員過程中，蘇聯中央執行委員會和人民委員委員會於一九三〇年十二月十五日通過法令，宣佈統一國家政治保衛局不僅有權任免蘇聯員警系統和刑事調查單位的工作人員，甚至可以使用員警系統公開和秘密的情報網。這樣，統一國家政治保衛局便徹底淩駕於員警和刑事部門之上了。

蘇俄國家安全機構的創始人捷爾任斯基參與了國家政治保衛局和統一國家政治保衛局的工作。他的接班人緬任斯基，在他死後領導統一國家政治保衛局，直到一九三四年五月十日去世。此後，蘇聯國務和政治活動家、國家安全總監雅戈達（Генрих Ягода, 1891–1938）繼任他的職務。

內務人民委員會

蘇聯國家安全人民委員會（一九三四—一九四三）

一九三四年七月十日，蘇聯中央執行委員會通過了「關於建立蘇聯內務部人民委員會（НКВД СССР）」的法令，蘇聯統一國家政治保衛局納入其中，易名為蘇聯內務人民委員會國家安全人民委員會，也稱國家安全總局（ГУГБ）。

雅戈達自一九三四年至一九三六年擔任蘇聯內務人民委員會國家安全總局局長。一九三六年至一九三八年，蘇聯國務和政治活動家葉若夫（Николай Ежов, 1895–1939）繼任。而一九三八年至一九四五年執掌國家安全總局大印的，便是史達林最信任的心腹貝利亞（Лаврентий Берия, 1899-1953），他也是蘇聯國務和黨務活動家、國家安全總監和蘇聯元帥。

一九四一年三月一日，蘇聯內務人民委員分成兩個獨立機構，一個是蘇聯內務人民委員，另一個是蘇聯國家安全人民委員會（НКГБ）。一九四一年六月，蘇德戰爭爆發，上述兩個獨立機構重新合併為蘇聯內務人民委員會，由蘇聯國務和政務活動家梅爾古洛夫（Всеволод Меркулов, 1895-1953）大將出任主席。

國家安全人民委員會

蘇聯國家安全部（一九四三—一九五三）

蘇德戰爭期間，一九四三年四月，蘇聯內務人民委員會從國家安全人民委員會分割出來。四月十九日，蘇聯成立反偵察總局，也稱反間諜特別行動機構（СМЕРШ），簡稱「施密爾舒」。一九四六年三月十五日，根據蘇聯相關法律，蘇聯人民委員委員會更名為蘇聯部長會議，聯盟與自治共和國人民委員委員會更名為聯盟與自治共和國部長會議，內務部人民委員會也隨之更名為蘇聯國家安全部（МГБ СССР）。

一九五二年一月，蘇聯國家安全部第一總局（ПГУ МГБ СССР）成立，這標誌著蘇聯將偵察工作重新納入國家安全體系。一九五三年三月七日，蘇聯決定將內務部和國家安全部合二為一，命名為蘇聯內務部。

國家安全人民委員會

俄羅斯聯邦社會主義共和國國家安全委員會（一九四一、一九四三—一九五三）

一九四一年四月五日，根據《俄羅斯蘇維埃聯邦社會主義共和國憲法》修正案，俄羅斯蘇維埃聯邦社會主義共和國國家安全人民委員會成立。一九四一年七月，委員會被撤銷。一九四三年四月，該委員會又重新成立。

一九四六年三月十五日，根據蘇聯《關於將蘇聯人民委員委員會更名為蘇聯部長會議以及將加盟共和國和自治共和國人民委員會議改為加盟共和國和自治共和國部長會議》的法律，蘇維埃聯邦社會主義共和國國家安全委員會更名為俄羅斯蘇維埃聯邦社會主義共和國國家安全部（МГБ）。

一九四八年三月十三日，《俄羅斯蘇維埃聯邦社會主義共和國憲法》也進行了相應修改。一九五三年四月一日，國家安全部撤銷，併入俄羅斯蘇維埃聯邦社會主義共和國內務部。

蘇聯國家安全委員會（一九五四—一九九一）

一九五四年三月十三日，蘇聯部長會議國家安全委員會（КГБ）成立，它的簡稱就是我們常說的「克格勃」，自一九七八年七月五日更名為蘇聯國家安全委員會。

一九六七年，安德洛波夫（Юрий Андропов, 1914–1984）出任克格勃主席，他上臺後立即組建第五局，重點打擊反對蘇聯體制的持不同政見者。一九六八年，克格勃參與蘇軍出兵捷克斯洛伐克的「多瑙河行動」，試圖改變它的政治領導層，建立忠於蘇聯的政權。「克格勃」協助蘇聯傘兵和捷克斯洛伐克國家安全機構的雇員，逮捕了捷共領導人並將其押送蘇聯。

二十世紀七〇年代至八〇年代，克格勃重點打擊國內外的民族主義和反蘇行動。它對蘇聯持不同政見者施加心理壓力的手段越來越多，包括監視、輿論壓力、破壞職業生涯、預防性談話、從蘇聯驅逐出境、強制關進精神病院、政治審判、抹黑、各種挑釁和恐嚇等。克格勃還加強了對蘇聯著名持不同政見作家和科學家的打壓，最典型的案例，就是克格勃迫害蘇聯作家、諾貝爾文學獎獲得者索忍尼辛（Александр Солженицын, 1918-2008）。安德洛波夫稱索忍尼辛是「西方反動勢力培植的誹謗者」，企圖對社會主義國家進行意識形態的顛覆。此外，蘇聯物理學家、諾貝爾和平獎獲得者薩哈羅夫（Андрей Сахаров, 1921-1989）和哲學家、作家季諾維耶夫

（Александр Зиновьев, 1922-2006）也蒙受了克格勃的殘酷迫害。

一九九一年五月六日，俄羅斯聯邦社會主義共和國最高蘇維埃主席葉爾欽和蘇聯克格勃主席克留奇科夫簽署議定書，根據俄羅斯聯邦社會主義共和國人民代表大會的決定，成立了獨立的俄羅斯聯邦社會主義共和國國家安全委員會（俄羅斯聯邦社會主義共和國克格勃），該委員會具有聯盟——共和國國家委員會的地位。至一九九一年秋天，重新組建的委員會的工作人員僅有幾個人，但隨著蘇聯倒臺，克格勃被清理，其權力和人數開始增加。

一九九一年十一月二十六日，俄羅斯聯邦社會主義共和國總統葉爾欽簽署法令，將俄羅斯聯邦社會主義共和國克格勃改為俄羅斯聯邦社會主義共和國聯邦安全局。

一九九一年十二月十九日，俄羅斯聯邦社會主義共和國總統葉爾欽簽署了《關於成立俄羅斯聯邦社會主義共和國安全和內務部（МБВД）》的法令。蘇聯內務部和俄羅斯聯邦社會主義共和國安全局被撤銷。一九九二年一月十四日，俄羅斯聯邦社會主義共和國法院宣佈該法令不符合《俄羅斯聯邦社會主義共和國憲法》，所以予以取消。因此，恢復了俄羅斯聯邦社會主義共和國安全局和內務部。

一九九二年一月二十四日，葉爾欽總統簽署命令，在已撤銷的俄羅斯聯邦社會主義共和國安全局基礎上成立俄羅斯安全部。

克格勃的分裂和蘇聯的解體（一九九一—一九九二）

一九九一年十月二十二日，根據蘇聯國務委員會八號決議，克格勃被拆分為加盟共和國安全局（МСБ）、蘇聯中央情報局（ЦСР）和蘇聯國家邊境保護委員會（КОГГ）。其實早在八、九月份莫斯科爆發大規模抗議時，克格勃還被拆解為蘇聯通信委員會和政府衛隊。一九九一年十二月三日，蘇聯總統戈巴契夫簽署了違憲的蘇聯最高蘇維埃通過的《國家安全機構重組法》，從而最終徹底清算了克格勃。

一九九一年十二月十九日，俄羅斯聯邦社會主義共和國總統葉爾欽簽署法令，廢除了加盟共和國安全局，並將其物質和技術基礎全部移交給新成立的俄羅斯聯邦社會主義共和國安全和內務部。然而，由於最高蘇維埃的抗議，新的國安全和內務部並未成立。十二月十八日，在蘇聯中央情報局的基礎上，成立了俄羅斯聯邦對外情報局。十二月二十四日，在蘇聯和俄羅斯聯邦社會主義共和國基礎上，組建了隸屬俄羅斯聯邦社會主義共和國總統的通信和資訊部。

蘇聯國家邊境保護委員會存續至一九九二年十月，但蘇聯邊防部隊承諾的責任期僅到一九九二年六月。六月十二日，俄羅斯總統簽署第六百二十號總統令，成立俄羅斯聯邦邊防部隊（它是俄羅斯聯邦安全部的一個組成部分）。截止一九九二年一月，俄羅斯國家安全機構經過一系列拆分和重組最終合併，由俄羅斯聯邦保衛總局和俄羅斯聯邦總統安全局領導。

孫越

民國一百一十三年　暮春

俄羅斯諜影
ШПИОНСКИЕ РАССКАЗЫ РОССИИ

作　　者　孫越
編　　輯　龐君豪
封面暨版面設計　楊國長

發 行 人　曾大福
出版發行　暖暖書屋文化事業股份有限公司
地　　址　台北市大安區青田街 5 巷 13 號
電　　話　886-2-2391-6380　傳真　886-2-2391-1186
出版日期　2025 年 02 月（初版一刷）
定　　價　480 元

總 經 銷　聯合發行股份有限公司
地　　址　231 新北市新店區寶橋路 235 巷 6 弄 6 號 2 樓
電話　02-2917-8022　傳真　02-2915-8614

印　　製　成陽印刷股份有限公司

國家圖書館出版品預行編目 (CIP) 資料

俄羅斯諜影 / 孫越著 . -- 初版 . -- 臺北市 : 暖暖書屋文化事業股份有限公司 , 2025.02
面；　公分
ISBN 978-626-7457-13-9(精裝)

1.CST: 人物志 2.CST: 情報組織 3.CST: 俄國

784.82　113018824